Treasures for Scholars Worldwide

第7卷　2017年3月　Volume 7　March 2017

JOURNAL OF SOCIETY FOR
CHINESE STUDIES LIBRARIANS

主　编　　　李国庆　徐　鸿
Editors-in-Chief　Guoqing Li　Hong Xu

GUANGXI NORMAL UNIVERSITY PRESS
广西师范大学出版社
·桂林·

图书在版编目（CIP）数据

天禄论丛：中国研究图书馆员学会学刊. 第7卷，2017年3月 / 李国庆，徐鸿主编. —桂林：广西师范大学出版社，2017.3
  ISBN 978-7-5495-6939-7

Ⅰ. ①天… Ⅱ. ①李… ②徐… Ⅲ. ①社会科学—文集 Ⅳ. ①C53

中国版本图书馆 CIP 数据核字（2017）第 025536 号

天禄论丛
TIANLU LUNCONG

广西师范大学出版社出版发行
（广西桂林市中华路 22 号　邮政编码：541001）
　网址：http://www.bbtpress.com
出版人：张艺兵
全国新华书店经销
广西大华印刷有限公司印刷
（广西南宁市高新区科园大道 62 号　邮政编码：530007）
开本：787 mm × 1 092 mm　1/16
印张：15.5　　字数：220 千字
2017 年 3 月第 1 版　　2017 年 3 月第 1 次印刷
定价：58.00 元

如发现印装质量问题，影响阅读，请与印刷厂联系调换。

邱振中先生题词

《天禄论丛》编辑委员会

主　编

李国庆　俄亥俄州立大学

徐　鸿　昆山杜克大学

编　委

杨　涛　罗格斯大学

马小鹤　哈佛大学

邵东方　美国国会图书馆

蒋树勇　伊利诺伊大学厄巴那香槟校区

郑力人　康奈尔大学

叶　鼎　乔治敦大学

Journal of Society for Chinese Studies Librarians
Board of Editors

Editors-in-Chief

Guoqing Li   Ohio State University
Hong Xu   Duke Kunshan University

Members

Tao Yang   Rutgers University
Xiaohe Ma   Harvard University
Dongfang Shao   Library of Congress
Shuyong Jiang   University of Illinois at Urbana-Champaign
Liren Zheng   Cornell University
Ding Ye   Georgetown University

卷首语

李国庆　徐　鸿

在金秋季节编辑本卷文稿，确有丰收的感觉。

北美图书馆收藏中国古籍，历史悠久，来源多样，品种丰富，其中不乏珍品。可惜直至近年，除个别大馆编有善本书志或提要目录外，大多隐于深闺，不为外界所知。好在许多同人都已动手清理家底，编纂书志目录，上述遗憾当很快就会消弭。本期三篇文章，反映了同人的这一努力。

多伦多大学郑裕彤东亚图书馆收有"慕氏藏书"，其原收藏者为山东蓬莱慕学勋（1880—1929）。慕学勋字玄父，一作元甫或元辅，天津北洋大学堂（光绪二十一年，1895）毕业，在北京德国公使馆任中文秘书17年，业余亦投资银行业和矿业，担任过大学的教授、董事及社会团体的诸种职务，是清末民初那一代既有旧学根基、又通晓西方文化的精英之一。慕氏去世后，加拿大英国圣公会河南教区主教怀履光满足了其家属之要求，以约合市价三分之一的10500加元的价格将慕氏的约四万册藏书整体买下。成交后，北京美国公使馆退休海军武官义理寿招募了十名中国学者花一年多的时间为慕氏藏书编目。1935年6月该批图书运抵多伦多入藏多伦多皇家安大略博物馆时，总量已达五万余册，增加了怀履光在1933至1935年间陆续在各地购得的一万册图书，其中包括山东、河南两省的方志和民国时期出版物。1961年多伦多皇家安大略博物馆转交给多大东亚馆时，留下了艺术和考古类的图书以及五千拓片。作为我国为数不多的西渡北美的大宗私人藏书之一，慕氏及其藏书都值得做进一步的研究。要了解慕氏藏书之历史面貌，本期乔晓勤所介绍的义理寿主持编纂的慕氏藏书目录底稿和慕氏本人在1920年代自编、自刊的《蓬莱慕氏藏书目》就是最基本而可靠的资料，而该馆2007年编纂的善本提要则可让我们一窥慕氏藏书的精华。这些善本上所钤的藏家印章，反映了流传的踪迹，正确的解读自然十分重要。李国庆的尝试希望得到方家的指正。

沈志佳和施懿超所介绍的华盛顿大学珍藏之一，清乾隆十三年内府精写精校本《御制盛京赋》，经他们研究，与辽宁省图书馆所藏清内府精写本同为一套，同属版本极品，具有珍贵的艺术价值及文献价值。

珍稀档案文献一向是我会同人研究和介绍的重点之一，本期也有四篇，分别是明尼苏达大学所藏基督教青年会档案中的干事报告、欧柏林学院所藏孔祥熙与铭贤欧柏林托事部的往来信函、美国国会图书馆藏中国抗日战争地图文献和爱默蕾大学所藏林乐知档案中的两份披露林乐知在晚清的政治活动的手稿。

中国研究图书馆员不仅在图书馆学领域大有建树，而且由于各自还有其他的专业背景，潜心相关学术研究，同样收获颇丰。本期陈智音关于十六阿罗汉的名称及藏译汉问题的探讨和马小鹤关于日本大和文华馆藏摩尼教《冥王圣帧》题记溯源的大作就是典型的代表。

本期还有两篇学术动态报告，分别介绍了近年流行的数字学术在布朗大学的开展情况和在 2016 年北美东亚图书馆协会高级研讨班上了解到的中国当代和地方研究资源，希望有助于大家的工作和研究。

最后我们以马泰来先生的《师友赠书录》向这位退休的前辈致敬。

毫无疑问，本卷《天禄论丛》是北美中国研究馆员学术成果的又一次汇聚和展示。我们为同人的努力和多产而高兴，也为《天禄论丛》这块园地能继续将大家凝聚在一起，论学问道，学谊相长而欣慰。

目 录

古籍文献

《加拿大多伦多大学东亚图书馆藏中文古籍善本提要》钤印订考………
……………………………………………………………………… 李国庆/001

义理寿编纂中文古籍目录的实践 ………………………… 乔晓勤/058

华盛顿大学珍藏之一：清乾隆十三年(1748)内府精写精校本
《御制盛京赋》 ………………………………… 沈志佳　施懿超/069

档案资料

青年会干事笔下的中国(1895—1949)：明尼苏达大学图书馆藏
　青年会档案简介 ………………………………………… 陈　肃/075

二战期间孔祥熙与铭贤欧柏林托事部的往来信函 ………… 陈　晰/085

美国国会图书馆藏中国抗日战争地图文献 ……………… 宋玉武/107

从两份手稿看林乐知晚清的政治活动 …………………… 王国华/122

综合研究

关于十六阿罗汉的名称及藏译汉问题 …………………… 陈智音/131

师友赠书录 ………………………………………………… 马泰来/150

日本大和文华馆藏摩尼教《冥王圣帧》题记溯源 ………… 马小鹤/159

学术动态

中国当代研究资源和地方研究资源
　　——2016年北美东亚图书馆协会高级研讨班内容综述 ······ 柳　瀛/197

数字学术在布朗
　　——北美大学图书馆的研究服务新趋向 ·························· 王　立/205

CONTENTS

Ancient Books

Correction and Addition of Seals on *An Annotated Bibliography of Chinese Rare Books in the Cheng Yu Tung East Asian Library*, University of Toronto ·· Guoqing Li / 001

I. G. Gillis's attempt of cataloguing Chinese rare books ················
··· Stephen Qiao / 058

A Rare Collection from the University of Washington: Handwritten Edition of *Yuzhi Shengjing Fu* Produced by the Qing Imperial Household Department in the Thirteenth Year of Qianlong Emperor (1748)
··· Zhijia Shen Yichao Shi / 069

Archives and documents

China in the YMCA Foreign Secretaries' reports (1895—1949): Brief introduction of the YMCA Archives at the University of Minnesota Libraries ·· Su Chen / 075

The Correspondence Between H. H. Kung and the Board of Trustees of Oberlin Shansi Memorial Association during World War II ···············
·· Xi Chen / 085

The Sino-Japanese War Related Map Collections at the Library of Congress ·· Yuwu Song / 107

Young John Allen's Political Activities during Late Qing Dynasty through Two Manuscripts ·············revealed··············· Guohua Wang / 122

Comprehensive Study

On the Names and Their Translations of the Sixteen Arhats from Tibetan Tradition ·· Sherab Chen / 131
Some Signed Gifted Books ···································· Tai-Loi Ma / 150
Tracing to the source for the inscription on *The Sacred Painting of Hades* housed in Yamato Art Museum in Nara, Japan ·····················
·· Xiaohe Ma / 159

Academic Trends

A Summary of the 2016 SCSL Workshop on Chinese Contemporary and Local Research Resources ······································ Ying Liu / 197
Digital Scholarship at Brown: New Trends in Research Services in North American University Libraries ···································· Li Wang / 205

《加拿大多伦多大学东亚图书馆藏中文古籍善本提要》[①]钤印订考

◎李国庆[②]

摘　要：

　　加拿大多伦多大学郑裕彤东亚图书馆的"慕氏藏书"是北美中文古籍收藏的重要部分。原收藏者为清末民初的慕学勋。慕氏为山东蓬莱人,网罗帙藏各类图书长达二十二年之久。所收集古籍的范围遍及经、史、子、集各部,编有《蓬莱慕氏藏书目》。慕氏去世后,藏书的主体被收归多伦多大学。然近百年来该专藏都没有完整书目和书志,鲜为人知,亦甚少为学界所利用。该馆编撰的《加拿大多伦多大学东亚图书馆藏中文古籍善本提要》的出版填补了这一空白,有功学界良多。然受条件所限,其钤印部分的著录当时并没做完。藏书印的正确著录有助于了解古籍版本的流传过程,一些印文提供的信息亦有利于纠正过去对某些人物字号的错误记载。受出版社和该书主编委托,本人对其作了订补考释,披露于此,供学界研究参考。

关键词：

　　多伦多大学东亚图书馆；慕氏藏书；慕学勋；古籍善本；藏书印

[①] 乔晓勤、赵清治主编：《加拿大多伦多大学东亚图书馆藏中文古籍善本提要》,桂林：广西师范大学出版社,2009年。

[②] 李国庆,俄亥俄州立大学教授、图书馆中韩文部主任。

Correction and Addition of Seals on *An Annotated Bibliography of Chinese Rare Books in the Cheng Yu Tung East Asian Library, University of Toronto*

◎ Guoqing Li

Abstract:

Mu's Collection is an important part of the Chinese rare books and manuscripts collected in North America libraries. The former owner is Mu Xuexun (1880—1929), a native of Penglai, Shandong province, spent 22 years collecting rare materials which covers all subjects of traditional Chinese scholarship. The Collection was sold to University of Toronto in 1933 and housed in the Cheng Yu Tung East Asian Library since 1961. *An Annotated Bibliography of Chinese Rare Books in the Cheng Yu Tung East Asian Library, University of Toronto* is the first detailed bibliography about the cream of this collection in the last 80 plus years and will benefits scholars all over the world. Regretfully, book collectors' seals on these books were not ret corded or annotated fully and correctly at that time due to limited resources. This article is an attempt to add what were missed and correct what were misinterpreted.

Keywords:

Seals; Cheng Yu Tung East Asian Library; Mu's Book Collection; Mu Xuexun; Chinese rare books

《加拿大多伦多大学东亚图书馆藏中文古籍善本提要》收录该馆所藏至清乾隆六十年(1795)的所有中文古籍善本，以及民国元年(1911)以前所有抄本、稿本，共计625种，是近年来继《美国哈佛大学哈佛燕京图书馆中文善本书志》(上海辞书出版社，1999年)和《柏克莱加州大学东亚图书馆中文古籍善本书志》(上海古籍出版社，2005年)之后北美的图书馆中第三个重要的中文善本书志。然受条件所限，其钤印部分的著录当时并没做完。简而言之，藏书印的正确著录有助于了解古籍版本的流传过程，一些印文提供的信息亦有利于纠正过去对某些人物字号的错误记载。承蒙广西师范大学出版社和该书主编乔晓勤先生不弃，委托本人订补。现将该编所收之书上的全部钤印考订之后按原书编号罗列于下，供学界研究参考。因篇幅所限，重复之印一般省略，考释也尽量从简。学问浩瀚无涯，本人才疏学浅，错讹之处难免，诚请方家不吝指正。

001 四书代言 钤印:"释续贤字绍福"	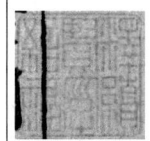
005 四书一贯讲 钤印:"砚净瓯香"	
008 增订四书通典人物备考 钤印:"三乐斋"	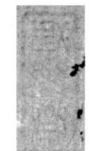
010 洪武正韵 钤印:"曾为古平寿郭申堂藏""松堂""孙氏家藏""孙百代字衣来" 按:郭裕之(1847—1912),字锡民,号申堂,山东潍县人,廪贡生。舅氏高庆龄、表弟高鸿裁皆为收藏家。本编526号书也曾为其收藏。 孙百代,生卒年不详,字牧堂,蓬莱人,乾隆初官马平知县,署象州知州。	  
014 千文六书统要 钤印:"臣名世昌""我便要浮槎到四边""□□仿古图""一天星斗焕文章""韩世昌" 按:据《临汾县志》载,韩世昌,清乾隆时人,字支百,山西临汾人。精医术,尤工篆刻,卒年七十余,斋堂为问古堂。	    

017 释名 钤印:"光绪辛卯嘉惠堂丁氏所得书""后八千卷楼""嘉惠堂藏阅书""四库著录" 按:丁丙(1832—1899),字嘉鱼,号松生,室名嘉惠堂、八千卷楼、延庆堂、百石斋等,与其兄丁申同为近代著名藏书家。八千卷楼为其祖父丁国典藏书楼,丁丙搜罗益富,又增建后八千卷楼与小八千卷楼。嘉惠堂八千卷楼收藏《四库全书》所收及附入存目之书,后八千卷楼收藏《四库全书》未收之书,小八千卷楼收藏宋元刊本、明刊精本、旧钞本、校本、稿本等善本书籍。	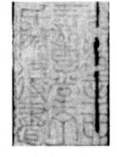   
018 说文解字 钤印:"先农部公遗金石书画记""卧游天公""飞鸿" 按:傅增湘《藏园群书经眼录》著录之《法书考》上有"先农部公遗金石书画记"印,印主待考。	 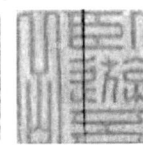 
019 五雅 钤印:"小李山房图籍" 按:李宏信(1737—1816),字柯溪,浙江萧山柯山人。贡生,曾和著名藏书家桂馥同在云南任职,后辞官经商,专注于书籍的收藏和买卖。因仰慕北宋李常的"李氏山房"藏书,而自名藏书楼为"小李山房",并编撰有《小李山房书目》四卷。	

续表

020 重校读史难字音释 钤印："俊""熙俊藏书""塔拉氏收藏图书印" 按：欨为喜之古文。喜塔腊氏是满族姓氏之一，亦译为奇塔尔、喜他拉氏、喜塔拉氏等。台湾"中央图书馆"藏清乾隆三十九年（1774）长洲程氏原刊本《玉台新咏》上有"长白喜塔腊氏熙俊字公伟一号杰甫藏书之印"、"是书曾藏脩斋"、"熙俊之印"等印。印主生平待考。	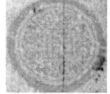  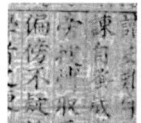
022 正韵辨字全书 钤印："御赐桐阴清快""石庵""刘墉之印" 按：刘墉（1719—1804），字崇如，号石庵，安徽砀山人，出生于山东邹城。乾隆十六年（1751）进士。印章极劣，不似真品。	  
027 周易逢原 钤印："云芬""程恩泽印""集孟皇仲则叔重季度之法为一家" 按：程恩泽（1785—1837），字云芬，号春海，安徽歙县人，嘉庆十六年（1811）进士。师从凌廷堪，工篆刻、书法，对金石、书画考订尤精。最末一印在书画上常见，一说为巴慰祖作，载《明清篆刻流派印谱》《中国玺印篆刻全集》等。	  

028 周易经传 钤印:"噩中周氏宝藏""退舟""贞亮""退舟学人曾读之书""汉阳周氏书种楼藏籍" 按:周之桢(1861—1933),字贞亮,晚年以字行,又字子干,别号退舟。湖北汉阳(今蔡甸)人。光绪三十一年(1905)进士,曾先后在北京国立师范大学、辅仁大学、天津南开大学、武汉大学任教授,于目录学有深入研究,与江西南城李之鼎合编《书目举要》。其藏书室有"晚喜庐""津逮""书种楼"等。慕氏藏书中有其收藏印者还有031、038、049、055、334、361、495、594。	  
029 周易传义大全 钤印:"广运之宝""钦文之玺"	 
30 春秋取义测 钤印:"兰岩藏书" 按:本编299、512和588号书上亦有此印,印主待考。	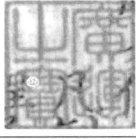 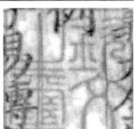
031 春秋四传 钤印:"汉阳周贞亮退舟民国纪年后所收善本""贞亮私印""噩中周氏宝藏"	  
032 麟经摘珠胡传删 钤印:"述古堂" 按:钱曾(1629—1701),字遵王,号也是翁,又号贯花道人、述古主人。虞山(今江苏常熟)人。有《述古堂书目》《也是园书目》和《读书敏求记》等三部藏书目录。	

续表

034 赏左录 钤印:"志丰"	
037 书集传 钤印:"鹿白亭珍藏书画""信邸珍藏""信郡王恬斋素心人珍藏" 按:爱新觉罗·如松(一作如嵩,1737—1770),清朝宗室,满洲正白旗人,别号素心道人,豫通亲王多铎五世孙,乾隆十一年(1746)袭其父功宜布辅国公爵位,乾隆二十七年(1762)封为信郡王,乾隆三十五年薨,谥曰恪。藏书印有"辅国公如嵩印"、"素心人怡情书室珍藏书画图章"等。	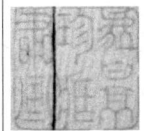 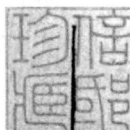 
038 书经集传 钤印:"甌中周氏宝藏"	
039 乐律全书 钤印:"黄任之印""莘田氏" 按:黄任(1683—1768),字于莘,又字莘田,号端溪长吏,晚号十砚老人。福建永福人。清康熙四十一年(1702)举人,曾任广东四会县令。罢官后归居福州光禄坊香草斋。斋中藏书甚多。著有《秋江集》《香草斋诗钞》《消夏录》等。	 

续表

040 乐书 钤印:"上下千年""竹雨吟皀馆" 按:"上下千年"是清王愫的印。王愫(1700—1767),字存素,号林屋,又号朴庐、西溪农隐,江苏太仓人。诸生。工词,擅山水竹石。著有《朴庵诗稿》二卷、《题画诗钞》一卷、《林屋诗余》一卷。	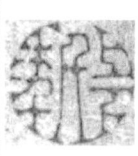 
041 大戴礼记 钤印:"剑华堂藏书印""就正大雅""梦井生""剑华道人""仙樵琴诂""瀚涛""吴广霈印" 按:吴广霈(1855—1919,一作 1854—1918),字瀚涛,别号杏时、剑华、剑叟、老剑、剑华道人、琴溪道士,晚年号梅阳山人。安徽泾县人。室名剑华堂。初由监生捐县丞,官至江苏候补道。曾任驻日本、美国、秘鲁使署的随员,汉城总领事。收藏碑版图书甚多。事迹见《碑传集补》卷十及金天羽《天放楼续文言·皖志列传选存下》等。	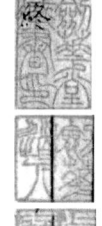 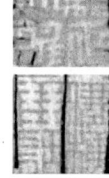  
045 考工记图 钤印:"宜秋馆藏书""问樵" 按:李之鼎(?—1928),字振堂,一作振唐。江西南城人。家富藏书,藏书处有"宜秋馆""舒啸轩",编撰有《宜秋馆书目》《宜秋馆丛书目录》等,与汉阳周之桢合编有《书目举要》。之鼎又曾与杨守敬同撰《丛书举要》八十卷,见《清续文献通考·经籍考十二》。藏书印有"宜秋馆藏书""舒啸轩珍藏""南城李氏宜秋馆藏"等。 问樵,生卒不详,清代僧人,江苏扬州人,驻锡镇江焦山。工画,尤善山水。	 

续表

047 檀弓 钤印："齐伋""闵遇五氏" 按：闵齐汲（1580—?），字及五，号遇五，晚年自号三山急客，乌程（浙江湖州）人。精通文字学，多有建树。著《六书通》。首开雕版套印之先河，刊刻善本秘籍。世所传朱墨字版、五色版谓之"闵本"者，多为其所刻。本编中的闵印都是其在序跋末尾所钤，并非鉴藏之印。	
049 礼记集说 钤印："汉阳周贞亮退舟民国纪年后所收善本""噩中周氏宝藏""退舟""贞亮"	
052 五经旁注 钤印："一经□教百世流芳""二礼后人" 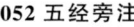	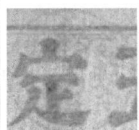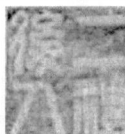
054 诗经 钤印："凌杜若印""若蘅" 按：序跋末尾所钤，非鉴藏之印。	
055 诗经集传 钤印："噩中周氏宝藏""武陵珍玩""埭川世家""汉阳周贞亮退舟民国纪年后所收善本""退舟""贞亮" 按：据上海博物馆编《中国书画家印鉴款识》，"埭川世家"印主黄向坚（1609—1673），字端木，江南吴县人。	
057 东林列传 钤印："聚锦堂藏书" 按：此书坊印本编中多见，此后不录。	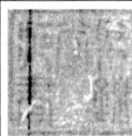

续表

058 关学编 钤印:"王爵之印"	
059 皇朝名臣言行外录 钤印:"金菊子""□路里印""妙香斋" 按:"金菊子"印亦见于上海图书馆藏宋淳熙八年(1181)尤袤池阳郡斋刻递修本《文选》。又《徐兆玮日记4》云:"四月十日,癸亥二月二十五日,晴。晨起,写汪荃台寿诗,九时始毕。昨日,在孔群观《苏文忠公集》宋刊残本,有金菊子一印,予所得《欧阳文忠公集》残本亦有此印,盖一家所藏也。"印主待考。 李秀峰(1833—1907),号乘时,江西都昌苏山人。同治己巳(1869)前后任崇仁县教谕。著有《妙香斋主人偶存草》二卷。	  
061 节妇传 钤印:"鹤侣氏墨香书屋珍藏""费葛氏铁魁秘玩书""费莫氏鉴赏图书""伟人珍藏" 按:鹤侣氏(1803—1844),本名奕赓,自号长白爱莲居士、墨香书屋主人、鹤侣主人、天下第一废物东西等。清宗室庄襄亲王世子,子弟书作家,笔名鹤侣氏。据《皇朝通志·氏族略·满洲八旗姓》,费莫氏为女真最古老的姓氏,唐末女真"通用三十姓"之一,金旧姓"裴满"。《荆州驻防志:选举志》载咸丰六年(1856)丙辰科进士铁魁,满洲镶白旗人,四川补用知府。亦见《光绪朝朱批奏折第一一六辑》光绪三年(1877)九月:"驻藏章京理藩院员外郎记名翰林院侍读铁魁请开缺以知府留于四川桂候补班先前补用。"	   

续表

064 经世要略 钤印:"渚阳魏氏珍藏书画印" 按:台湾"中央图书馆"藏《西极篇》明刊本钤有此印。印主不详。	
069 列女传 钤印:"燕园归氏藏""疏野堂藏书" 按:燕园亦称燕谷园、张园,在常熟城内辛峰巷,为清乾隆间台湾知府蒋元枢建,初名"蒋园"。嘉庆间归其族人泰安令蒋因培,改名"燕园"。园后归常熟知县归令瑜。归令瑜(1800—1850)字子瑾,号萝汀,又号少庵。清常熟人。道光甲午(1834)科举人。家中藏书丰富。藏书楼有"疏野堂""扫红仙馆"等。著有《疏野堂集》《扫红仙馆赋选》。事迹见《清代人物生卒年表》《江苏省通志稿·选举志》《清人诗文集总目提要》《江苏艺文志·苏州卷》等。	 
076 人镜阳秋 钤印:"陆氏家藏"	

续表

082 宋陈少阳先生尽忠录

钤印:"广圻审定""阳城张氏与古楼收藏经籍记""葆采""张惠信印"

按:顾广圻(1766—1835),字千里,号涧薲、思适居士,江苏吴县(今苏州)人。

张敦仁(1754—1834),字仲篙,一字古余、古余,号古愚。山西阳城人。清乾隆四十三年(1778)进士。藏书印有"文章太守""古余珍藏子孙永保""阳城张氏与古楼经籍记"等。

张葆采,字子实,一字仲实,又字实父,号筠生,又号敬梅庵主。张敦仁次子,清嘉庆己卯(1819)举人。台湾"中央图书馆"藏明本《经锄堂杂志》之收藏印记有"古余珍藏子孙永宝""子实寓目""祖孙同游泮宫"和"张惠信印"。

088 至圣编年世纪

钤印:"吴渠书印""石夫""慎思明辨""石夫延陵氏印""桐轩主人"

按:本书或为延陵吴氏一支名渠、字石夫、号桐轩主人者所藏过。据《中国第一历史档案馆藏清代官员履历档案全编9》:吴渠,江西建昌府新城县人,康熙三十五年(1696)举人,四十五年(1706)拣选知县,雍正三年(1725)分发河南永宁知县,时年五十。雍正九年(1731)知河南怀庆府县事调吉安府永新县儒学教谕。

续表

090 汉隽 钤印:"督学使者吴　赠此示奖"	
094 史记抄 钤印:"朱桂之印""九丹""仁者寿""永清朱玖聘藏书记""朱九丹""永清朱桂之字淹颂号玖聘滂喜堂藏经籍金石书画记" 按:朱桂之(1859—1911后),字淹颂,号九丹、玖聘,一号琴客,又号皋亭,河北永清人。其藏书处为丛碧簃,以集部抄本、金石拓片最为著名。详见《河北藏书家朱桂之事迹钩沉》一文。任继愈主编《中国藏书楼》第285页著录此君两藏印,一曰"永清朱桂之字淹颂号九丹玖聘一号琴客又号皋亭行四居仁和里丛碧簃所畜经籍金石书画印信",二曰"永清朱玖聘珍藏金石经籍书画记"。本编中282号书亦有其藏书印。	
096 史记内编 钤印:"詹宅"	
105 学史 钤印:"叔凯"	

续表

109 长葛县志 钤印:"唐印耕馀"	
110 长治县志 钤印:"长治县印"	
113 大明一统志 钤印:"孤云寄太虚""秋水共长天一色"	 
117 帝京景物略 钤印:"崇正堂印"	
120 凤翔县志 钤印:"赏心乐事""张氏珍藏书画""张葆谦印" 按:张葆谦,字牧皋,南皮人,道光丁酉(1837)举人,官武陟知县,有《墨花轩诗删存》。父张扩庭(1830年前后在世),字海丞,嘉庆二十五年(1820)进士。	  
126 华岳全集 钤印:"张"	

续表

134 禁扁 钤印:"静学斋""都门正雅堂经藏书籍印""查莹之印""韫辉""昭熏过眼""孔继涵印" 按:查莹,字韫辉,号映山,别号竹南逸史,祖籍山东海丰,入籍浙江海宁。乾隆三十一年(1766)进士。富藏书,并精于鉴藏书画,有藏书楼曰"赐研堂""学山堂"等。藏书印众多,主要有"莹寿之章""学山堂印""查映山太史藏书""赐研堂印""棣园居士""莹寿之章"等。 孔继涵(1739—1783),字体生,一字埔孟,号荭谷,别号南州,自称昌平山人,山东曲阜人。藏书楼名"微波榭""红榈书屋""青眸书屋"等,藏书数十万卷。又,本书有孔广栻手录王渔洋跋。 孔广栻(1755—1799),字伯诚,号一斋,继涵长子,清乾隆举人。	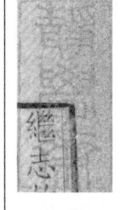    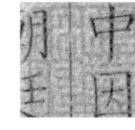 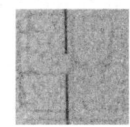
136 莱州府志 钤印:"莱州府印"	
137 乐陵县志 钤印:"乐陵县印"	

145 名山胜概记 钤印:"墨籔书仓""□□堂""武林读□□老铺藏板""毕际有载积氏藏书""毕盛巨耳豫藏书""读易楼藏书记""筠圃" 按:毕际有(1623—1693),字载积,号存吾,清顺治二年(1645)拔贡,顺治十三年(1656)任山西稷山知县。子毕盛巨,字韦仲,一字耳豫,号豫园。家有"万卷楼",藏书逾五万余册,藏书印有"贝丘毕际有载绩氏之印""振衣阁之藏""冷官好读书"等。 玉栋(?—1790),字子隆,号筠圃,别号淡游居士。乾隆三十五年(1770)举人,官山东临沂知县、河南信阳知州。喜图籍,建藏书楼"读易楼",藏书印有"读易楼藏书记""子隆""筠圃"等。	    
148 内乡县志 钤印:"内乡县印""唐印耕馀" 按:唐耕馀(1890—1977),江苏吴江人,南社成员,岳父为晚清秀才刘颂驺,妻舅为著名藏书家刘承幹(1881—1963)。在苏州景德路开有大华书店,经营有道,存书丰富,其中方志较多。事迹见《江苏省志·出版志》及《明清以来江南城市发展与文化交流》。本编中另有 109、166 和 192 号三种县志上有此印章。	
156 曲阜县志 钤印:"曲阜县印"	

续表

162 水经 钤印:"裨雅堂""孙承泽印" 按:孙承泽(1593—1676),字耳北,一作耳伯,号北海,又号退谷,一号退谷逸叟、退谷老人、退翁、退道人,山东益都人,世隶顺天府上林苑(今河北大兴)。明崇祯四年(1631)进士,官至刑科给事中。富收藏,精鉴别书画。著有《春明梦余录》《天府广记》《庚子消夏记》《九州岛山水考》《溯洄集》《研山斋集》等。其寓号"研山堂",内有"万卷楼"。	
166 遂平县志 钤印:"唐印耕馀"	
175 汶上县志 钤印:"汶上县印"	
185 新镌海内奇观 钤印:"卓庵""龙城鱼服""九鼎之图""周复扬印""鱼服""夷白堂""虚皇弟子""芦弦阁""鄗文藏书" 按:明代出版家杨尔曾,字圣鲁,浙江钱塘人,生卒年不详。"九鼎之图"和"夷白堂"为其书铺商标印。 周复扬,生卒年不详,江南武进人,贡生,顺治、康熙年间任广西容县知县、河南陈留县知县、广东阳江县知县。	
192 郓城县志 钤印:"唐印耕馀"	

续表

198 御制圆明园图咏 钤印:"选学斋藏书印""柿叶亭生" 按:崇彝(1885—1945),蒙古族,姓巴鲁特,字毓丞,亦字泉孙,号巽庵,别署选学斋主人。好收藏书画,精鉴赏。著有《选学斋书画寓目笔记》《咸道以来朝野杂记》。	 
200 大清会典 钤印:"国子监八学官书""国子监印"	 
203 钦定八旬万寿盛典 钤印:"娜嬛妙境" 按:完颜麟庆(1791—1846),字伯余,别字振祥,号见亭,满洲镶黄旗人。嘉庆十四年(1809)进士。雅嗜藏书,建成半亩园,构"娜嬛妙境"作藏书楼,编有《娜嬛妙境藏书目录》四卷四册。	
218 钦定天禄琳琅书目 钤印:"启迪曾观""完颜景贤精鉴""任斋与子启迪同观""任斋铭心之品" 按:完颜景贤(1876—1926),字享父、任斋,号朴孙,室号小如庵、三虞堂等,完颜麟庆曾孙。鉴藏印有"完颜景贤字享父号朴孙一字任斋别号小如庵印""完颜景贤精鉴"等。完颜景贤之子完颜启迪的印有"完颜启迪""完颜金启迪号如孙字仲吉别号金精子宝藏书画文章"等。完颜氏为清末民初北京的大鉴藏家。	   

续表

222 绎史 钤印:"曲阳县印"	
223 汉书评林 钤印:"意趣不已""学耕堂珍赏"	 
224 季汉书 钤印:"遵若"	
227 五代史 钤印:"存古斋印"	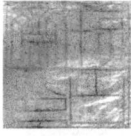
230 续藏书 钤印:"传家至宝子孙珍藏"	
232 藏书 钤印:"农山珍藏""仲华陆氏家藏""宫氏珍藏" 按:宫尔铎,字农山,一字退园,别号抱璞山人,怀远人,生于道光十八年(1838)。国子监生,曾任陕西乌延(今横山县南)知事,延安、同州(今大荔县)知府。	  
237 皇清开国方略 钤印:"玉麠之印"	

238 甲子会纪 钤印:"秀水庄氏兰味轩收藏印""小峰所藏" 按:庄祖基(1843—1890),字守斋,号印兆,别署兰味轩主,居家江苏武进迁浙江秀水(今嘉兴)。以军功入仕,官武宁、江宁、六合、上元等县知县。其藏书处为兰味轩。藏书印有"毗陵庄祖基守斋氏藏书印""秀水庄氏兰味轩收藏印""庄印兆钤"等。本编571号书上亦有"小峰所藏"印。印主待考。	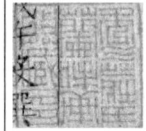 
239 历代帝王统系 钤印:"文盛堂图章"	
242 通鉴纲目韵言 钤印:"涛庵书画鉴藏""江兆鲲字涛庵号昆发" 按:江兆鲲,生于1713年左右,室名余闲斋,编有《余闲斋印谱》。据《清代吏治史料·官员管理史料 十九》,其康熙时曾任庐州府通判,六十年(1721)因公挂误被革职,雍正四年(1726)复职。一说字昆友、昆友,号涛庵。本编310号书上亦有其印章:"臣鲲私印""涛庵""江兆鲲印""陶安老人"等。	 
243 通鉴辑览 钤印:"黟山程氏松韵藏书印""乾隆宸翰""惟精惟一" 按:杨霈(1790—?),字慰农,铁岭(今属辽宁)人,道光九年(1829)进士。以知县即用,分发四川,官至湖广总督。有《筠石山房诗话》六卷。	  

续表

246 御批历代通鉴辑览 钤印:"黟山程氏松韵藏书印""乾隆宸翰""惟精惟一"	
247 御撰资治通鉴纲目三编 钤印:"乾隆宸翰"	
248 词林典故 钤印:"抱经楼" 按:卢址(1725—1794),字丹陛,一字青厓,浙江鄞县(今宁波市鄞州区)人。诸生。其藏书处名抱经楼,建于乾隆四十二年(1777),收藏书籍达三十余年之久。	
257 福堂寺人小草 钤印:"虞山张氏""味经书屋收藏""臣蓉镜印""小琅嬛福地秘籍""道华""曾藏张蓉镜家""润碧轩""若蘅""叔芝""畹芳女士""邵橆印""秘殿紃书""后之视今犹今之视昔""琴川张蓉镜寓目""沈直涛""荛圃""芙川氏""黎川万成公二十五世孙""秋谷""孙镐""苄溪""怡燕堂" 按:常熟张氏,张应增、张燮、张定球、张蓉镜四代嗜书,陆续建立了小琅嬛福地、味经书屋、双芙阁藏书,为常熟著名书香世家。张应增,曾任蒲江县令。子张燮,字子和,乾隆五十八年(1793)进士,官至浙江宁绍台兵备道。告假归,掌教绍兴蕺山书院。孙张定球,字伯温,诸生,由国史馆誊录选兴国场盐课大使,会缺裁,授长芦石牌场大使。曾孙张蓉镜(1802—?),字芙川,一字伯元,小名长恩,娶姚畹真为妻,姚畹真号芙初女史,夫妇皆喜藏书,有藏书楼名"双芙阁",取夫妇字号为名,一名"小琅嬛仙馆"。	

续表

孙镐(1733—1789),字丰谋,一字苣溪,号讷夫,昭文(今江苏常熟)人。贡生出身,曾任潞安知府。张子和之妇翁。 邵榘,清代画家,生卒年不详,字秀方,江苏常熟人。 题识一则曰:嘉庆己卯四月中澣虞山女史席佩兰假读三复因志。钤印:"道华"。席佩兰(1760—1829后),清代女诗人,袁枚女弟子。名蕊珠,字韵芬,一字遗华,号浣云、道华、佩兰等,昭文(今江苏常熟)人。常熟孙原湘妻。孙原湘为孙镐子,张子和的小舅。 又一则曰:"道光庚寅(1830)秋七月皖桐女士方氏若蘅叔芷获观。"钤印:"若蘅""叔芷""畹芳女士"。方若蘅字叔芷,一字畹芳,方维甸之五女,为杨希铨续配,工诗,著有《镜清阁集》。方维甸(约1758—1815),字南耦,号葆岩,桐城人,方观承之子,方式济之孙,贡生,累官至直隶总督。杨希铨原配张采荇是张蓉镜的姑母,方家和姚氏也世有通婚。是故方若蘅有机缘获观此本。	

续表

259 洪武圣政记 钤印:"晋江曾鲁珍藏书籍印" 按:此印亦见于台湾"中央图书馆"藏明正德庚辰年闽中刊本《全唐诗话》上。印主不详。	
265 三朝要典 钤印:"冬饮庐""双烟室藏""溧水王氏无想山房藏书""王瀣" 按:王瀣(1871—1944),字伯沆,一字沈一、伯谦,晚年自号冬饮,别署欒生、无想居士。祖籍江苏溧水。早年肄业于南京钟山书院,后执教于南京陆师学堂、两江师范学堂、南京高等师范学校。"冬饮庐"为其藏书楼。著有《冬饮庐藏书题记》。	   
267 战国策 钤印:"苍茫斋印""苍茫斋藏善本""高世异图书印" 按:高世异,清末民初人,生卒年不详,字尚同,一字德启,号念陶,华阳(今四川成都)人,官至阜城知县。家藏图书甚富,藏书印有"华阳高氏藏书""八经阁""苍茫斋高氏藏书记""苍茫斋精鉴章""世经堂印""念陶五十以后所得金石书画收藏之章""德启藏书""枕经阁印"等。	  
270 大学续衍精义删补要览 钤印:"抚台解　助刻银贰拾两""学道陈　助刻银贰拾两""学道王　助刻银壹拾两"	  

282 圣学格物通 钤印:"长白敷槎氏堇斋昌龄图书印""栋亭曹氏藏书""墨香堂图书印""玖珊""朱怪之印" 按:富察傅鼐(1675—1736),字阁峰,满洲镶白旗人,官至兵部、刑部尚书,所居稻香草堂有白雁峰、鳖峰、东皋、南庄诸胜,积书万余卷。其子富察昌龄,字敷槎,号堇斋,曹栋亭之甥,清雍正间进士,官翰林院侍讲学士,曹氏栋亭之书大半归之。 曹寅(1658—1712),字子清,号栋亭,奉天人,官通政司使、江宁织造。	
287 五子近思录发明 钤印:"求放心斋"	
288 西山读书记甲集 钤印:"李寅" 按:李寅(17世纪末—18世纪初),字白也,号东柯,江都(今江苏扬州)人,画家。	
289 习是编 钤印:"桐川汪氏三余堂藏书印""三槐主人""王澄""清宇" 按:王氏有一支以"三槐堂"为名,称作三槐王氏。此三印当出自同一人。《清人诗文集总目提要》载有清代浙江秀水人王澄,字清宇,乾隆间贡生,曾官严州府学训导,著有《橘香堂存稿》。	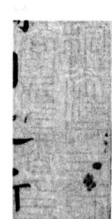

续表

291 小学集注 钤印:"吴司心印""光音斋珍藏""鸥鹭桓文"	
294 荀子 钤印:"六勿斋" 按:《东海大学馆藏善本书简明目录》著录一"六勿斋检阅书画之章"。印主不详。	
296 韵语省心编 钤印:"莜远偶阅""学道爱人"	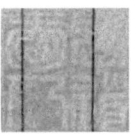
298 中说 钤印:"灵石王氏寿椿堂藏书""臣恭私淑""靖廷" 按:王靖廷,字臣恭,山西灵石人,有寿椿堂藏书。近代叶昌炽《缘督庐日记钞》、傅增湘《藏园群书经眼录》及王重民《中国善本书提要》均著录有王氏图书及藏书印记,多为明初刻本、旧写本、抄本等。	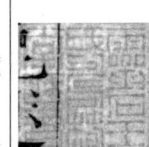
299 古方略征 钤印:"兰岩藏书"	

续表

300 金汤借箸 钤印:"扬州阮氏琅嬛仙馆藏书印" 按:阮元(1764—1849),字伯元,号云台、雷塘庵主,晚号怡性老人,江苏仪征人,清乾隆五十四年(1789)进士,官至体仁阁大学士,加太傅。阮元晚居扬州,家有文选楼、小琅嬛仙馆,藏图书、金石甚富。编有《文选楼藏书记》六卷。藏书印主要有"阮元印""扬州阮伯元章""文选楼""家住扬州文选楼隋曹宪故里""扬州阮伯元氏藏书处曰琅嬛仙馆,藏金石处曰积古斋,藏砚处曰谱砚斋,著书处曰研经室"等。本编405号书上有"阮元之印"。	
308 耳食录 钤印:"梦华楼"	
310 小窗别纪 钤印:"玉函山房藏书""篱闲主人""澄翁图书""江国桢印""梅章""臣鲲私印""涛庵""清波先生""太湖天目根源""牖□(迥)""有发闲僧""千山江氏永宝""江兆鲲印""陶安老人" 按:马国翰(1794—1857),字词溪,号竹吾,济南历城南劝夫庄(后称权府庄、全福庄)人。生平嗜书,专于考证、校勘和搜集古代文献,藏书楼有"玉函山房""红藕花轩"。撰《玉函山房藏书簿录》二十五卷,又作《续编》一册。于道光二十四年(1844)辑成《玉函山房辑佚书》,收佚书594种。江国桢,满洲正红旗人,监生。康熙五十七年(1718)任分巡宁台道。	

313 韩子迂评 钤印:"魏塘金氏偶园珍藏""子渊" 按:金安清(约 1817—1880),原名国琛,字眉生,号偘斋,晚号六幸翁,室名偶园、耦园、半野楼、宫同苏馆、曝背南轩。浙江嘉善人魏塘镇人。国子监生出身。历任湖北督粮道、盐运使、按察使。有《六幸翁文稿》《偶园诗稿》《宫同苏馆全集》等著作。	 
314 韩子迂评 钤印:"石韫玉而山辉水含珠而川媚""怀琬琰之华英""纪氏藏书之印""修敬堂""宝墨山房"。	  
329 列子通义 钤印:"朱氏珍玩书印""皇明奉国将军蕴鐩玄圃之印""明高皇帝苗裔""清一子""玄甫""蕴鐩之印"	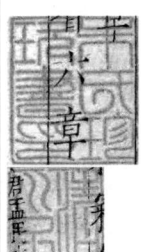  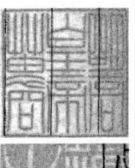  
330 列子冲虚真经 钤印:"齐伋""闵十二"	 

331 吕祖太极生生数 钤印:"韵香阁""全桂之印""香侬""冰玉双清""全桂字颜山号香侬别号凤桥" 按:全桂印为序跋印。	  
333 南华经 钤印:"豫钟珍藏"	
334 南华真经 钤印:"退舟心赏""鄂中周氏宝藏""玄思阁""汉阳周贞亮退舟民国纪年后所收善本""朱氏珍藏""杨永之印"	 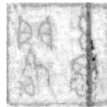 
336 太上感应篇 钤印:"塞上人""清白传家""养田之印""明德之后""镜飘经眼" 按:飘为帆之古字。林尔康,字镜飘,祖籍福建龙溪(今龙海市),台湾首富板桥林氏家族成员。夫人陈贞,字芷芳,福州螺洲"太子太傅"陈宝琛的二妹。又,林则徐长子林汝舟,字镜帆,号楫之。不知谁是此印主人。	  
340 庄子南华真经 钤印:"齐仅""闵氏禹五"	 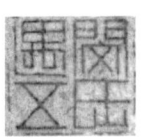

续表

341 庄子因 钤印:"慕玄父印" 按:慕学勋(1880—1929),字玄父,一作元甫,山东蓬莱人。1912年天津北洋大学毕业后,曾担任德国驻北京使馆中文秘书10余年,同时参与银行业。雅好藏书,辛苦搜寻25年,拥有藏书4万余册,其中有善本4000余册。他去世后其子因往外省任职,故于1932年将遗书全部出售于加拿大多伦多大学东亚图书馆。本编即此慕氏藏书中之精品。又,本编404号书上亦有此印。	
346 佛说观无量寿佛经 钤印:"剪淞阁" 按:潘飞声(1858—1934),字兰史,号剑士、心兰等,斋名剪淞阁,室名水晶庵、崇兰精舍等,祖籍福建省。长于诗词书画,为中国近代著名诗人、书画家。著有《剪淞阁随笔》等。载中国历代鉴藏家印鉴数据库,但无此印。	
347 金刚般若波罗蜜经 钤印:"明明如镜""季勉"	 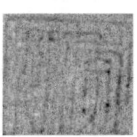
348 金刚般若波罗密经直解 钤印:"心清闻妙香""明明如镜""黄氏珍藏""季勉""持敬在一""佛弟子""衍实学处"	   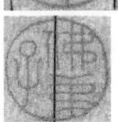 

352 尚直编、尚理编 钤印:"老茂最得意之物"、"培经堂印"、"显亲王宝"、"张氏藏书"、"梦生庵主人茂南氏过眼书画之章"、"士、源"(连珠印)、"显亲王藏"、"主敬存诫(识)"、"澹泊明志" 按:显亲王印为序跋印。	
353 神僧传 钤印:"绣佛弟子""任贺""马过私印""师褒""续克私印""凤光私印""陈便""吴商私印""冯戎私印""成相私印""李忠""宣差兵马都提控印""锡庚阁目""小隐园藏书印" 按:都提控印为金代武职官印。提控是"提辖控制"的省称。朱锡庚,字少河,清大兴(今北京市大兴县)人,乾隆时名宦学者朱筠(字竹君)次子。乾隆戊申(1788)举人。家富藏书,室名"椒花吟舫"。藏印有"大兴朱氏竹君藏书印""朱锡庚印""锡庚阁目""少河""筼河府君遗藏书记""椒花吟舫"等。	
354 万松老人评唱天童觉和尚拈古请益录 钤印:"绣佛弟子"	

续表

361 百家类纂 钤印:"汉阳周氏书种楼藏籍""噩中周氏宝藏""贞亮""退舟""晚喜庐""中华民国三年五月汉阳周贞亮率男成侃敬造佛像一区愿一切图书永无灾厄"	 
364 池北偶谈 钤印:"作蠹鱼吏""少云珍藏" 按:本编534号书上有同样印章。	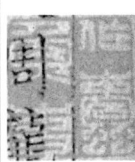 
365 初潭集 钤印:"闵宗尼印""圣伯氏"	 
367 丹铅馀录 钤印:"平寿高翰生家藏书画印""正雅堂云烟过眼图书之章""曾为高鸿裁藏" 按:高鸿裁(1852—1918),字翰生,一作翰声。山东潍县(今潍坊)人。其父庆龄酷爱金石、古印,集有《齐鲁古印攈》。受家庭熏陶,好古文,嗜金石,曾得于濂芳所藏汉魏古印,集《齐鲁古印攈补》一卷。	  

续表

368 订讹杂录 钤印:"游艺"、"爱三余"、"刘、纲"(连珠)、"徼、安"(连珠)、"彭城"、"栎园"、"文章千古事忠孝一生心" 按:周亮工(1612—1672),河南祥符(开封)人,字符亮,又有陶庵、栎园等别号,学者称其为"栎园先生"。然本书如为乾隆四年(1750)戢篴书屋重镌本,其时周已故世。又,江苏徐州旧名彭城,或另有一彭城栎园。	
370 封氏闻见记 钤印:"夷山王氏""丰林私印" 按:《清华大学藏善本书目》第164页著录前印。印主不详。	 
377 快书 钤印:"庸斋藏书"、"赵北戴氏"、"韩忠溥印"、"西、心"(连珠)、"明净书室藏"、"□□人印"、"韩氏隐壶" 按:杨岘(1819—1896),字见山,号季仇,又号庸斋。浙江归安(今湖州)人,咸丰五年(1855)举人,江苏候补知府。著有《迟鸿轩文集》及《迟鸿轩诗钞》。 戴问善(1830年前后在世),清南皮西郭村人。字华使,号谂庵,晚号清静老人。祖籍沧州,后徙南皮。道光五年(1825)举人。任新城县教谕,补蔚州学正,卒年77岁。有《明净书室诗文集》。小传见1941年《南皮县志》。《〈兰亭序〉研究史料集》第741页载其题《明韩道亨临兰亭序册》,署"咸丰十一年三月上浣,谂庵甫戴问善识于明净书室"。	 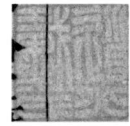   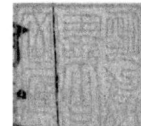 

续表

378 困学纪闻 钤印:"风流本色""志不在温饱""郎氏家藏""郎锦骝珍赏书画印""紫澜""郎锦骝章" 按:《柏克莱加州大学东亚图书馆中文古籍善本书志》第349页著录一《新安二布衣诗八卷》上有"郎锦骝章""紫澜"朱文方印。嘉德四季第二十三期拍卖会上有一书法册,其中隶书两页,署紫澜郎锦骝。是知印主名郎锦骝,号紫澜。据《蓬庐文钞》卷五《郎公墓志铭》、《鹤泉文钞续选》卷五《记郎式三异》及《清代之回避制度》,郎锦骝,字炳斋,乾隆癸卯(1783)举人,嘉庆十四年河南试用知县,郎嘉卿孙。	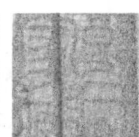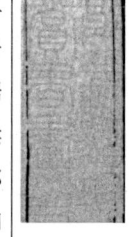
380 梦溪笔谭、笔谭补、储华谷祛疑说纂 钤印:"立斋""陈卓"	
382 墨子 钤印:"张瀛暹印""石州" 按:张穆(1805—1849),谱名瀛暹,后改名为穆,字石舟、石州,亦作石洲,号䑥斋,晚年号靖阳亭长,祖籍山西平定古州人。富于藏书,编纂有《张石洲所藏书籍总目》。	
384 清秘述闻 钤印:"梧门书画之章""诗龛书画印""诗龛墨缘" 按:法式善(1752—1813),姓伍尧氏,原名运昌,字开文,别号时帆、梧门、陶庐、小西涯居士。编撰有《存素堂书目》四卷,《诗龛藏书目录续编》一卷,《诗龛书画录》四卷。藏书印颇多,主要有"法梧门藏书印""诗里求人龛中取友我怀如何王孟韦柳""诗龛鉴藏"等。	

续表

387 容斋随笔 钤印:"吴田(贯)勉秋屏""吴贯勉印""秋屏" 按:吴贯勉,生卒年不详,字尊五,号秋屏,安徽歙县人,诸生。流寓金陵。曹寅于扬州设局刻书,任雠校事。著有《绿意词》《江花唱晚》。	  
394 天禄阁外史 钤印:"金玉君子"	
401 新刻辟尘珠 钤印:"允辅"	
403 疑耀 钤印:"无竟先生独志堂物""东海曹氏珍藏书画记""护国图书""二桥" 按:张其锽(1877—1927),字子武,号无竟,广西桂林人,清末进士。曾在湖南任知县等职,鼎革后投吴佩孚,任广西省长。著有《独志堂从稿》等。本编513号和548号书上亦有其印。	 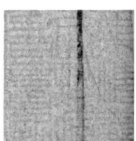  
404 意林 钤印:"慕玄父印"	
405 意林语要 钤印:"阮元之印""观过"	 

续表

406 义门读书记 钤印:"阅微草堂""树珊""海林"	  
408 因树屋书影 钤印:"宝应乔氏吾园珍藏" 按:乔载繇(1776—1836),字孚先,号止巢、信斋,江苏宝应人。诸生,家有吾园,富藏书,肆力于诗词。著有《妙华仙馆诗》《学读书斋诗》及《裁云馆词》二卷。见《清人词话》(孙克强、杨传庆、裴喆编,2012)。	
411 择执录 钤印:"华萼堂""马麟定印" 按:隋人鹏(1703—1738),字扶九,号芸阁,莱西县水集镇隋家屯人。雍正五年(1727)进士。著有《华萼堂文集》。 马麟定,举人,清康熙三十年(1691)任湖南蓝山县知县。又,西泠印社 2010 秋季拍品梅膺祚撰《字汇》上有"马麟定印"。	 
416 楚骚绮语 钤印:"明善堂览书画印记""安乐堂藏书记" 按:弘晓(1722—1778),爱新觉罗氏,字秀亭,一字箭星,号冰玉道人,封怡亲王,卒谥僖。怡府藏书之所名安乐堂,又名明善堂。所有怡府藏书,都有"安乐堂藏书记""明善堂览书画印记"等。有《怡府书目》收精本四千五百多种。本编 582 和 619 号书亦是明善堂旧物。	 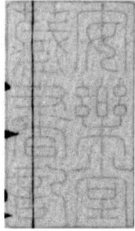

419 古隽考略 钤印:"金粟山房""李氏藏书"	 
420 古学汇纂 钤印:"讲幄词臣""曹仁虎""习庵""北平谢氏藏书印""玉森氏藏书""继辰章" 按:曹仁虎(1731—1787)字来殷,号习庵,嘉定(今属上海)人。乾隆二十六年(1761)进士。喜收藏古籍,《清史稿》记其"藏书多宋、元善本"。有藏书处"蓉镜堂"。 谢宝树,生卒年不详,字玉森,号珊峤,自号坳堂渔父,顺天大兴人。无功名,以读书、购书、钞书、校书终其一生,为嘉庆间北京地区重要藏书家。中国科学院图书馆藏有抄本《北平谢氏藏书总目》。详见"《北平谢氏藏书总目》编者考略"(《文献》2015(5):23—30)。	    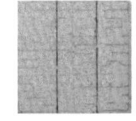 
422 何陋山房选定艺文珠玑类编 钤印:"一片冰心在玉壶"、"章荫"、"伯棠氏"、"(乐琴)书以自娱"、"荫、伯棠、读书印"(连珠)	     
423 汇苑详注 钤印:"渭阳"	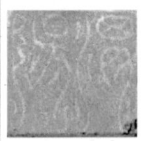

续表

424 记纂渊海 钤印:"潜江甘鹏云民国改元以后所收善本""潜庐" 按:甘鹏云(1862—1941),字翼父,号药樵,晚年署"息园居士""潜庐老人",湖北潜江县城关镇人,光绪二十九年(1903)进士,光绪三十二年(1906)赴日本早稻田大学留学,回国后历任多种官职,又是著名的方志学家、书法家、藏书家,曾在北京辟有"息园"藏书。	 
429 名句文身表异录 钤印:"孝劼所藏书画金石""砚劬伯子""梅里长""丙子以后见""小西湖长""宝康""孝劼""青珊瑚馆""马佳宝康字孝劼号铁麞一字道巙之印" 按:马佳宝康,生卒年不详,字孝劼,号佞汉斋主人。满洲镶蓝旗人,其父崧蕃,官至云贵总督,岳父盛昱为著名藏书家。其藏书处有"佞汉斋"。藏书印有"宝孝劼藏宋元经籍""孝劼所藏书画金石"等。 李彦章,嘉庆、道光间福建侯官(今福州)人,字则文,一字兰卿,号榕园,又自号三十六湖长、小西湖长,室名江山文选楼、妙吉祥馆等。嘉庆十六年(1811)进士。近人以青珊瑚馆为堂号者甚多,如蒋士铨藏园内建有"青珊瑚馆",徐祖欣著有《青珊瑚馆诗钞》,以及1926年陈曾则(1881—1958,湖北浠水人,光绪壬寅科举人)为父母亲陈恩浦(字子青)和周葆珊编辑的《青珊瑚馆遗墨》。未知此印属谁。	 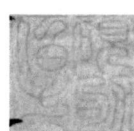      

432 群书考索 钤印:"华芙庼藏""伯寅藏书""汉阳叶氏敦夙好斋印""疏雨熏习""叶名澧印" 按:范锴(1818—1898以后),浙江吴兴(今湖州)人。原名范音,字声山,号白舫,别号苕溪渔隐、苕溪渔叟,室名花笑庼,著有《花笑庼杂笔》等。 潘祖荫(1830—1890),字在钟,小字凤笙,号伯寅,亦号少棠,郑盦,吴县(今江苏苏州)人,咸丰二年(1852)探花,授编修,光绪间官至工部尚书,辑有《滂喜斋丛书》《功顺堂丛书》。本编566号书亦曾经其收藏。 叶名澧(1811—1859)字润臣,号翰源,湖北汉阳人,道光十七年(1837)举人。家有"敦宿好斋"、"宝云斋",藏书甚富。一说其藏书印有"叶氏敦宿好斋藏书"者。	 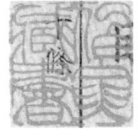   
436 事物异名录 钤印:"小□斋□藏书画""李卓燕印"	 
437 书言故事大全 钤印:"吴丕承印"	

续表

442 新刊唐荆川先生稗编 钤印:"盱眙王锡元兰生收藏经籍金石文字印""小海印信" 按:王锡元(1824—1901 后),江苏盱眙人,字兰生。清同治乙丑(1865)科进士。曾任吏部文选司主事、淮安府里河同知。室名"十四间书楼"。藏印有"盱眙王氏十四间书楼藏书印"、"乐与共晨夕"等。	 
444 增订二三场群书备考 钤印:"怡怡堂图书" 按:本编 424 号书上有"怡怡堂珍藏"印,或属同一印主。	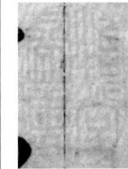
445 注释白眉故事 钤印:"启锦文记图书"	
448 白氏长庆集 钤印:"潜川洪轼澄藏书" 按:洪轼澄,清代人,生平不详。今北京图书馆藏明万历间刻本《朱镇山先生集》卷内有"潜江洪轼澄藏"印记。傅氏《藏园群书经眼录》载一明写本《大唐新语》卷内有"茹古斋藏""潜川洪轼澄藏书"印记。	
450 分类补注李太白诗 钤印:"青箱楼藏书" 按:据《大清畿辅先哲传》和《光绪顺天府志》,王询,乾嘉时人,字舜父,宝坻人,县学生,入赀为七品京官。筑青箱楼,贮书万卷,有"青箱楼藏书"印记。	

续表

455 增广注释音辩唐柳先生集 钤印："华阳高氏苍茫斋收藏金石书籍记""兜率庵""苍茫斋收藏精本""华阳高氏藏书子孙保之""沈韬" 按：李鸿渊校点《陈鹏年集》载，兜率庵，陈五岳先生读书处。陈文烛（1525—?），字玉叔，号五岳山人。湖北沔阳人。嘉靖四十四年（1565）进士，官至南京大理寺卿。	 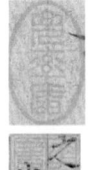   
457 东坡文选 钤印："敏似"	
460 庐陵欧阳文忠公全集 钤印："毋我庐"	
461 陆放翁全集 钤印："平湖审定"	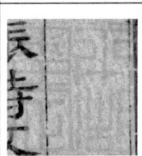
463 司马文正公集 钤印："百禄堂""经国大业" 按：书坊印	 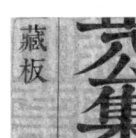
465 宋李忠定公奏议选 钤印："丁继离印""长庚传记" 按：丁继离，字南峰，福建邵武举人。康熙五十七年至雍正五年（1718—1721）任定安县知县。	  

续表

466 宋孙仲益内简尺牍 钤印:"栖州读" 按:上海驰翰 2010 春拍张问陶行书上亦有"栖州读"印。印主不详。	
469 苏长公密语 钤印:"确山马氏文献世家图书之记"	
475 友林乙稿 钤印:"秀野草堂顾氏藏书印""顾嗣立印""侠君" 按:顾嗣立,字侠君,号闾丘。江苏长洲(今苏州)人。康熙五十一年(1712)进士,有别墅"秀野草堂"。其藏书楼有"饱经斋"等。藏书印有"顾侠君""秀野草堂""闾丘小圃"等。著有《秀野集》《闾丘集》等。	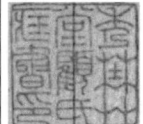
476 曾文定公全集 钤印:"又敬堂" 按:清代胶州法若真家族有又敬堂。自明末直至清代中叶,法家科甲蝉联不绝,先后有 3 人中进士、4 人中举。法樟,字砚山,诗人,著有《又敬堂诗草》。	

续表

479 方正学先生逊志斋集 钤印:"臣栋""师研斋印""王仁俊""松厓""红豆书屋""王氏秘笈""宪成曾观" 按:惠周惕,生卒年不详,江苏吴县人。康熙进士,曾任密云(今属北京市)知县,原名恕,字符龙,一字砚,自号红豆主人,书斋名为"红豆书屋",儿子惠士奇有"红豆斋"、孙子惠栋有"红豆山房"。 惠栋(1697—1758),字定宇,号松崖,学者称小红豆先生。 王仁俊(1866—1913),江苏吴县东山人,一名人俊,字捍郑,亦作杆郑、幹臣,号籀许。光绪十八年(1892)进士,授翰林院庶吉士,散馆改吏部主事。其藏书处为"籀鄦簃",撰有《籀鄦簃书目》一册,藏书印有"王氏籀鄦簃藏书记""王仁俊校勘经籍记"等。 王宪成(道光咸丰间),江苏常熟人,字蓉洲,室名桐华仙馆,一说字仲文,号蓉洲。道光二十五年(1845)进士。著有《桐华仙馆词》。	    
480 冯琢庵先生北海集 钤印:"闽中徐惟起藏书印""侯官黄宗彝印""侯官刘笏川藏书印" 按:徐𤊹(1563—1639),字惟起,一字兴公,别号绿玉斋主人、读易园主人、鳌峰居士等。闽县(今福建福州)鳌峰坊人,有"红雨楼""宛羽楼"等藏书楼,藏书印有"徐印惟起""晋安徐兴公家藏""汗竹巢""宛雨楼""鳌峰徐氏宛羽楼藏"等。 黄宗彝(1814—1862),原名煟,字圣谟,又字肖岩。严复的老师。藏书数千卷,多珍本。藏印有"肖岩图书""闽南黄煟肖岩图籍""左鼓右旗山人"等。 刘永松(约 1817—1856),又名茂才,字笏川,侯官人。曾任广东县尉。其室名曰"小墨庄",书斋名"篆籖"。其藏书印有"刘氏小墨庄藏""侯官刘笏川艺文金石记""笏川藏书"等。	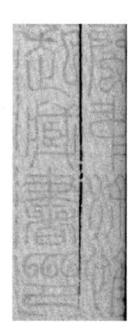  

续表

482 郭文简公文集 钤印:"古铁砚斋""事求可以问心""雪斋家藏""五朝老民""国子监土地祠内典签侍儿""云无心而出岫" 按:溥雪斋(1893—1966),满族,清道光皇帝的曾孙,其祖父为皇五子惇亲王奕誴,父为贝勒载瀛。幼年袭封为"贝子",本名溥忻,号雪斋,晚年常用溥雪斋为名。著名书画家,辛亥革命后以书画为生,1930年起执教于辅仁大学美术系。国子监土地祠在国学胡同,明代就已有。供奉的是唐代大文学家韩愈,又称昌黎祠。国子监师生每年腊月二十四日祭祀国子监土地神。	     
491 太史升庵遗集 钤印:"古芸书屋""王□□珍藏金石书画""黄钧""次欧" 按:沈静,清川沙(今上海川沙)人,字景梅,号春陔,附贡生,喜藏书,著有《古芸书屋诗稿》。 黄钧,近代藏书家。字颂尧,号次欧,江苏吴县(今苏州)人,藏书处有"小学斋""均涛阁"等,藏书印有"小学斋藏""黄氏次欧所藏""南阳叔子藏本"等。	  
493 唐荆川先生文集 钤印:"徐履忱印" 按:徐履忱(1629—1700),字孚若,号匏叟,昆山人。十五补诸生,顺治二年(1645)依其舅顾炎武,避病常熟语濂泾寓庐,朝夕讨论,后读书郡城,与诸名流结社唱和。有《耕读草堂诗钞》《匏叟诗钞》。	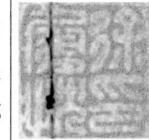

续表

494 外制集 钤印:"恩纶普锡代天传宣""咏雪草庐珍藏""曾孙有闻字依昌重刊""都宪嫡派"	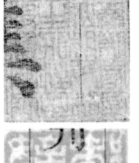  
495 王文成公全书 钤印:"检过""汉阳周氏书种楼藏籍""汉阳周贞亮退引民国纪年后所藏善本""中华民国三年五月汉阳周贞亮率男成伋敬造佛像一区愿一切图书永无灾厄""噩中周氏宝藏""周贞亮""退舟""书穜"	 
496 王文成公文选 钤印:"宁信目而不信耳""皇明文章理学经济名臣"	 
498 吴诗集览 钤印:"陵川王氏藏书""兴于图记""盱眙吴氏藏书" 按:吴棠,清安徽盱眙人。字仲宣。道光十五年(1835)举人,累官江宁布政使、江苏巡抚、闽浙、四川总督,署成都将军。著有《读史一得》《望三益斋存稿》。室名"望三益斋"。藏印有"盱眙吴氏藏书""望三益斋""盱眙吴氏望三益斋藏书之印"等。	  

续表

501 薛文介公文集 钤印:"虚白轩" 按:《中国近现代人物名号大辞典(全编增订本)》载:杨旭,同治、光绪间江苏昭文(今常熟)人。字曼卿,又字晓村,号蓬庐,别号樗散道人,室名虚白轩、补梦斋,又署补梦斋主。	
502 阳明先生集要三编 钤印:"横秋阁""苏斋""翁""檀尊藏本""丰府藏书" 按:翁方纲(1733—1818),字正三,一字忠叙,号覃溪,晚号苏斋。直隶大兴(今属北京)人,乾隆十七年(1752)进士,授编修。 昭梿(1776—1833),字汲修,自号汲修主人,另号檀樽主人。满清宗室。有《啸亭杂录》十五卷。藏书印有"丰府藏书""檀樽藏本""礼尊珍玩"等。	   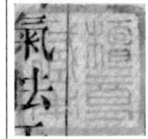
506 虞德园先生集 钤印:"佐伯文库""闽中陈氏鼎生家藏"	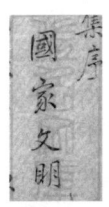 
512 念一史弹词注 钤印:"铁岭钟氏家藏""兰岩藏书"	

513 廿一史弹词注 钤印:"独志堂印""王荣管印""玉文" 按:王荣管,字玉文,生卒年不详。武定府乐陵县人,咸丰九年(1859)己未科解元。咸丰十年(1860)庚申恩科殿试第二甲赐进士出身。入词林,供职史馆,充国史馆协修、功臣馆总纂。同治丁卯充江南乡试副考官,光绪乙亥充云南乡试副考官,后简放河南彰卫怀兵备道。	  
515 徐文长四声猿 钤印:"清芬堂书画记"、"景运、静旖"(连珠)、"振衣长想" 按:张太复,原名景运,字静旖,号春岩,别号秋坪,南皮(今河北南皮)人。乾隆丁酉(1777)拔贡,官浙江太平知县,改迁安教谕。胡会恩,字孟纶,德清人。康熙丙辰(1676)进士,官至刑部尚书。有《清芬堂存稿》八卷存世。	  
517 楚辞 钤印:"函碕文库"	

续表

519 读杜心解 钤印:"臣心铁石""徐进者少患""西拉木棱旧族""碧玲珑馆主人""博尔济吉特氏""长记牒中有名字""铁臣""恭错之印" 按:本书卷六末有跋:"乾隆四十年岁次乙未十二月虚闲堂主人读竟并识/五十七年壬子典试江南识于浦口之临江楼。"钤印:铁臣、恭错之印。查《听雨丛谈》卷十:"五十七年壬子乡试。主考:吏尚书刘墉、刑侍郎王昶、阁学瑚图礼(景南)。江南主考:礼侍郎铁保、阁学李潢。外省主考正副均典大员,罕有也。"是知其为铁保(1752—1824),字冶亭,号梅庵。乾隆三十七年(1772)进士,历任翰林院侍讲学士、内阁学士、礼部侍郎。 方家澍(1875—1908),字雨亭,福建省侯官县人,光绪十八年(1892)进士。著有《碧玲珑馆集》。	  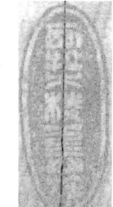 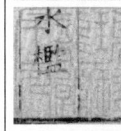   
524 曝书亭集、笛渔小稿 钤印:"衣德堂""三多斋图书""怡怡堂珍藏""有妫之后" 按:现有工具书把"怡怡堂珍藏"和"有妫之后"印列在郑燮名下。如《历代藏书家辞典》郑燮条:"今美国国会图书馆藏明万历间刻本《笔山崔先生文集》十卷、四册,仙源崔涯著。卷内有'有媯之后''怡怡堂珍藏''郑燮之印''郑印谟伟'等印记。室名'怡怡堂'。"《中国藏书楼》附"中国私家藏书印印文选录"郑燮条:"有媯之后、怡怡堂珍藏、郑燮之印、郑印谟伟"。皆因将"有妫之后"印释错。	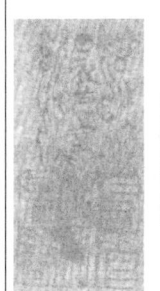 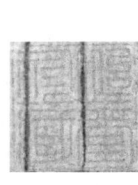 

续表

《左传·庄公二十二年》：陈厉公之子陈完奔齐，死后谥为敬仲。"初，懿氏卜妻敬仲，其妻占之曰：吉。是谓凤皇于飞，和鸣锵锵。有妫之后，将育于姜。"《元和姓纂》卷三云："陈：妫姓，舜后。"所以此印应属于陈姓之人，而非郑姓者。《辽宁省图书馆藏古籍精品图录》（王筱雯主编，2008，第75页）著录一医闾先生集，明嘉靖二十三年（1544）齐宗道刻本，上钤"有妫之后""怡怡堂珍藏"印记，是知此二印当属同一人，或即陈金城。陈金城（1802—1852），字念庭，号殿臣。福建洛阳镇岭头村人。道光二年（1822）举人。此后两次会试不中，遇"大挑"，以二等选署古田教谕，旋授连城训导。后调京为内阁中书，嗣后改刑部云南司主事。有《怡怡堂文集》六卷。	
526 渠亭山人半部稿 钤印："曾为古平寿郭申堂藏"	
527 使黔集 钤印："屈氏藏书" 按：屈燨（1880—1963），字伯刚，号是闲，又号弹山，晚年自署屈疆，浙江嘉兴平湖人。光绪年间诸生。早年留学日本早稻田大学，归国后被授予举人衔。民国初，在南京临时政府及北京政府实业部、农商部任参事、佥事，后执教于圣约翰大学等校，又任商务印书馆旧书股主任及馆外编辑。在苏州开设书店"双百楼"，在北京开有书店名"穆斋"。藏书印有"是闲手校""屈氏藏书"等。	

528 式古堂集 钤印:"王懿荣印" 按:王懿荣(1845—1900),字正孺,号廉生,山东福山县(今烟台市福山区)人。光绪六年(1880)进士,晚清翰林,曾三任国子监祭酒。中国近代金石学家、鉴藏家和书法家,为发现和收藏甲骨文第一人。	
529 双鱼偶存 钤印:"松泉"	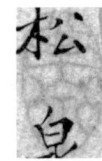
531 文贞公集 钤印:"广东肇阳罗道关防"	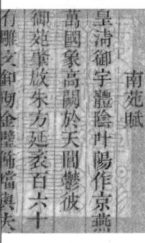
533 午亭文编 钤印:"桐华吟馆" 按:杨揆(1760—1804),江苏无锡人,字同叔,一字荔裳。乾隆四十五年(1780)南巡时召试赐举人。授内阁中书,后官至甘肃布政使。有《桐华吟馆诗稿》十二卷、《文钞》一卷、《词稿》二卷,《桐华吟馆诗稿二钞》一卷。	
534 西陂类稿 钤印:"作蠹鱼吏""少云珍藏"	

续表

543 御制古稀说 钤印："乾隆御览之宝"	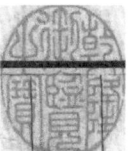
545 酌雅斋丹黄消夏录 钤印："光赞堂""酌雅斋书画印""福增格字赞咸一号松岩" 按：福增格印为序跋印。	  
548 赤牍清裁 钤印："无竟先生独志堂物""汉星""百不如人只读书"	 
559 古诗归 钤印："钟惺之印""内野李氏藏""伯敬氏""元春" 按：后三者为序跋印。	  
560 续古文苑 钤印："方功惠藏书印""佐伯文库""彰歔阁" 按：彰为静的异体，歔古同啸。方功惠（？—1899），字庆龄，号柳桥。巴陵（今湖南岳阳）人。光绪中官广东道员。在广州建"碧琳琅馆"以藏书，先收有潘仕成、伍崇曜等人藏书，又得吴荣光"清筠馆""赐书楼"藏书。他还早于杨守敬派人往日本采购书籍，所以方氏藏书中多钤有日本藏书家印章，如日本曼殊院、尾府内库、知止堂等，而收佐伯文库书尤多。本编578、617号书也是方氏旧物。	  

562 顾太史评阅唐宋四大家文选 钤印:"□庆堂"	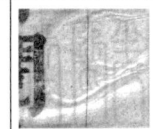
566 海忠介公集 钤印:"伯寅藏书"	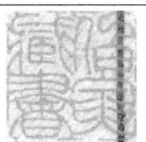
571 历朝名媛诗词 钤印:"小峰所藏"	
572 梁昭明文选 钤印:"杭城柴垛桥姚衙愿好堂发兑""苏溪姚氏藏书"	 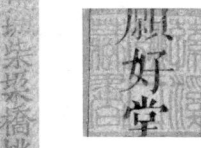
573 明朝破邪集 钤印:"六合徐氏孙麒珍藏书画印""孙麒氏使东所得" 按:徐承祖(1842—?),字孙麒,江苏六合人,著名历史学家徐鼒的次子。光绪十年(1884)八月十七日,徐承祖以候补知府被谕命为出使日本大臣,成为清朝第三任驻日公使。其生平事迹可参考王宝平《第三代驻日公使徐承祖之研究》,载《浙江大学 2001 年人文社科科研成果汇编》。	 
574 明文奇赏 钤印:"含雪藏书"	

续表

575 名媛诗归 钤印:"佐伯文库""读耕斋之家藏" 按:日本著名藏书家林罗山的第四子林罗靖号读耕斋。林罗山(1583—1657),日本江户时代初期的儒学家,本名信胜(日语:信勝/のぶかつ/Nobukatsu),号罗山,字子信。出家后法号道春。	
576 奇赏斋广文苑英华、三续古文奇赏广文苑英华 钤印:"堂策槛印""郎衙藏板任瑞之行"	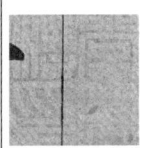
578 三国两晋南北朝文选 钤印:"都门正雅堂经藏书籍印""巴陵方氏碧琳琅馆珍藏古刻善本之印""巴陵方氏碧琳琅馆藏书""方家书库""巴陵方氏功惠柳桥甫印"	
582 四六法海 钤印:"完颜崇禧之印""明善堂珍藏书画印记"	
587 唐人万首绝句选 钤印:"自然"	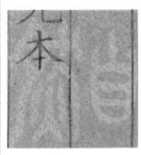

续表

588 唐宋八大家文钞 钤印:"集德堂""楚畹""兰岩藏书"	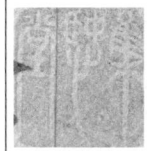 
589 唐宋八大家选 钤印:"汪衙藏板""天生此堂居士藏书印""李伊沆印""李璜纶印""渔江图书""璜纶私印""希文渔江""太匏氏章""玉麐""伯游""鞠盦" 按:崇彝《道咸以来朝野杂记》载:"同治庚午科顺天府乡试,解元李璜纶,字渔江,北平之能文者。场中四书题为'季康子问仲由可使从政也与'至'则吾必在汶上矣'两章题。李氏应试文极佳,遂领解榜。后有其戚某,知此为李氏平日窗课文,持此索诈,欲告发,渔江遂自检举抄袭成文,因之革去举人。按抄袭成文,以已刻者论,若自作课葵,不得坐以抄袭之罪。李公此事真不可解,其后终身不得一第。宛平县人。"据刘声木《桐城文学渊源考》,陈方海,生卒年不详,字伯游,江西鄱阳人。"为文私淑桐城,与刘开、姚莹等以文学相切磋。撰《计有余斋文稿》一卷。"《常熟国家历史文化名城词典》载:孙保(1624—?),字求赤,一名容保,号匪庵,别署木讷逸人、木讷野人。藏书室名怀古堂、鞠庵。	    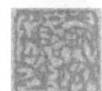
592 文选音义 钤印:"吕氏家藏""望溪庋藏金石书画印"	 

593 文苑英华 钤印:"读书堂""笃素堂张晓渔校藏图籍之章""皖南张师亮筱渔氏校书于笃素堂""星渚干元仲珍藏书籍""九叶传经""子子孙孙引无极" 按:张师亮(1828—1887),皖南人,字筱愚,号谨甫。一说字谨夫,号筱渔,一作晓渔。附生。咸丰丙辰科(1856)殿试三甲第五名。家富藏书,其藏书处有笃素堂、养云山房。《东北师范大学图书馆藏古籍善本书目解题》、王重民《中国善本书提要》、沈德寿《抱经楼藏书志》都著录有"星渚干元仲珍藏书籍""九叶传经""子子孙孙引无极"这三方印同时出现的书,但未见关于印主的信息。查历代《星子县志》,干氏家族是当地的名门望族。在清朝前期,干氏家族人才辈出,在政学两界都有着极大的影响。如干特(1640—1715),康熙二十三年(1684)恩贡生。其子干建邦,康熙三十九年(1700)进士。干运恒,乾隆十七年(1752)进士。干从濂,干建邦之子,乾隆十三年(1748年)进士。干元仲是嘉庆道光时人,有记录说他在道光十一年(1831),因需银应用,将祖遗之店屋杜卖与人,得价银三百九十两,余不详。	     
594 文章辨体 钤印:"汉阳周贞亮退舟民国纪年后所收善本""贞亮私印""噩中周氏宝藏"	
599 续玉台文苑 钤印:"东汉传经之家"	

续表

600 玉台新咏、续玉台新咏 钤印:"文字禅""莆馋""醉观""新登庵公""沈逢春印""沈父六符""芦中人""罗氏素文""青芝山房""太□□生""任丘强恕堂李氏藏书" 按:罗以书,字素文,号渚亭,山东德州人,廪生,云南剑川州知州,乾隆二十二年(1757)因行贿被革职,杖责一百。著有《青芝山房诗草》和《云怡楼诗草》。沈逢春印为序跋印。	
602 真文忠公续文章正宗 钤印:"孙壮""孙伯恒收藏记" 按:孙壮(1879—1938),北京大兴人,字伯恒,号雪圆,以"读雪斋"和"澄秋馆"作为斋名。国子监学生,肄业同文馆、京师大学堂。曾任商务印书馆馆长、河南省博物馆馆长、中国营造学社校理等职。	 
604 诸儒笺解古文真宝 钤印:"小存所藏书画"	
607 四大奇书第一种 钤印:"偏福来"	

续表

611 余忠宣公文集 钤印:"鞠园藏书""温陵张氏藏书" 按:张祥云,号鞠园,晋江人。乾隆五十二年(1787)进士,官庐江太守,后以养亲乞归。嗜藏书,家中所聚极富,且多善本。编有《鞠园藏书目》,著录图书约600种。	 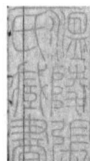
614 汉魏丛书 钤印:"关西若蘧"	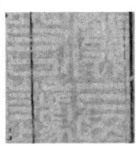
617 万寿衢歌乐章 钤印:"臣功惠恭藏""康纶钧字凤书号伊山" 按:康纶钧,字凤书,山西兴县人。乾隆五十二年(1787)进士,翰林院编修,尝督学陕甘。有《梦芸诗稿》。	 
619 小四书 钤印:"明善堂览书画印记""安乐堂藏书记""栾城张世尧印""算学博士" 按:冯立升《畴人传合编校注》载:"张世尧,原名世堃,字仰之,号峻阜,后改字振宇,号修征,今改字峻天,号耿介,河北省栾城县城内人。由清附生于光绪三十四年考入北京法律专门学堂,迨毕业后分发法部试用,历任司法要职,后经陆军总长王公世珍推荐,为公府顾问。民国五年,蒙黎大总统特授法学士,七年又蒙徐大总统特授算学大博士,舆论荣之。"	 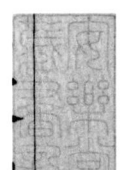  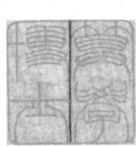

续表

622 学海津梁 钤印:"贻矩堂"	
624 增定汉魏六朝别解 钤印:"赵彦良氏""士康印""□泽长贻""赵□珍藏""经眮眼福""篮种留根" 按:台湾"中央图书馆"藏宋宝佑六年(1258)临安陈解元书籍铺刊本唐僧弘秀集上有"经眮眼福"印。傅增湘《藏园群书题记》中提到文友堂主人魏经眮:"适闻文友堂书坊收得校本一部,乃商之书坊主人魏经眮,长期假我……先后置余几案者三年。昨岁七月,校订之功告成,乃举以返之。"(庚辰一九四〇年十一月)	     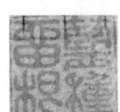

丙申仲夏于美国哥伦布市小叶巷

义理寿编纂中文古籍目录的实践

◎ 乔晓勤①

摘　要：

　　义理寿所编纂的《慕氏藏书目》及《葛思德东方藏书库书目》(与白炳骐合编)是母语非中文人士对中文古籍进行分类、编目的重要尝试。在索引、分类方面，义理寿创立了当时唯一重视对单个汉字的索引和对一组汉字索引加以区别的分类系统。该索引系统既不要求读者记住繁复的数字编码，也不需要对照笔画数索引和威妥玛拼音表来使用。这就使得该索引系统具有很强的实用性。《慕氏藏书目》的"注释"一项包含义理寿对不同古籍鉴赏和观察的心得，不乏视角独特的见解，值得我们重视。

关键词：

　　义理寿；慕氏藏书；中文古籍；编目

I. G. Gillis's attempt of cataloguing Chinese rare books

◎ Stephen Qiao

Abstract：

　　I. G. Gillis' Catalogue of Chinese rare books for the University of Toronto Chinese Library is a unique attempt by a westerner to be involved in the field of Chinese rare book cataloguing. In practice, he adopted single character indexing scheme instead of word indexing associated with numbering coding. The "remarks" in his catalogue contain his valuable observation of individual

---

① 乔晓勤，现任多伦多大学郑裕彤东亚图书馆中文部主任。美国匹兹堡大学图书馆学硕士、中山大学人类学博士。

rare books from physical characteristics to comparison of different editions.

Keywords：

I. G. Gillis；Mu Collection；Chinese rare books；Cataloguing

就目前笔者所掌握的相关材料看，20世纪30年代初，在北京的美国公使馆退休海军武官义理寿（Irvin Van Gillis，1875—1948）招募了十名中国助手为本馆所藏古籍"慕氏藏书"编纂了目录。稿本《慕氏藏书目》共计有43册，分为装订册和活页册两部分。义理寿所编纂的中国古籍目录还包括《葛思德东方藏书库书目》（与白炳骐合编，1941年北京印本，一函四册）。该目录的原始稿本如慕氏藏书目一样，均采用英文打字和中文手写的方式编纂。美国普林斯顿大学东亚图书馆现藏有该目录之原始稿本，共计20册。义理寿还曾编纂过《四库全书书名索引》、《天禄琳琅书目索引》（1930？）、《皕宋楼藏书志索引》（1935）、《千字文索引》等。

在来到中国并对中华文化产生兴趣之前，义理寿是一名军人。他以在美国海军服役开始了他的军旅生涯。1901年义理寿第一次以安纳波利斯号（USS Annapolis）的首席领航员和首席工程师的身份远赴亚洲。1904—1905年，他在东京任美国海军武官的职位。1907—1908年，他转往北京任美国驻华大使馆海军武官。1911—1914年，义理寿继续任职于北京及东京的美国大使馆，并代表伯利恒钢铁公司（Bethlehem Steel Corporation）争取与中国政府的合作，为中国政府创建海军提供钢铁与船只。在短期回国后，1914年9月他作为格罗顿和康涅迪格州的电船公司（General Dynamics Electric Boat）代表及伯利恒钢铁公司的代表再次来到中国。1917年至1919年间，义理寿返回海军，再任美国驻北京公使馆海军武官。1919年底义理寿正式从美国海军退役。

在华工作期间，义理寿利用他外交人员和工业代表的身份，结识了一批杰出的学者、教育家、人类学家、考古学家、商人和传教士。由于他超凡的中文阅读与交流能力，使其成为美国政府在华收集情报的得力人选。从有关的文献中我们可以看出义理寿对中国文化的深刻了解及他个人的爱好。1914年义理寿与江苏吴江实业家施肇曾（1867—1945）在北京相遇，在施肇曾未出版的回忆录中提到，义理寿在任美国驻北京公使馆海军武官期间，对中国事物有极大的兴

图 1　义理寿像,摄于从美国海军退役后

趣。他不仅学会了中文的日常会话,还掌握了书面用语,而且有很多中国文化界的朋友,其中包括国立北平图书馆馆长袁同礼先生。袁先生曾对友人谈起,义理寿可以用放大镜观察手指用力的力度,并能观察出一份文件是否使用了两台或三台打字机打出来。当他把这些技能运用到古籍版本鉴定方面时,取得了意想不到的成果。他投入大量的时间学习中国历史文化和风俗,了解中国人。义理寿在1920年左右与比他小18岁的中国女子赵玉彬结婚,赵据说出身于满族皇室。义理寿可能也是受到其妻家族的影响,对中国古籍逐渐产生兴趣,开始了书商的生涯。他以赵玉彬的名义在北京购置了家宅并打算在这座古老的都城度过自己的后半生。在北京生活期间,他参加了诸多团体组织的各种社交活动。施肇曾提到,他经常在完全是中国人的聚会中遇到义理寿。美国公使馆也经常请义理寿陪同一些到北京访问的重要客人。自1919年从美国海军正式退役后,义理寿一直留在中国直到其1948年在北京逝世。他曾经试图帮助几个美国造船公司在中国开展业务,但由于当时中国混乱的政局,他的努力并没有取得太大成果,相关的美国公司在中国开展业务也困难重重。义理寿在不同

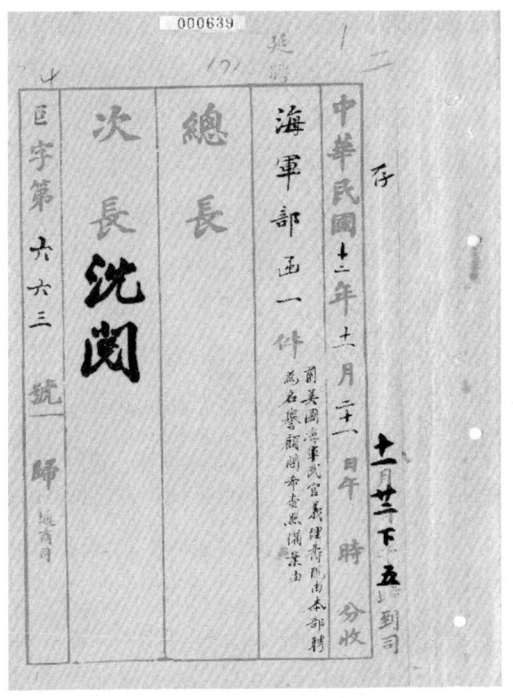

图 2　中华民国海军部聘请义理寿为特别顾问的聘书

的时期也给中国的政府部门做过顾问,其中包括内阁办公室、海军部、通信部、海巡署等。①

义理寿的中国古籍收藏活动是在他与葛思德相遇后开始的。葛思德(Guion M. Gest,1864—1848)是美国葛氏工程公司(Gest Engineer Company)的创始人,该公司与建筑相关的业务范围覆盖北美和亚洲。葛思德长期受青光眼疾病的困扰,在欧美各地尝试各种办法医治,效果一直不佳。在其来华的公务旅行中,葛思德结识了义理寿,义理寿建议葛思德尝试用中医药来治疗他的眼疾,在尝试了"马应龙定州眼药"后,葛思德的病情得到了很大的缓解。虽然服用中药未能达到根治其眼疾的效果,但还是取得了不错的疗效,这使葛思德对中医产生了极大的兴趣,并把中医类的图书作为其采购中文图书、建立中文

---

① Swanson, B. et al. *A Plain Sailorman in China: The life and times of Cdr. I. V. Gillis, USN* ᾿ 1875—1948, Naval Institute Press, Annapolis, Maryland, 2012, pp.161—191.

图书收藏的最初目标。为购书方便,葛思德在美国银行建立起了一个帐户,来支付义理寿收购中文书籍的花费。中医也许是最初让葛思德对中文善本收藏感兴趣的领域,但一直以来对佛教的兴趣也是他收藏中文图书的主要动因之一。在首批为葛思德收购的善本书中也包含有除医学、佛学外的其他类别的书籍,从中我们可以看出在葛思德和义理寿收购善本书的背后,有他们对中华文化更全面认识的动机。义理寿为葛思德在十余年间共购得中文古籍十余万册,其中善本书达1136种,24500册。义理寿曾建议葛思德在资金有限的情况下,把收购的重点放在珍贵明版古籍上,而不必与人竞争专求宋代善本。在葛思德收藏中的明版书中,有约十分之一是明代刊印的珍贵版本,如明惠帝建文元年(1399)所刻的佛经和钱谦益崇祯十六年(1643)所刊印的文集等,均非常珍贵。王重民先生曾指出,义理寿的中国目录学功底非常深厚,他所做的葛思德藏书目录英文批注几乎没有错误,而葛思德藏书本身又是已知海外中国古籍收藏中最重要的收藏之一。以武英殿聚珍版丛书原印本为例,这套书可能现存只有五套,而义理寿竟可以收集到其中四套(另一套现藏北京故宫博物院)。义理寿以他一如继往的对细节的关注和严格的自律投入到了善本收藏的工作中。他在自己家里设立办公室,并雇用了几个中国人为他工作。凡有他认为有兴趣的古书出现在市场上时,他就会请教相关领域的行家和圈中好友,并对照国立京师图书馆(中国国家图书馆前身)的目录来决定它的价值,在这之后才是对书的购买价格的谈判。他对所购入的每本书都要进行细致的检查,以确定是否需要重新装订或修复强化。[①]

1935年,隶属于加拿大多伦多大学的皇家安大略博物馆收到了加拿大英国圣公会河南教区主教怀履光(Bishop William C. White,1873—1960)由中国所购得的私人收藏"慕氏藏书"4000余种,40000余册,成为加拿大最早收藏中文图书的学术机构之一。这批图书现分藏于多伦多大学郑裕彤东亚图书馆和皇家安大略博物馆 H. H. Mu 远东图书馆。"慕氏藏书"的原收藏者为慕学勋(1880—1929),山东蓬莱人,字玄父,曾就读于天津北洋大学堂并于民国元年毕

---

① Chou, Chih-P'ing ed. 2013, The Gest Oriental Library at Princeton University, in *The English Writing of Hu Shih: Literature and Society*, vol. 1, Springer, pp. 177-196.

业。毕业后,慕学勋长期任职于北京德国公使馆,共计有17年,其职位是公使馆的中文秘书。网罗庋藏各类古今图书是慕氏的爱好,其收藏活动持续的时间长达20余年,所收集图书的范围以中国古籍为主,遍及经、史、子、集各部。他曾自编、自刊《蓬莱慕氏藏书目》(收录于《中国著名藏书家书目汇刊·近代卷》第31册,北京:商务印书馆,2005年)并印行方宗诚(1818—1888)的《柏堂诗语言行集》。慕学勋去世后,其子因到外地任职,故希望将其父的图书完整地出售。得知此消息后,怀履光认为这一收藏对于刚刚设立的多伦多大学中国研究科目意义非常。于是到处奔走,筹措购书经费。经过洽谈,慕氏后人最后同意将其父的所有古籍收藏以10500加拿大元的价格售卖给了怀履光。慕氏藏书中明版古籍计有230余种,清代乾隆六十年(1795)以前的古籍400余种,历代钞、稿本30余种,另有《增广注释音辩唐柳先生集》《乐书》等被前人分别鉴定为宋版及元版的图书。[①] 稀觏善本约占整个藏书的十分之一。怀履光购得"慕氏藏书"后,即委托义理寿着手对其进行整理、编目。由慕氏藏书中的大多数都有重新制作的函套,且函套上署名的题签在书法风格上也十分的整齐划一来看,有理由相信经义理寿之手的这批图书在赴运加拿大之前在北京也经过了与葛思德藏书相似的处理过程。

  日军占领北平后,于1941年命令义理寿搬到山东。但在出发的那天,义理寿突然病倒在火车站,这使得他能够继续留在北京,但也开始了他在英国公使馆的长达近4年的"软禁"生活。1946年2月义理寿恢复自由后,他在给葛思德图书馆的斯旺女士的信中提到日本军人收走了他的藏书、书目、纪录和备忘录等等。这些在日军占领期间丢失的数据也是义理寿的传记中关于他在日据时期个人资料缺失的主要原因。晚年的义理寿在试图找回和整理葛思德图书馆索引目录中度过。在共济会北京分部(District Grand Lodge of Peking)的名单上记录了义理寿于1948年9月1日在北京去世,享年73岁;在美国海军学院校友杂志上也纪录着义理寿于1948年9月2日在北京去世,去世原因及义理寿墓的具体位置都不详。其精心收藏的图书和用于古籍版本目录学研究的

[①] 乔晓勤:《多伦多大学慕氏藏书钩沉》,《天禄论丛》第一卷,2011年,第63—71页。

图 3 义理寿及其助手在北京将葛思德所购图书装箱赴运的情景

大量数据也就此流失,非常遗憾。①

义理寿的《慕氏藏书目录》以"多伦多大学中文图书馆"(The University of Toronto Chinese Library)的名义编纂,每一条目下有 11 项纪录,分别是:索书号(Accession No.)、索引号(Index No.)、书名(Title)、分类(Classification)、主题(Subject)、参见(References)、作者(Author)、版本(Edition)、目录索引(Index)、装订方法(Bound in)及注释(Remarks)等项。此书目编纂的时间应为 1933 年至 1935 年之间。书目编纂的体例和义理寿编纂的另一套中国古籍书目《葛思德东方藏书库书目》有诸多相似之处。《慕氏藏书目录》共分两种体例:一种是黑色布面现代装订,开本高 33.5 厘米,宽 24 厘米,封面空白,书脊处印有"The University of Toronto Chinese Library"烫金书名及条目顺序号(1—100 等)。目录各册均无书名页。第一册在条目开始之前有注释:"由于首 100 个条目中三种参考书——163－ggez、037－ahhg、167 mhfm——的页码是旧目录中的页码,因此这些页码也出现在新目录中。"一些条目的背后可见水印

---

① Tomasko, N. N. 2009, I. V. Gillis and his biographer, Bruce Swanson, in *East Asian Library Journal*, Autumn, 2009, no. 2, pp. 1—16.

"Hammermill，Made In USA"，可知此目录是使用 Hammermill 公司的纸品。该公司是 1898 年成立于美国宾西法尼亚州的大型纸制品公司。条目均采用印制好的包含上述 11 项内容的标准格式纸，每叶左边有黑色双竖栏线，右下角有长方格。条目的英文部分为打字机输入，中文用毛笔小楷书写，中英文均为黑色。此种形式的目录共 21 册。另一种采用三孔活页夹形式，活页夹高 29.5 厘米，宽 24 厘米，是美国 CPPC 公司于二十世纪三十至四十年代生产的"The Superior"品牌的产品。目录条目均用三孔活页纸打字而成，条目仍为 11 项。项目名采用红色，条目内容为黑色，中文为钢笔书写。此类目录共计有 22 册。在慕学勋自编的《蓬莱慕氏藏书目》中，编目项目包括：书名、著(注)者、版本、卷(册)数、函套数、备考、编列号数等项。而义理寿编纂的慕氏藏书的编目中所包

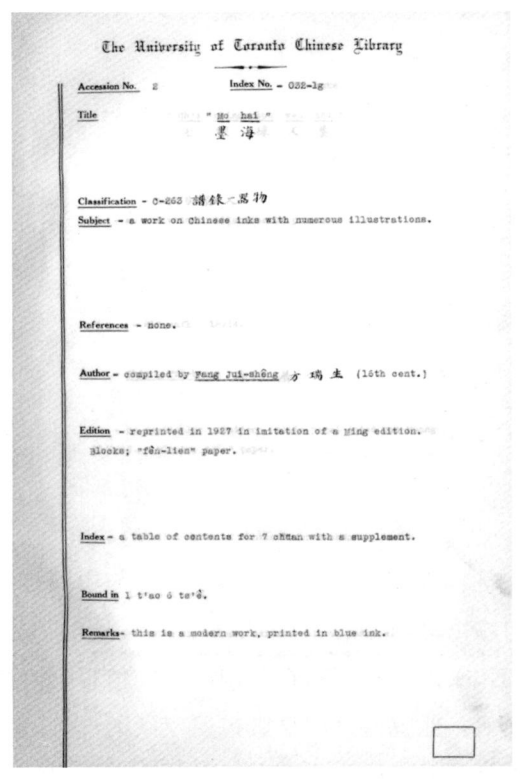

图 4　义理寿所编《慕氏藏书目》装订书册式条目样张

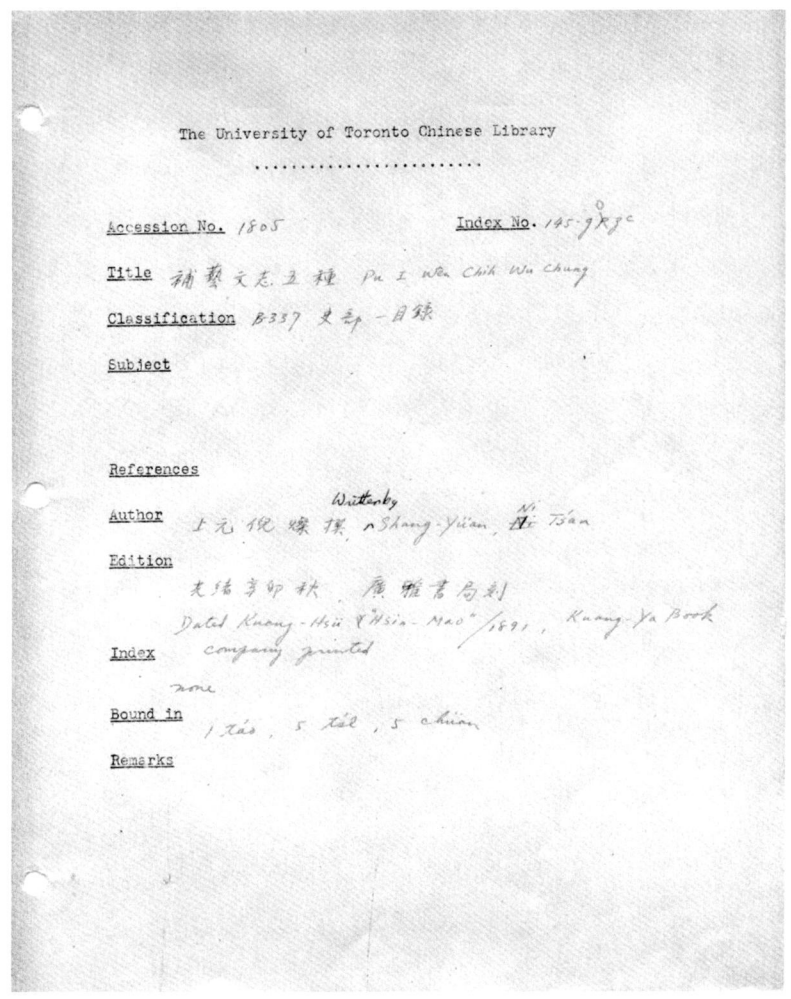

图 5 义理寿所编《慕氏藏书目》活页式条目样张

括的内容则为 11 项,比慕学勋的目录多四项。与中国传统的古籍编目比较,义理寿的书目更加注重对内容的分析,并通过索引号串联起相关书籍。在古籍版本、年代鉴定方面,义理寿利用其在美国海军作情报官时所积累的经验,掌握了特有的办法和绝活。他曾通过用显微镜鉴定纸的纤维,识别出一本被其他人认定是宋版书的古籍实际年代应为明代。他同时还是指纹鉴定和手写体辨认方面的专家,这一特长对于他鉴定抄本、写本方面大有裨益。在充当职业书商之后，他还对民国时期古书买卖行业内的各种作假伎俩了如指掌。这也是为什么义理寿能够在古书市场上以较低廉的价格购得善本古籍的重要原因之一。例如，他曾用325美元的价格为葛思德藏书购得《永乐大典》三册。

义理寿逐步积累的中文古籍善本目录学的知识受到中国学者的广泛认同和赞赏，其中包括后来葛思德东亚图书馆馆长胡适和中国古籍目录学家王重民。在致友人的一封信件中，义理寿提到他编制了一个由梳理上百种不同的中国古代目录而形成的多达40000张卡片的综合目录。这个卡片式目录帮助他更好的从事古籍善本的收购、收藏工作。

20世纪初当很多汉学家都认为需要建立一套新的中文注音系统的时候，像义理寿这样的善本收藏家们却开始设立独有的中文书籍分类系统。义理寿对裘开明为哈佛大学汉和图书馆（现哈佛大学哈佛燕京图书馆）开发的分类系统并不满意，认为它只是把西方的模式套用在中国文化上。义理寿独立建立的系统更加倾向于中国传统的分类系统。他的索引系统曾受到了美国国会图书馆东方部首任主任恒慕义博士（Dr. Arthur William Hummel，1884—1975）的赞赏，作为哈佛燕京学社创始人洪业（William Hung，1893—1980）的友人，恒慕义对此系统的认同似乎在当时更具权威性。按照恒慕义的看法，义理寿的系统是当时唯一重视对单个汉字的索引和对一组汉字索引加以区别的系统。

这套由义理寿创建的索引系统也用在其他一些藏书上，其中包括1934年出版的《办理四库全书档案》，1941年出版的他与白炳骐合编的《葛思德东方藏书库书目》，以及他为《天禄琳琅书目》和《皕宋楼藏书志》做的索引。德国汉学家卫德明（Hellmut Whihelm，1905—1990）认为，作为一个新的索引系统，义理寿的索引系统既不要求读者记住繁复的数字编码，也不需要像哈佛燕京索引那样需要对照笔画数索引和威妥玛拼音表来使用。这就使得义理寿的索引系统具有很强的实用性。义理寿索引的数字部分代表着书名的第一个汉字的部首的序号，部首的序号来自《康熙字典》，后面的字母部分代表书名前四个汉字的非部首部分的笔画数，即a代表1、b代表2，以此类推，最后z代表0。例如：《墨海》的编号032－lg，032代表"墨"的部首"土"，"l"是字母表中第17个字母，代表非部首部分的"黑"的笔画数17，"g"代表"海"中的"每"的笔画数7。《古文渊鉴》一书的索引号是30－bzhn，30是"口"的部首编号，字母代表非部首部分的笔画数为2、0、8、14。《补艺文志五种》的编号为145－gozc，145代表"衣"旁，gozc代表非部首部分的笔画数为7、15、0、3。

　　传统上西方学者所进行的古籍版本目录学的研究和探索并没有引起学术界的应有关注和重视，这一被认为是纯粹国学的研究领域似乎不太注意域外人士的参与和贡献。义理寿《慕氏藏书目录》提供给我们一次机会来深入观察和分析域外人士所进行的中文古籍版本目录学的研究。

华盛顿大学珍藏之一:清乾隆十三年(1748)内府精写精校本《御制盛京赋》

◎ 沈志佳 施懿超[①]

摘　要:

本文通过对《御制盛京赋》各种版本的研究,认为华盛顿大学珍藏清乾隆十三年内府精写精校本《御制盛京赋》十卷与辽宁省图书馆所藏清内府精写本同为一套,同属版本极品,具有珍贵的艺术价值及文献价值。

关键词:

《御制盛京赋》

A Rare Collection from the University of Washington: Handwritten Edition of *Yuzhi Shengjing Fu* Produced by the Qing Imperial Household Department in the Thirteenth Year of Qianlong Emperor (1748)

◎　Zhijia Shen　Yichao Shi

Abstract:

Through the study of various printsand copies of Qianlong Emperor's poem "*Shengjing Fu*", this paper points out that University of Washington holdings of the ten volumes of the "*Shengjing Fu*" hand-written in the 13th year of Emperor Qianlong belong to the same set held by the Liaoning Provincial Library. They are the originals of the only hand-written and extremely rare copy of the

---

①　沈志佳,美国华盛顿大学东亚图书馆馆长;施懿超,华盛顿大学访问学者,浙江理工大学教授。

"*Shengjing Fu*", with invaluable artistic and document significance.

Keywords：

Yuzhi Shengjing Fu

华盛顿大学位于美国西海岸的西雅图市，其东亚图书馆的中文古籍善本中不乏珍品，《御制盛京赋》就是其中的一种。该书为《（汉满合璧三十二体）御制盛京赋》三十二卷，清高宗弘历撰，清傅恒等编校，清乾隆十三年内府精写精校本，六十四册，现存二十册，汉满各十卷十体。疑该书与辽宁省图书馆所藏清内府精写本同为一套，同属版本极品，具有珍贵的艺术价值及文献价值。现就该书源流及版本现状略述如下。

一、《御制盛京赋》的成书及其版本类型

《御制盛京赋》由清乾隆高宗弘历创作于乾隆八年（1743），这是乾隆皇帝赴盛京（今沈阳）谒陵祭祖时所作。全赋追述了满族源流，歌颂了先世创业的武功，盛赞满族地方民风淳朴、山川壮丽，以及盛京建筑之辉煌、物产之丰富、人才之鼎盛。

对于此书的成书及历次刊刻情况，卢秀丽曾两次撰文考证[①]，指出《御制盛京赋》有三种版本类型：按卷数分，有一卷本和三十二卷本；按文种分，有汉文本、满文本和汉满合璧本；按版本分，有刻本和钞本。卢文在详细比较国内各家著录[②]、指出一些著录错讹之后得出结论：《御制盛京赋》的汉文本有两种，即清乾隆汪由敦金粉钞本和乾隆八年武英殿刻朱墨套印本；满文本有一种，即乾隆八年武英殿刻本；汉满合璧本三种，即乾隆十三年武英殿刻本、乾隆间钞本、民

---

① 卢秀丽《关于汉满合璧三十二体〈御制盛京赋〉清内府精写本的探究》，《图书馆》2008年第3期，121—123页；《乾隆〈御制盛京赋〉版本源流》，《满族研究》2005年第1期，95—96页。

② 几家著录分别是：翁连溪《中国古籍善本总目》，北京：线装书局，2005年，此书著录实同于中国古籍善本书目编委会编《中国古籍善本书目》（集部），上海：上海古籍出版社，1996年；北京故宫博物院图书馆、辽宁省图书馆编《清代内府刻书目录解题》，北京：紫禁城出版社，1995年；黄润华、屈六生编《全国满文图书数据联合目录》，北京：书目文献出版社，1991年。

国二十一年(1932)大连右文阁影印本。

  此处尚可补充中国以外中文古籍著录情况。据查,中国大陆以外图书馆可见美国哈佛大学燕京图书馆、日本内阁文库及中国台北"故宫博物院"等有著录。《内阁文库汉籍分类目录》①在集部清别集类著录两种,一是《御制盛京赋》(满汉文),存一卷一册,"清傅恒等奉敕撰,江户写";一是《御制盛京赋》(满汉篆文),四十八册,"清傅恒等奉敕撰,清乾隆刊(殿版)",并注明"枫"字,原为红叶山文库本。第一种显系一卷本《盛京赋》,第二种无其他更详细著录,疑为三十二卷本武英殿刻本,应为六十四册,现存四十八册。②《美国哈佛大学哈佛燕京图书馆藏中文善本书志》之《集部》(下)著录为"清乾隆刻本御制盛京赋",为清乾隆武英殿刻本,应为三十二卷,六十四册,现存十五册,十五种篆体分别为笼篆、鸾凤篆、科斗篆、大篆、倒薤篆、垂云篆、垂露篆、转宿篆、麟书篆、龟书篆、鹄头篆、鸟书篆、缨络篆、悬针篆、刻符篆。"半页五行七字,四周单边,白口,单鱼尾。框高 21.4 厘米,宽 15.5 厘米。有序。……此本佚去乾隆十三年九月十二日上谕。"台北"国立故宫博物院"对一卷本朱墨套印本及三十二卷本武英殿刻本皆有著录③。

  该书一卷本著录及现存情况较为清晰,此处姑且不论。就海内外书目的著录情况看,对于三十二卷本汉满合璧本的武英殿刻本的著录非常清楚,现存数量也略多,唯独对于三十二卷本汉满合璧的钞本都没有明确著录,这和其稀世少存的现状相关。

二、华盛顿大学东亚图书馆现存《御制盛京赋》版本描述

  华盛顿大学东亚图书馆现存该书可著录如下:

---

 ① 《内阁文库汉籍分类目录》,东京:内阁文库,昭和 31(1956)。
 ② 沈津主编《美国哈佛大学哈佛燕京图书馆藏中文善本书志》,桂林:广西师范大学出版社,2011 年。
 ③ 台北"故宫博物院"网站:http://npmhost.npm.gov.tw/ttscgi/ttswebrb? @@446016258。

（汉满合璧三十二体）御制盛京赋三十二卷，清高宗弘历撰，清傅恒等编校，清乾隆十三年（1748）内府精写精校本，六十四册，现存十函二十册，汉满各十卷十体。这十体分别是：大篆、奇字篆、穗书篆、麟书篆、笼书篆、龟书篆、鹄头篆、鸟书篆、科斗篆、金错篆。

此书现存十函二十册，一体一函，一函中汉文一册、满文一册，共二册。本书为手绘朱栏，四周双边，白口，无鱼尾，版心上方题书名"御制盛京赋"，下方题页码，满文各册版框及版心等格式同汉文，版心上方书名及下方页码用满文标注。汉满卷皆有抬头格，正文依顺序遇"皇祖、丹陵、祖宗、藩邸、祖陵、永陵、福陵、昭陵、皇太后、祖武、上帝、珠、德、帝、圣、天、皇运、帝眷、圜丘、文祖、神宗、大圣、祖、烈、皇天、上帝、世祖、山陵、太庙、鼎、园、烈祖"等皆抬头一格。楷体字与篆字隔行相间、对应排列，大字篆体、小字楷体。汉文卷半页五行，行七字，满文卷半页亦五行，行五、七字不等。汉文卷无格，满文卷以压痕为格柱。框高 21.5 厘米，宽 15.2 厘米，①全书开本高 35.4 厘米，宽 21.7 厘米。

本书四眼线装，封面为明黄色绫，汉文封面左侧为墨色四周双边栏框，内题书名及书体名，如"御制盛京赋 大篆"之类，满文封面右侧为墨色四周双边栏框，内用满文题书名及书体名。各册开篇即为正文，各册文末皆附各体篆书缘起，汉文、满文各册相同。汉文册以从右至左为序，满文册以从左至右为序。各册皆有虫蚀，多数虫蚀处有修补，个别虫蚀处字迹有残损，虫蚀修补盖为后人所为。

三、华盛顿大学现存《御制盛京赋》精写精校特色

手绘朱栏，四周双边，这是该书钞本的一大特点。该书书写精美，字大疏朗，精工细描，墨色上品，纸张厚实，装潢讲究，皆符合清内府精写本特色。

该书汉字及满文字的校对修正尤其讲究，汉满文各有二至三种校正修改方

---

① 辽宁省馆内府精写本框高 22.4 厘米、宽 16.8 厘米，盖为外框，实则两种应当相同。

法，且疑其不同修改方法分别用于手写成书的不同阶段，这也是宫廷内府精钞精校的一个明证。其中"挖补法"当作于手写手钞阶段，而"粘贴法"则为书卷装订之后校订修正阶段，"黄明纸法"疑为进呈皇帝之前的再次修订。

汉字的修正方法为，第一种是先采用与原书颜色相似、质地相同的纸张与墨汁书写更正之字的全部及其部分，然后将纸裁剪成整齐的方块或残缺部分的形状，平整完整地粘贴在全部误字处或误字错误结构处。另一种是将汉文误字全部挖掉，其漏洞用相似颜色、质地相同的纸补上后，再在其上书写修正过的汉文，修正痕迹几乎很难辨认。第三种是用明黄色纸写上更正之字，将纸裁剪成正方形，再平整完整地粘贴于误字处。汉字各册中，以《穗书》修正字最多，所修正之字基本为篆体字，粘贴法计五十六字、挖补法计十字；《金错书》有明黄纸条修正楷体及篆书各二字；《大篆》《鸟书》等册无修正字；其他各册各种方法之修正字从一字到九字不等。

满文字的修正方法更是特别，一种是先按照满文原书的压痕格柱的尺寸，在明黄色纸上用铅笔描成相同尺寸的格柱，在格柱间写上修正的满文楷体字及篆体字，然后将纸裁剪成略宽于格柱的长方形纸条，将纸条上端粘贴于误字之上，纸条中段及下端不粘贴，掀起可见被修正的满文字。另一种是将满文误字全部及部分挖掉，其漏洞用相似颜色、质地相同的纸补上后，再在其上书写修正过的满文，修正痕迹几乎很难辨认。满文各册中，明黄纸条修正满文楷体及篆书各约四十三处，每册所修改的楷体字及篆书字皆同，个别册楷体或篆体修正字偶有缺失。另外，较为明显的挖补修正各册约几处至几十处不等。

四、和辽宁省图书馆藏本的比较及结论

辽宁省图书馆保存有（汉满合璧三十二体）《御制盛京赋三十二卷》，清乾隆十三年内府精写本，六十四册，现存四十二册，汉满各二十一卷二十一体。此书2008年已被列入《第一批国家珍贵古籍名录》第二部分《少数民族文字珍贵古籍名录》之"满文"部分，编号02366，《名录》上仅著录为"清乾隆内府抄本"。所存二十一卷分别为：玉箸篆、小篆、上方大篆、坟书、柳叶篆、倒薤篆、转宿篆、芝

英篆、碧落篆、垂露篆、垂云篆、鸟迹书、雕虫篆、鸾凤书、龙爪篆、剪刀篆、缨络篆、悬针篆、殳篆、刻符书、飞白书。

华盛顿大学藏本现存十种，已见前述，和辽宁省馆本比较，两者无一重合，两者合并则为三十一体，独缺"钟鼎篆"一种，即可全部凑齐三十二体。故此，疑本馆此本和辽宁省馆清内府精写本同出一本，后散佚而做二至三处，现唯独不知"钟鼎篆"汉满二册是否尚存，或存于何处。对于此种精写精校本的钞本数量尚无法确定，仅就目前所见，可确定为孤本，其文献价值及艺术价值自不待言。

青年会干事笔下的中国(1895—1949):
明尼苏达大学图书馆藏青年会档案简介

◎ 陈 肃[①]

摘 要:

明尼苏达大学图书馆所藏青年会档案记录了自1844年以来青年会在世界各国的拓展和发展历程。在这一过程中,中国虽不是青年会第一个涉足的亚洲国家,但却是青年会发展最快、青年参与程度最高、最受当时政界领袖认可的国家。该档案保存了中国各青年会城市协会1895至1949年间的档案资料,是研究晚清民国社会、文化、中西文化观念碰撞等不可多得的珍贵史料。

关键词:

青年会档案;中华青年会档案;考茨家族青年会档案;明尼苏达大学图书馆;青年会在中国

China in the YMCA Foreign Secretaries' reports (1895—1949):
Brief introduction of the YMCA Archives at the University
of Minnesota Libraries

◎ Su Chen

Abstract:

The Young Men's Christian Association (YMCA) Archives at the University of Minnesota Libraries reflect the worldwide YMCA movements since 1844. The China related archives contain

---

① 陈肃,洛杉矶加州大学东亚图书馆馆长。

YMCA city associations cross China between 1895 and 1949. They are the invaluable primary sources for research Chinese society, cultures, and the impact of Western culture to Chinese society during the late Qing dynasty and the Republican era.

Keywords：

Young Men Christian Association（YMCA）Archive；National Committee of Chinese YMCA Archive；Kautz Family YMCA Archive；University of Minnesota Libraries；YMCA in China

一、背景

要研究青年会在华历史（1895 年至 1949 年），就必须到明尼苏达大学档案馆利用考茨家族青年会档案，因为青年会的主要档案都集中在了这里。可以说，不到明尼苏达大学，不利用其所藏的青年会档案，就无法开展对青年会历史的研究。

考茨家族青年会档案非常丰富，有来自很多国家的青年会档案，所有档案并未按国家和组织排序。经过清点，与在华青年会相关的历史档案共有六大类：一是中华青年会总部统计年报和年鉴，共 32 份，约 1800 页，由中华基督教青年会全国总会编写，编写年份为 1902 年至 1939 年。二是国际干事年度报告，共 1095 份共计 9000 多页，13 个档案盒，早年的报告按国家和年份装订成册，后期报告未装订。年度报告由 170 余位 1895 年至 1949 年在中国各青年会城市协会服务的国际干事撰写。明尼苏达大学图书馆所藏的年度报告均已收入广西师范大学出版社出版的那套史料集里。三是国际干事通信及报告，主要为干事们与亲友和家人的通信，共 18 个档案盒，每盒约有 8 个文件夹，按干事姓氏字母排序。曾在中国青年会服务过的国际干事的信件占其中的一部分，需要依据姓名查找。四是万余份国际干事个人档案，亦是按干事姓氏字母组织排序，还收集了几位华人干事如张伯苓、余日章等人的个人资料。170 余位国际干事的个人资料都在此存档，"国际干事小传"（《美国明尼苏达大学图书馆藏基督教男青年会档案：中国年度报告（1896—1949）》附录）就是基于这部分档案撰写而成的。还有 75 位国际干事的个人档案未能在明尼苏达找到，而是借助了其他档案资料或口述史资料撰写而成的。五是中华基督教青年会 1905 年至 1949 年间出版的中英文出版物。青年会出版部编写、出版和发行的中英文书刊现存 100 余种,其中图书约 100 种,期刊约 30 种,存放在青年会档案馆书架上,可以浏览。六是照片及相册,在华国际干事拍摄了 3000 余幅照片,多有标题和注释。内容主要是青年会在华活动如科学演示、公共卫生宣传、体育比赛和体育教育等,其中 770 余帧已数字化,详情和使用请见 https://www.lib.umn.edu/eastasian/photographs-pre-1949-china-ymca-archives。

可能有人会问,这批资料是哪里来的?是否很全很系统?为什么又被称作考茨家族基督教青年会档案呢?要回答这几个问题,就需要简单的回顾一下青年会图书馆的历史。

二、青年会历史图书馆简介

考茨家族基督教青年会档案的前身是基督教青年会文献历史图书馆(The Young Men's Christina Association Historical Library),简称青年会历史图书馆(YMCA Historical Library)①。1877 年,鲍恩(Jacob Titus Bowne,1847—1925)被任命为哈德逊城市协会总干事,为走马上任做准备,他向青年会总部的国际委员索要青年会相关资料,令人失望的是,国际委员会没有任何资料可以提供给他。失望之余,鲍恩开始自己收集青年会的资料,他写信请世界各地的干事们提供所在协会的资料,干事们纷纷热烈响应他的请求,从各地给他送来资料。鲍恩编目整理收到的资料,并于 1880 年开始利用他收集的资料对干事进行培训。由于收藏量越来越大,鲍恩决定将这批资料捐赠给青年会国际委员会。1883 年基督教青年会历史图书馆在鲍恩的办公室里正式创建②,该馆隶属北美国际基督教青年会。图书馆建立的初衷就是为了培训新干事,所以它继续

---

① Young, Robert. 1967. "A History of the Young Men's Christina Association Historical Library," Master's Thesis, Long Island University.

② Kautz YMCA archives. Accessed July 3, 2016, https://www.lib.umn.edu/ymca/archives-history-mission.

收集、整理、编目和保存来自世界各地的城市及学校协会干事们提交的季度和年度报告、统计年报、连续出版物、介绍性小册子、干事们的通信、干事入会申请表及个人资料。图书馆自建立以来,一直在不停地收集,除非遇到重大事件或变故,一般无间断。该馆收集的资料主要是英文文献,也有部分中文、日文、韩文等的资料。1980年,位于纽约市的美国青年会总部决定迁往芝加哥,因经费有限,无处置放图书馆。1985年,几经考虑,青年会总部决定将该馆交与明尼苏达大学图书馆代管,青年会总会仍拥有该馆所有档案的版权,故任何出版其馆藏内容的计划,都必须提交青年会总部审核和批准。1996年考茨夫妇(Richard and Mary Elda Kautz)捐赠80万美元用于该馆档案的脱酸处理和保护,基督教青年会历史图书馆遂改名为考茨家族基督教青年会档案馆(Kautz Family YMCA Archive)。可以说这是研究青年会历史最集中、最丰富、最系统的档案资料。

三、青年会在华简史

青年会于1844年发端于英国的一个以基督教徒而非以基督教教士为核心的组织。1851年青年会扩展到北美,首先进入加拿大蒙特利尔市,随后在美国波士顿市建立了北美基督教男青年会,随之又扩展到亚洲,包括日本、中国、印度等国。青年会于1895年扩展到中国,于当年12月在天津建立了第一个青年会城市协会,即天津基督教男青年会,简称天津青年会,直到1949年所有青年会撤离中国,停止了活动,至此,北美基督教男青年会在华长达54年的运作宣告结束。

北美青年会在华传教始于该会的第一位国际干事来会理(Willard D. Lyon,1870－1949)。来会理,1870年生于浙江余姚的一个长老会传教士之家,童年时家住杭州,1880年随父母返美接受教育,先后获文学学士(1891)、文学硕士(1894)和神学博士学位(1916)。来会理从上大学起就热心传教活动,大学四年级时曾任学校青年会总干事,主编月刊《学生立志者》。1890年代很多西方宗教教派把中国看成是一片处女地,积极在华开展传教活动。有鉴于此,来会理多次撰文呼吁北美青年会应抓住这一千载难逢的机会,迅速派人来华传教,发展青年会组织。他认为,中国人口众多,青年数量巨大,且中国正处于巨大的社会、思想变革之中,青年知识分子普遍在寻找解救之途。因此,尽管在华传教组织多如牛毛,但以青年会独特的传教对象和传教理念,在华应当能大有作为。此时,恰逢在华传教士团体邀请北美青年会派人来华开展活动①,与来会理的主张不谋而合,于是青年会国际委员会决定派来会理赴华,"开疆辟土",传播青年会理念。

青年会确有其独特发展理念。现代化进程中的一个基本特征是城市化,大量农村的青年来到城市谋生,很多人在城市中迷失了自我,并在城市中沦落。为了帮助他们,青年会以城市青年为发展对象,以宗教精神组织他们,为他们提供精神、生活与发展的依托。此外,青年会有明显的弱宗教化倾向。在英国时,只有基督徒并隶属某一教会的年轻人才能加入青年会。但到了北美,任何教会的基督徒都可以加入青年会。扩展到中国后,甚至不必是基督教教徒,只要是男青年就可以参加青年会。青年会以世俗的形式、宗教的精神来组织青年会。和其他教会不同,领导青年会的人被称作干事而不是教士,这些干事是普通信徒而不是神职人员;聚会场所不叫教堂而称会所;会所的建筑形式也不同于教堂而近于俱乐部:他们的这些举措都有助于赢得城市青年的欢迎。

青年会来华后抓住中国青年知识分子渴望新知识、新文化的特点,首先推广新的人生理念和生活理念,提出要团结广大青年,帮助他们在德(spiritual)、智(mental)、体(physical)、群(social)四个方面全面发展②,这在中国青年中掀起了一股清新之风,颇得当时政要的青睐和支持。1920年代,孙中山、蒋介石、

---

① Willard D. Lyon. China's claim on the Young Men's Christian Association of America. *Foreign Mails*,May 1895,vol. II. Box:China,Lyon D. Willard Papers,1895－1935. Kautz Family YMCA Archives YMCA of the USA.

② Young Men's Christian Association for Tientsin (From the Peking and Tientsin Times of December 7th, 1895). Box:China,Lyon D. Willard Papers,1895－1935. Kautz Family YMCA Archives YMCA of the USA.

冯玉祥等都接见过青年会成员并为其题词①。虽然在1922年至1927年中国爆发了反基督教运动,各地青年会也受到不同程度的影响,但在1934年夏由蒋介石倡导的"新生活运动"中,青年会又受到推崇。宋美龄号召全国青年以青年会为"新生活运动"楷模,向他们学习,养成爱卫生、爱清洁的好习惯②。如此等等,都极大地扩大了青年会在中国青年中的影响,使其成为在这段时期中国青年中最为流行的组织。从1895年10月来会理抵达上海起至1935年止,青年会已在中国40个大中城市建立起了城市协会、在183所学校建立了学校协会③,使得中华青年会成了世界青年会运动中最活跃的成员。

四、青年会在华的主要活动及其影响

青年会在华54年,大体上经历了三个时期。首先是1895年至1907年的探索和建立期④,这段时期青年会主要进行建立基本组织体系和探索在华传教有效途径两方面工作。其中,尤以1895年第一个城市协会——天津青年会的建立和1902年中华基督教青年会全国总会建立为标志性事件。1907年至1925年为快速发展和壮大期,在这期间,青年会迅速在全国各大城市和学府建立城市协会和学校校会,仅就城市协会而言,国际干事人数最多时,有上百位同

---

① Report Letter of Dr. J. H. Gray Of the Physical Department of the National Committee of China Dated Shanghai October 30th, 1923. Shanghai, 1923, *China YMCA Foreign Secretaries' Report* 1900－1928 (*incomplete*). Annual Reports. Records of YMCA International Work in China. Kautz Family YMCA Archives. University of Minnesota.

② Letters from Mayling Soong Chiang to Eugene Turner, January 5, March 10, and April 7, 1935. Eugene Turner Papers, Correspondences. Records of YMCA International Work in China. Kautz Family YMCA Archives. University of Minnesota Libraries.

③ *Year Book and Roster of the Young Men's Christian Associations of China* 1935. Shanghai: Association Press, 1936. p. 67－139. Kautz Family YMCA Archives. University of Minnesota Libraries.

④ 来会理:《中华基督教青年会二十五年小史》,第1—10页。Kautz Family YMCA Archives, Special Collections, University of Minnesota.

时在华服务,如 1920 年有 107 名、1921 年有 103 名①。1922 年的反基督教运动使得基督教在中国的扩张受到阻碍,青年会亦不能幸免。紧接着 1929 年美国爆发经济大萧条,北美基督教青年会资金紧缺,无力支持大批国际干事来华工作。来华国际干事空前减少,青年会也就进入紧缩与维持期。1930 年代的"新生活运动"虽然带来了青年会的短暂复兴,但随后的抗日战争和解放战争使青年会活动再次萧条。1949 年后,青年会在中国大陆的活动几乎完全停止。

青年会的国际干事们在华 50 余年的历史中,不仅目睹了中国社会的变化,而且积极参与了中国社会的变化。目前考茨家族青年会档案馆所保存的 1095 份来自中国各地城市协会的报告,就是他们这段历史活动的见证。这些从青年会国际干事的视角对当时中国社会的描述、分析与评论,为学者们研究这段时期的中国社会,提供了独特而珍贵的历史材料!

例如,中国最早的奥运梦想就与天津青年会文化干事饶柏师(Clarence Hovey Robertson,1871—1960)有关。饶柏师 1902 年来华,1907 年在天津青年会任文化秘书,除了教授语言和文化课程外,他还特别热心在中国推广体育运动和体育教育。他曾和张伯苓一起研究如何吸引政府关注体育和体育教育。1908 年奥林匹克运动会在伦敦举行,他们觉得可以通过宣传奥运会来吸引政府和民众对体育运动的关注。于是在 1908 年 7 月 29 日的一封信中,他提出了三个宣传口号:"中国何时能在奥运会中赢得一席之地?""中国何时能送一只获胜的参赛队?""中国何时能主办一场奥运会?"②2008 年中国成功举办第 29 届奥运会,实现了百年前张伯苓和饶柏师的梦想。正是根据饶柏师的年度报告,我们可以确切得知,他在 1908 年首次提出在中国举办奥运会的梦想。

虽然大部分中国报告出自 1925 年以前,但应该注意,1925 年后仍然有部分青年会国际干事在华工作,他们的报告也对了解当时的中国有重大价值。例

---

① Chinese and Foreign Secretaries of the Yung Men's Christina Association of China as on December 31, 1922. Kautz Family YMCA Archives, Special Collections, University of Minnesota.

② Robertson letter to Mott, In July 29th, 1908, from Peitaiho to Mr. Mott. Biographical File, Folder Report Letters 1902 — 1914, Box 171, Kautz Family YMCA Archives, Special Collections, University of Minnesota.

如南京青年会干事费吴生（George Ashmore Fitch，1883—1979）对南京大屠杀的记载。费吴生生于苏州，在美国接受教育。1909年他到上海青年会任职，1936年任南京青年会副总干事。日军南京大屠杀期间他曾担任南京安全区国际委员会主任，并短期担任过南京市代理市长。他在信件中记录了他所亲眼目睹的日军暴行。这些信件后被收入 *Eyewitnesses to Massacre: American Missionaries Bear Witness to Japanese Atrocities in Nanjing*（M. E. Sharp 出版社）、《天理难容：美国传教士眼中的南京大屠杀（1937—1938）》（南京大学出版社，2005）和《南京大屠杀史料集4：美国传教士的日记与书信》（江苏人民出版社，2005）。费吴生的笔记仅仅是一个突出例子，相信其他研究者根据不同的研究目的，还可以在这套宝贵的资料集中发现其他重要线索和资料。

此外，这些史料还可以深化某些领域的研究，如中国早期现代体育运动发展和体育教育研究。由于青年会注重体育和体育教育，因此在年度报告里有大量关于青年会干事在华推动现代体育运动和体育教育的记载。体育教育和体育运动是青年会运动的重要组成部分，也是它吸引青年人参与的主要工具与途径。自1887年在青年会培训学校斯普林菲尔德学院建立起体育教育系以来，随着青年会向亚洲国家的拓展，体育教育就成为一个新的教育领域进入亚洲国家。在竞技体育方面，青年会不仅于1913年发起组织了远东运动会，而且组织菲律宾、日本、中国、印度等国家派遣运动员参加比赛。从表面上看，1913年的远东运动会是一个亚洲体育运动会，但实际上，它是青年会组织的一个内部体育运动会。组织这个运动会的目的，是为加强各国分会之间的合作，共同分享工作成果。此外，青年会还面向大众提出了"休闲健身体育"的概念。这个概念至今仍有现实意义，是推广和开展大众体育活动的重要理念。如果有学者能深入发掘青年会档案中关于体育教育和体育运动的档案，相信可以为深化我们对中国现代体育运动发展和体育教育史的理解做出独特的贡献。

另一个有价值的材料是青年会提出的"四育"理念，这极可能是中国现代史上提出的第一个关于人的全面发展的教育理念。如前所述，青年会曾提出了一个"四育"概念，即德育、智育、体育、群育，并在其组织内部相应设有德育部、智育部、体育部、群育部，负责推广这些教育。"四育"理念是青年会关于青年的全面发展的基本理念。若此,值得研究的是,这"四育"理念与中国后来提出的各种全面发展观是什么关系?有什么影响?有什么不同?青年会提出的"群育"在当代中国是否有意义?为什么后来的各种全面发展观忽视了"群育"?如此等等的问题,都值得当代中国研究学者认真思考。

除了体育、全面发展观外,值得注意的还有青年会与中国早期公共卫生教育的密切关系。鉴于当时中国公共卫生条件落后、传染病肆虐的情况,青年会特别选派受过医学教育的干事到中国,在各地组织了大量的公共卫生教育与宣传活动。这些活动使青年会成为中国现代公共卫生宣传和教育的先驱之一[①]。然而从现有文献看,关于这个主题的研究还很少,只有几篇论文。显然这是理解现代中国公共卫生活动与教育发展的重要方面,值得学者们进一步发掘。

显然,从事中国现代史研究但有不同研究旨趣的学者,还可以从中发现很多其他有价值的材料,以上只是我个人认为特别有意思、有价值的线索和资料。

五、青年会中国年度报告的出版

2012年,经过十年的努力,在何林夏先生和雷回兴女士多年的帮助下,《美国明尼苏达大学图书馆藏基督教男青年会档案:中国年度报告(1896—1949)(附国际干事小传及会所小史)》计20卷,终于与读者见面了。该资料集收录了1095份国际干事在各城市协会撰写的年度报告,记录了他们在各城市协会长达半个世纪的所见所闻。

这套资料集包括青年会在华活动档案中的三个部分。一是青年会在华国际干事向美国总部提交的1095份英文年度报告。这些报告来自不同青年会城市协会,它们独特视角下的报告是了解当时中国社会的一份重要史料。二是245位国际干事的生平小传,其目的是帮助读者更好地了解国际干事们。小传的撰写主要依据的是考茨家族青年会档案中国际干事的个人简历、自我介绍材料和传记等史料,着重介绍了国际干事的家庭背景、受教育情况、来华前工作情

---

① Bu, Liping. "Public Health and Modernisation: The First Campaigns in China, 1915 - 1916." *Social History of Medicine*, vol. 22, Issue 2, pp.305—319.

况以及在华工作情况,希望小传对研究者们更好地了解和使用这批由国际干事们撰写的年度报告有益。三是介绍了38所城市青年会会所及4个会议中心,青年会会所在当时是该城市现代化的标志,会所的简要介绍可以帮助读者设想当年青年会在华活动的状况,从而更好地理解这些报告。这一部分内容是由时任明尼苏达大学图书馆考茨家族青年会档案馆馆员的达格玛·盖茨(Dagmar Getz)编写,依据的是余日章1929年撰写的《中华基督教青年会会所小史》[①]。余日章在1916年至1936年间任中华基督教青年会总会干事。达格玛在撰写这部分时根据新发现的资料,对余日章的报告做了一些补充。

最后,希望有更多的研究者使用这份珍贵资料,为研究现代中国的早期发展做出贡献! 这是对我们历时十年梳理、编撰、出版这份史料所付出的辛劳的最好回报。

致谢:我能专心致志阅读、整理、编撰青年会中国报告、编写国际干事小传,要特别感谢明尼苏达大学图书馆给我的两次学术休假。非常感谢 James Cogswell、Dagmar Getz、Martha Smalley、Tom Rosenbaum、Jeffery Monseau、Ruth Tonkiss Cameron、Ryan Bean 和 Lara Friedman-Shedlov 给予的各种帮助,使整理编撰工作得以进行。衷心感谢何林夏先生、雷回兴女士及赵炬明先生给予的帮助,没有他们的支持、鼓励和协助,出版《美国明尼苏达大学图书馆藏基督教男青年会档案:中国年度报告(1896—1949)(附国际干事小传及会所小史)》(广西师范大学出版社,2012年)是不可能的。

[①] David Yu. *Report on Association Buildings in China*,May 1929. Kautz Family YMCA Archives. University of Minnesota Libraries.

二战期间孔祥熙与铭贤欧柏林托事部的往来信函

◎陈 晰[①]

摘 要:

孔祥熙1907年留美归国后在山西太谷创立了铭贤学校,1928年辞任校长后直至去世前一直担任铭贤董事会成员。二战期间孔祥熙与铭贤学校欧柏林托事部的往来信函被收录在欧柏林山西纪念协会档案中,均以英文撰写。其中与二战历史相关度较高的信函涉及战时铭贤的资金募集,中方教员和美方代表的安全,欧柏林计划授予宋氏三姐妹荣誉学位始末,战争局势,美国援战,孔祥熙健康状况及卸任政府职务的过程和历史背景等内容。本文通过选取孔祥熙与欧柏林托事部和中方人士多封战争前夕及期间的通信,展示了其在二战的历史大环境下,致力于教育事业,促进中美文化交流及积极获取美国政府和民众对中国抗日支持的过程。这批信函有助于探寻孔祥熙作为财政部长之外,其教育家和外交家的职业生涯。孔祥熙与美方人士的公务信函中涉及的个人对时事的见解也是研究孔祥熙生平不可或缺的一手资料。

关键词:

第二次世界大战;抗日战争;孔祥熙;欧柏林大学;铭贤学校;欧柏林山西纪念协会

[①] 陈晰,美国加州大学圣地亚哥分校图书馆中国研究馆员,教育学硕士,图书和信息学硕士。

The Correspondence Between H. H. Kung and the Board of Trustees of Oberlin Shansi Memorial Association during World War II

◎ Xi Chen

Abstract:

H. H. Kung founded Ming Hsien School (Oberlin Shansi Memorial School) in Taigu, Shanxi after he returned from U.S. in 1907. He had served on the Board of Management of Ming Hsien since 1928 when he resigned as Principal until he died in 1967. His correspondence with the Board of Trustees during WWII was filed in the OSMA's archive at Oberlin College Archives. Documents cover some significant events such as, war time fundraising organized by Ming-Hsien, Chinese and American faculty's retreat from the battle field, Oberlin's plan to award Soong Sisters honorary degrees, American's aid to KMT, H. H. Kung's health condition in 1940s and its relation to his decision to resign from government's post. This paper intends to use historical document to provide an insight to Kung's dedication to promoting education and China-US relations during WWII through which he hoped to gain support from both grassroots and government in fighting Japanese invader. Some correspondence, at the same time, also reflects Kung's financial and diplomatic policies and strategies during war time as well as his own narrative of phasing out of the politics. In summary, the correspondence provides an angle to study Kung as an educator and diplomat aside from being the Finance Minister. His own take on several historical events was well revealed in many of the documents, proving to be the key primary source to study the life of H. H. Kung.

Keywords:

World War II; Sino-Japanese War; H. H. Kung; Oberlin College; Ming Hsien School; Oberlin Shansi Memorial Association

孔祥熙与欧柏林

孔祥熙,字庸之,1880年生于山西太谷县程家庄,作为中国近现代史上的一位重要人物,尤其以1933年至1944年间任中华民国政府财政部长的这段经历在史册中留下褒贬不一的记载。

欧柏林大学建于1833年,位于美国俄亥俄州克里夫兰西南35公里的欧柏林市,是一所著名的文理学院,以高质量的人文科学教育和高水平的音乐学院享誉美国教育界。1881年,欧柏林神学院的部分毕业生组建了一支"中华布道团"(Oberlin Band,又名"欧柏林帮"),由美国公理宗海外传道部(简称美部会)差遣,前往山西太谷县等地进行传教活动。传教士在当地通过开办学校、医院和戒烟所向中国民众传播福音。①

孔在少年时期进入欧柏林传教士开办的福音小学,师从卫禄义(George L. Williams)、德富士(Francis W. Davis)和贝如意(Rowena Bird)等多名传教士,并与他们结下了深厚的师生情谊。1900年夏天,太原、汾州和太谷等地的15名欧柏林传教士在义和团运动中不幸殉道,令孔祥熙悲痛万分。运动平息后,他陪同文阿德(Irenaeus Atwood)传教士返回山西处理教案,协助美方向清政府索赔白银两万五千两,并获得太谷东城外的孟家花园的土地,用于埋葬殉道传教士。② 与孔祥熙有相似经历的中国学生费起鹤,在义和团运动中也积极协助传教士逃离险境。1901年夏天,在美国华北公理会的资助下,这两位年轻人踏上了前往欧柏林大学留学的征程。

孔祥熙与费起鹤于1903年至1906年就读于欧柏林大学。1906年末两人考入耶鲁大学研究生院分别攻读化学和教育专业。③ 1907年孔祥熙于耶鲁毕业后,在欧柏林大学校长亨利·丘吉尔·金及"中国同学会"的鼓励下,回到太谷开创了"欧柏林山西纪念学校"(Oberlin Shansi Memorial School),④"其动机为纪念庚子殉道之欧柏林教士,故名曰铭贤"⑤,孔成为了铭贤学校的首任校长。

---

① 陈晰:《美国欧柏林大学档案馆藏来华传教士档案使用指南》,桂林:广西师范大学出版社,2015年,第6页。
② 太谷县志编写组:《太谷县志》,太原:山西人民出版社,1993年。
③ 陈晰:《孔祥熙留学美国史料与相关史实》,《天禄论丛——中国研究图书馆员学刊》第5卷,桂林:广西师范大学出版社,2015年,第64页。
④ 信德俭等:《学以事人真知力行——山西铭贤学校办学评述》,北京:中国社会出版社,2010年,第12页。
⑤ 刘振东:《孔庸之先生演讲集》,纽约:美国纽约中美文化协会,1960年,第565页。

图 1　孔祥熙留学时期

孔祥熙与铭贤学校

孔祥熙归国之际正逢清政府在留学生中招贤纳士,他收到邮传部的聘书,要他赴京任职,与此同时,英国传教士李提摩太创设了西专斋(山西大学堂),力邀孔祥熙"主其事",但他"力却清廷之罗致,辞谢各方之延揽,径回故乡太谷,创设学校"①,并认为"教育非由小学,中学入手不可"②,婉言谢绝了各方邀请,带着建立一所中国式的欧柏林的抱负和欧柏林山西纪念协会的重托回到山西太谷创立了铭贤学校。孔祥熙认为,传教士在庚子之乱中殉道的主要原因是国人的"愚昧无知"。开创学校,教育大众是在中国开启民智的必由之路。③ 自二十世纪二十年代从政到四十年代中期退出政治舞台,以及在 1945 年定居美国之后二十多年的退休生涯内,孔祥熙在众多场合及与友人的通信中,只要谈到铭

---

① 孔祥熙:《孔董事长新年训词》,《铭贤周刊》第十卷第八期,1942 年,第 3 页。
② 铭贤二十周年纪念委员会:《铭贤廿周年纪念册·铭贤史略》,上海:上海中华书局,1929 年,第 2 页。
③ 刘振东:《孔庸之先生演讲集》,纽约:美国纽约中美文化协会,1960 年,第 567 页。

图 2　铭贤学堂正门

贤,必然提及铭贤精神"源于庚子诸先烈之以身殉世"[①],可以看出他将缅怀逝者、投身教育视为自己毕生的事业。

铭贤学校成立初期的最高管理机构是欧柏林学院托事部(Board of Trustees)。托事部由 14 位美国成员组成,主席为欧柏林大学校长或校长助理。托事部也是欧柏林山西纪念协会的权力执行机构,对铭贤学校的重要事务起决策作用。铭贤学校内部的管理机构称作理事部,1927 年铭贤在国民政府立案后,理事会成为董事会,由 12 位成员组成,其中孔祥熙任主席,其余人士为校友代表、学生代表和社会名流。1913 年,孔祥熙应孙中山之邀赴沪参加二次革命,失败后前往日本,任中华留日基督教青年会总干事。在东京,他认识了担任孙中山英文秘书的宋霭龄,并与之结为夫妇。与此同时,孔祥熙参与铭贤工作日益减少。然而,不管他身在上海、南京,还是后来的重庆,他一直心系铭贤。1928 年辞去铭贤校长一职后,他仍然是学校董事会的主席。他每年都以个人

---

① 刘振东:《孔庸之先生演讲集》,纽约:美国纽约中美文化协会,1972 年,第 642 页。

名义给学校捐赠大笔资金。①

1926年,孔祥熙飞赴美国,一面宣传孙中山的革命思想,一面积极为铭贤募得霍尔(Charles Martin Hall)基金75万美金。铭贤每年的办学经费即出自于此项款额的银行利息,约为3.5万美金。②同年,孔祥熙在母校欧柏林大学获得名誉博士学位。

图3 孔祥熙1937年访问母校

1937年"七七事变"爆发前夕,孔祥熙作为"中华民国庆祝英皇乔治六世加冕典礼特使"于四月从上海启程前往伦敦,"其秘密使命为向外国商洽借款及购买军火,以准备对日抗战"。③撰写《孔祥熙评述》的赵荣达对孔此次欧美之行也给予了正面的评论。他认为,孔赴欧美是"一次针对日本大举侵华而采取的重大外交活动",既是争取政治同情也是寻求经济支助。④ 1937年7月3日,孔祥

---

① Carl Jacobson, H. H. Kung. Strengthening China Through Education and the "Oberlin Spirit", Oberlin in Shansi(欧柏林山西传教士档案集数字化项目). http://www.oberlin.edu/library/digital/shansi/bio.html.

② 信德俭等:《学以事人真知力行——山西铭贤学校办学评述》,北京:中国社会出版社,2010年,第2页。

③ 郭荣生:《孔祥熙先生年谱》,台北:台湾商务印书馆,1981年,第121页。

④ 赵荣达:《孔祥熙评述》,太原:山西高校联合出版社,1992年,第196页。

熙利用这次欧美之行顺道探访了母校欧柏林大学,与他会面的人士包括曾经的传教士朋友、校方教职员工和欧柏林山西托事部成员。

孔祥熙与欧柏林托事部在二战时期的往来信函

事件及人物背景

1937年7月7日卢沟桥事变发生,日本发动全面侵华战争。在北平和天津相继失守后,日军很快向山西发起进攻。在日军攻占太谷之前,铭贤代理校长贾麟炳在获得孔祥熙的许可后,决定将学校整体南迁至运城。在运城的教学仅仅维持了20多天,由于太原沦陷,所以铭贤师生不得不再度搬迁至河南陕州。期间,贾麟炳奔赴南京向孔祥熙报告铭贤的现状,并请示他对铭贤未来发展的建议。①孔随即与欧柏林大学代表万慕得(Herb Vanmeter)及旅汉铭贤校友商定,"学校能回山西则回山西,否则移往西安"②,欧柏林方面将继续提供资金支持。在陕州停留两个月后,全校师生于次年1月11日迁至西安,校舍条件虽然简陋,但师生克服重重困难,使各项教学活动得以正常运转。

在西安期间,铭贤师生也积极投身到抗日救亡的工作中。当时八路军西安办事处主任林伯渠曾来到铭贤西安校区动员抗日。③ 1938年冬,西安遭到日军空袭,学校被迫第四次搬迁,师生们历经千辛万苦,终于在四川金堂县曾家寨安家落户。1939年至1945年是铭贤在四川发展的黄金阶段,由于地处偏僻,所以校舍没有受到战争的破坏,不仅学校的教学活动井然有序,而且师生们的科学研究和社会工作也十分活跃。

身为铭贤董事会主席,孔祥熙一方面接受铭贤管理层的定期报告,一方面协助中方向托事部汇报铭贤校务和财务状况,自卸任校长至退休回美,担任沟通纽带及募款人长达20多年。二战期间,欧柏林托事部与孔祥熙保持信函联

---

① 转引自信德俭等:《学以事人真知力行——山西铭贤学校办学评述》,北京:中国社会出版社,2010年,第7页。
② 转引自信德俭等:《学以事人真知力行——山西铭贤学校办学评述》,北京:中国社会出版社,2010年,第7页。
③ 程素仁等:《孔祥熙宋霭龄年谱》,北京:中国广播电视出版社,2003年,第316页。

系的人员主要包括博恩(William Fredrick Bohn)、派尔(Watts O. Pye)、德富士(Lydia Lord Davis)①。从信函数目上看,以孔与博恩的通信居多。博恩在1913年至1947年担任欧柏林大学校长助理,1929至1947年兼任欧柏林托事部主席。20多年的公务交往,也使孔祥熙与博恩建立了深厚的私人友谊。

信函选读

1.1936年4月,刊登在欧柏林校友杂志上的孔祥熙信函节选②

图4　刊登在校友杂志上的信函节选

---

① 孔祥熙称其德师母,是义和团运动中殉道传教士弗朗西斯·德富士的遗孀。

② "The Oberlin Alumni Magazine, 4/1936, pp.20", Shansi Memorial Association Records, Box 8— Series 4— Subgroup II, Oberlin College Archives.

孔在信函中写道："是的，中国已蓄势待发。三年来，我们在军事将才蒋介石的领导下，正悄悄地组建一支庞大的军队。我们目前拥有 300 架战斗机，同时也在筹建最现代的海军力量。……这项计划已经不是什么秘密，但是我们的欧洲友邦，尤其是英美两国，还不知道中国已经有了战争意识。我们必须这样做，这是一场生死之战。反战是中华民族自古以来的传统。中国具有世界第一的人口和最丰富的自然资源，从来不曾羡慕别国的领土，也没有侵略他国的野心。我们因为没有军事野心、军备不足，而被他国视为懦弱。虽然我们不得不为此放弃和平，但是时间会证明这些指责的荒谬。我们正在快马加鞭地扩军备战，誓将敌人赶出中国，这将是一场持久的保卫战。"

与以往学者认为孔祥熙在二战中"主和"态度不同，他信中表达的基调是"抵抗侵略"，虽然对"和平"还抱有一丝幻想。

2. 1936 年 7 月 21 日，孔祥熙致梅贻宝（1934 年至 1936 年担任铭贤代理校长）[①]

和孔祥熙一样，梅贻宝在欧柏林大学获得了他的第一个美国学位（学士），1928 年被芝加哥大学授予哲学博士学位。他于 1928 年至 1934 年在燕京大学先后担任教务长和文学院院长。作为欧柏林校友，他在 1934 年至 1936 年利用休假的机会在铭贤担任代理校长。[②]在这封写于 1936 年 7 月 21 日的信中，时年 57 岁的孔祥熙以校友及长者的身份，诚恳挽留 34 岁的梅贻宝，希望他在两年代理校长任期结束后，继续留在铭贤担任校长。孔虽然开篇即说"去留完全在于你的决定"，但紧接着就以铭贤全体师生对其工作的肯定和赞扬作为铺垫，开始回顾欧柏林和山西的历史遗训，提醒梅贻宝要谨记欧柏林人肩负的使命。他说"你不止一次提到你的个人理想是投身农村建设，铭贤学校恰好为你提供了一个为农村建设发挥特长，提高个人领导才能的极好机会"。信末，他恳切希望梅贻宝和他一同推动"欧柏林中国事业"，为国家建设新农村奉献才智，并期望早日得到其答复。

---

① "Letter from H. H. Kung to Y.P. Mei on 7/21/1936"，Shansi Memorial Association Records，Box 8— Series 4— Subgroup II，Oberlin College Archives.

② 梅贻宝：《大学教育五十年：八十自传》，联经出版事业公司，1982 年。

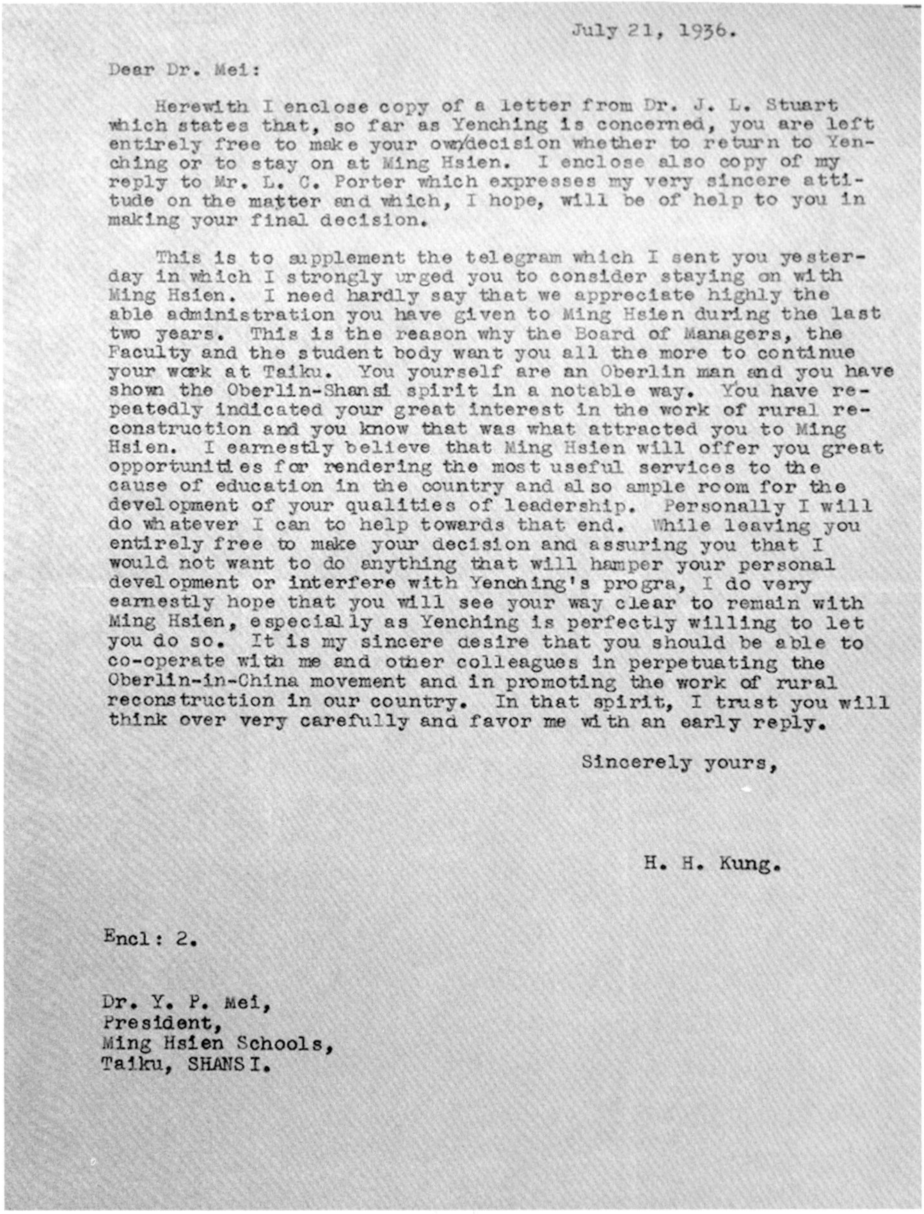

July 21, 1936.

Dear Dr. Mei:

Herewith I enclose copy of a letter from Dr. J. L. Stuart which states that, so far as Yenching is concerned, you are left entirely free to make your own decision whether to return to Yenching or to stay on at Ming Hsien. I enclose also copy of my reply to Mr. L. C. Porter which expresses my very sincere attitude on the matter and which, I hope, will be of help to you in making your final decision.

This is to supplement the telegram which I sent you yesterday in which I strongly urged you to consider staying on with Ming Hsien. I need hardly say that we appreciate highly the able administration you have given to Ming Hsien during the last two years. This is the reason why the Board of Managers, the Faculty and the student body want you all the more to continue your work at Taiku. You yourself are an Oberlin man and you have shown the Oberlin-Shansi spirit in a notable way. You have repeatedly indicated your great interest in the work of rural reconstruction and you know that was what attracted you to Ming Hsien. I earnestly believe that Ming Hsien will offer you great opportunities for rendering the most useful services to the cause of education in the country and also ample room for the development of your qualities of leadership. Personally I will do whatever I can to help towards that end. While leaving you entirely free to make your decision and assuring you that I would not want to do anything that will hamper your personal development or interfere with Yenching's progra, I do very earnestly hope that you will see your way clear to remain with Ming Hsien, especially as Yenching is perfectly willing to let you do so. It is my sincere desire that you should be able to co-operate with me and other colleagues in perpetuating the Oberlin-in-China movement and in promoting the work of rural reconstruction in our country. In that spirit, I trust you will think over very carefully and favor me with an early reply.

Sincerely yours,

H. H. Kung.

Encl: 2.

Dr. Y. P. Mei,
President,
Ming Hsien Schools,
Taiku, SHANSI.

图 5 孔祥熙致梅贻宝

孔祥熙的信函审时度势、刚柔并济,语气从容又不失说服力,虽然梅贻宝最终没有留任,但孔的说教和谈判能力在这封信中可见一斑。

3. 1937 年 8 月 10 日,博恩致孔祥熙①

博恩在 1937 年 8 月 10 日给孔祥熙的去信开头提到"战争爆发初始,欧柏林校方为中国的危机深表担忧并祝愿中国顺利度过难关"。他说,"您身负重任,我们无时不刻地挂念您的安危"。其实他这封信的正文是告诉孔祥熙,欧柏林正在紧锣密鼓地筹备将于当年 10 月 8 日举行的一个百年庆典,纪念学校在 1837 年成为美国第一个招收女生的高等学府。他们原本计划邀请宋霭龄、宋庆龄和宋美龄赴美参加庆典并授予三姐妹荣誉学位,以表彰这三位新时代女性为社会做出的杰出贡献。由于战争爆发,他们意识到三位女士将为处理国家危机奔波于各项事务中,此时无暇赴美,只好搁置这项计划,希望将来有机会为三姐妹颁发荣誉学位。

当时,孔祥熙刚刚结束他的欧美之行。博恩在信末提及孔不久前访问母校和克里夫兰地区,当地的报纸②对他在国家危急关头访问美国给予了高度评价。博恩本人认为孔在美国的外交活动将给这场战争带来积极的影响,他相信美国政府和人民将以实际行动表明他们对中国的支持。由于欧柏林学生代表还处于山西太谷,博恩表达了学校对他们安危的高度关注,并期待获得更多关于学生代表和孔本人的消息。

4. 1939 年 12 月 4 日,孔祥熙致博恩③

孔祥熙在 1939 年 12 月 4 日给博恩的去信中附上了捐赠给欧柏林第一教会的 50 美金支票。孔在正文中向博恩描述了中国在战时的发展近况,他说:"我们正在大力发展中国西南和西北地区,这些地区尚未遭到敌方侵占。中国国土辽阔,需要投入巨大的精力和工作,但是为了抵御入侵,为了中国的未来,我们将全力以赴建设中国经济。尽管困难重重,但是我们在很短的时间内取得

---

① "Letter from William F. Bohn to H. H. Kung on 8/10/1937",Shansi Memorial Association Records,Box 8— Series 4— Subgroup II,Oberlin College Archives.
② 出版于克里夫兰的《大平原商人报》(*Plain Dealer*)。
③ "Letter from H. H. Kung to William F. Bohn on 12/4/1939",Shansi Memorial Association Records,Box 8— Series 4— Subgroup II,Oberlin College Archives.

了一些成果,要不是遭受战争影响,成绩将更为显著。"孔祥熙认为中国在进行一场"生死搏斗"的同时还能取得经济成就,显示出民众的不可战胜的意志和力量,他坚信中国的胜利指日可待。他希望博恩转告美国朋友,"请不要放弃中国,中华民族已经历太多苦难,你们不能为我们失去信心"。

5. 1940年6月5日,孔祥熙致电德师母(Lydia Lord Davis)[①]

在这封1940年6月5日给德师母发出的短笺中,孔祥熙就欧柏林计划向铭贤派出新代表持保留态度。他认为在动荡年代任何出行都是冒险之举,希望校方暂缓学生代表的出发时间,待国际形势更为明了再赴华也不迟。

6. 1941年10月14日,孔祥熙致博恩[②]

辛亥革命三十周年纪念日后的第四天,也是中日交战如火如荼之际,孔祥熙致信博恩,感谢他关注中国战事,并传达了中国军方在长沙会战中重夺长沙和宜昌的捷报。孔认为"此次战役的胜利显示出中国军队持久顽强的抵抗能力,以及反守为攻的实力。"接着他话锋一转,直接将话题转向美国政府对战争的态度。他直言不讳地指出,美国政府应该看到这场战役是一个鼓舞人心的转折点,应该利用这个契机增援中国,而不是一味地向日本妥协,纵容其扩张领土、侵占邻国、损害他国人民利益。美国民众对中国抗日的声援对于罗斯福总统下一步启动援华政策至关重要。美国民众只有彻底了解这场战争的意义,才能推动政府对中国展开援助,事实证明,这是一个高瞻远瞩、目标明确的战略计划。

信末,他提到人们在重庆刚刚欢欣鼓舞的度过了历史上最盛大的国庆节。尽管战争尚未结束,街头四处都是断壁残垣,但是人们按捺不住对抗争胜利的期待和信心,盛装出行,不顾空袭危险,会聚市中心,仿佛在庆祝抗日战争的最终胜利。孔祥熙在信中说,"我坚信,只要民众有不可战胜之勇气,民主必将赢得胜利。"

---

① "Letter from H. H. Kung to Lydia Davis on 6/5/1940", Shansi Memorial Association Records, Box 8— Series 4— Subgroup II, Oberlin College Archives.

② "Letter from H. H. Kung to William F. Bohn on 10/4/1940", Shansi Memorial Association Records, Box 8— Series 4— Subgroup II, Oberlin College Archives.

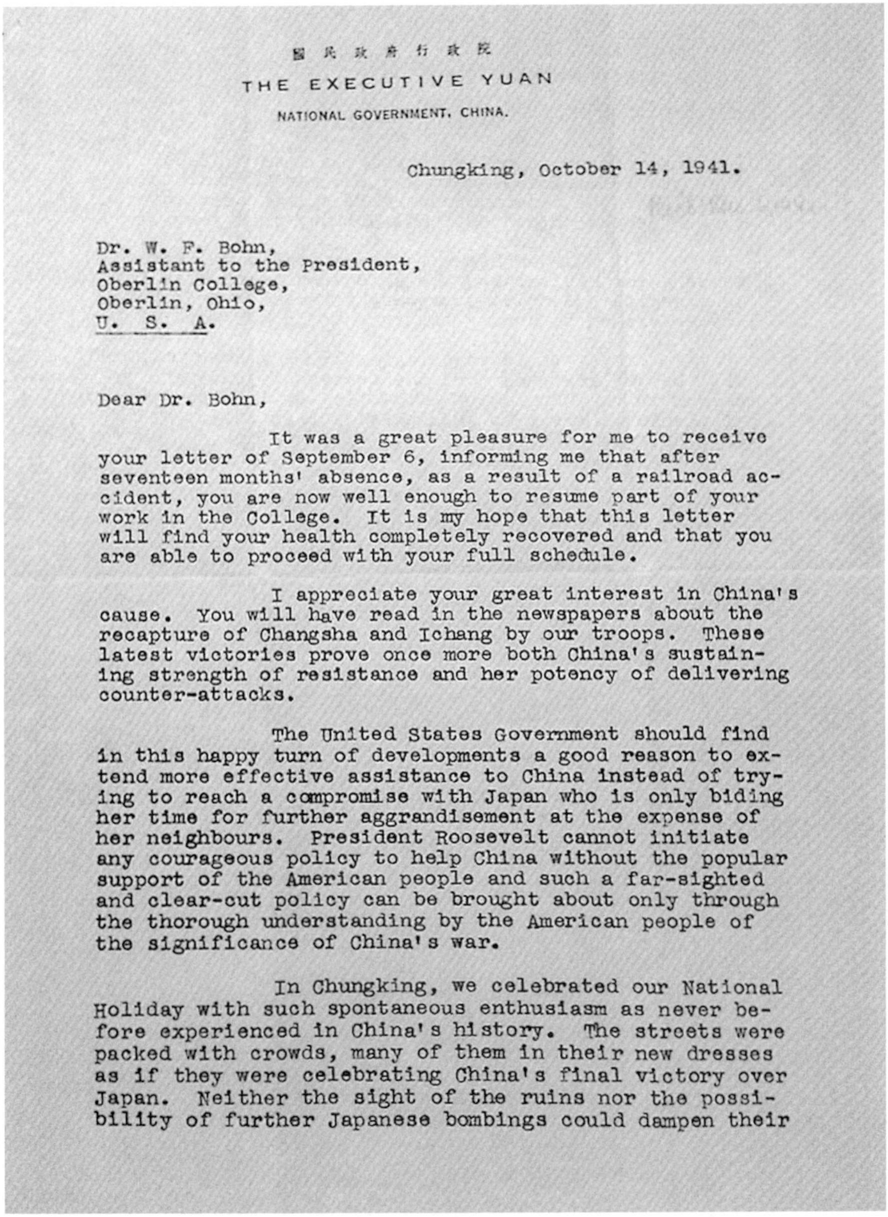

國民政府行政院
THE EXECUTIVE YUAN
NATIONAL GOVERNMENT, CHINA.

Chungking, October 14, 1941.

Dr. W. F. Bohn,
Assistant to the President,
Oberlin College,
Oberlin, Ohio,
U. S. A.

Dear Dr. Bohn,

        It was a great pleasure for me to receive your letter of September 6, informing me that after seventeen months' absence, as a result of a railroad accident, you are now well enough to resume part of your work in the College. It is my hope that this letter will find your health completely recovered and that you are able to proceed with your full schedule.

        I appreciate your great interest in China's cause. You will have read in the newspapers about the recapture of Changsha and Ichang by our troops. These latest victories prove once more both China's sustaining strength of resistance and her potency of delivering counter-attacks.

        The United States Government should find in this happy turn of developments a good reason to extend more effective assistance to China instead of trying to reach a compromise with Japan who is only biding her time for further aggrandisement at the expense of her neighbours. President Roosevelt cannot initiate any courageous policy to help China without the popular support of the American people and such a far-sighted and clear-cut policy can be brought about only through the thorough understanding by the American people of the significance of China's war.

        In Chungking, we celebrated our National Holiday with such spontaneous enthusiasm as never before experienced in China's history. The streets were packed with crowds, many of them in their new dresses as if they were celebrating China's final victory over Japan. Neither the sight of the ruins nor the possibility of further Japanese bombings could dampen their

图6 孔祥熙致博恩（第一页）

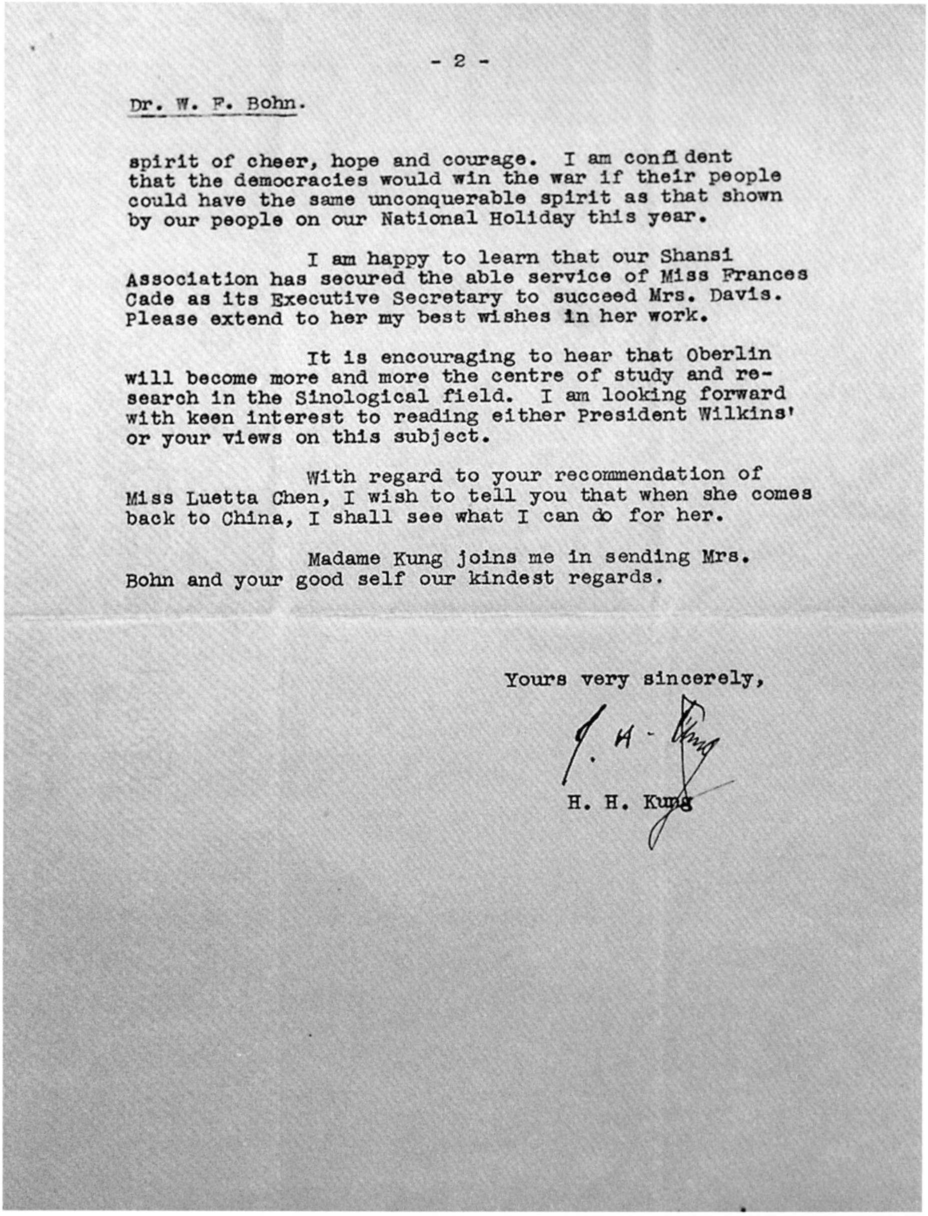

- 2 -

Dr. W. F. Bohn.

spirit of cheer, hope and courage. I am confident that the democracies would win the war if their people could have the same unconquerable spirit as that shown by our people on our National Holiday this year.

    I am happy to learn that our Shansi Association has secured the able service of Miss Frances Cade as its Executive Secretary to succeed Mrs. Davis. Please extend to her my best wishes in her work.

    It is encouraging to hear that Oberlin will become more and more the centre of study and research in the Sinological field. I am looking forward with keen interest to reading either President Wilkins' or your views on this subject.

    With regard to your recommendation of Miss Luetta Chen, I wish to tell you that when she comes back to China, I shall see what I can do for her.

    Madame Kung joins me in sending Mrs. Bohn and your good self our kindest regards.

Yours very sincerely,

H. H. Kung

图 7　孔祥熙致博恩（第二页）

在《孔祥熙述评》中,赵荣达虽然肯定了孔祥熙的基本抗日立场,但仍然把孔划入"消极抗战"一派,并评价他为"英美绥靖政策的追随者和受骗者"。① 孔的这封信虽然未记载任何重大策略的实施,但他"联美抗日"的个人立场和争取美国民众支持的态度还是非常明确的。

7. 1942 年 11 月 27 日,博恩致孔祥熙②

博恩致信孔祥熙,向其汇报了几则关于铭贤的事务,其中两则较为关键。首先,铭贤在太谷的校园尚未被日军占领(1942 年 6 月),学校托管给太谷县政府,但县政府在日方控制之下,由铭贤的雇员李文华负责打理日常事务。当时的太谷校区只有农业系正常运转。山西欧柏林代表雷莫耶和穆勒认为,八路军和中央部队难免会把李文华误认为日方傀儡,他的工作性质使其身处险境,托事部希望孔祥熙尽其所能在最大程度上保证李文华以及太谷校区的安全。其次,欧柏林托事部已经开始考虑铭贤战后恢复及重建事宜,校方认为中国胜利在望,待战事告捷,他们对于重建铭贤会倾囊资助,如果中方急需资金,请孔祥熙随时告知。

8. 1943 年 4 月 27 日,孔祥熙致博恩③

孔祥熙致信博恩,感谢欧柏林托事部欲提供铭贤一万美金专款,鉴于他本人已从其他方面获得款项,因此婉言谢绝了美方的这笔援助。他认为目前还没有必要动用欧柏林的储备资金。孔在信中说,他发现铭贤近期支出激增,但他会尽力为学校筹款。《铭贤学校办学评述》对学校战时的财政状况有如下描述:"抗战初期师生们的爱国热情和士气高涨,后来的通货膨胀使铭贤学校办学越来越困难,学校资金捉襟见肘,教职工的工资水平也不可能和物价的上涨持平,由于营养不足,师生患病人数不断增加"④,可见当时的经济形势对学校运作已

---

① 赵荣达:《孔祥熙评述》,太原:山西高校联合出版社,1992 年,第 197 页。
② "Letter from William F. Bohn to H. H. Kung on 11/27/1942", Shansi Memorial Association Records, Box 8— Series 4— Subgroup II, Oberlin College Archives.
③ "Letter from H. H. Kung to William F. Bohn on 4/27/1943", Shansi Memorial Association Records, Box 8— Series 4— Subgroup II, Oberlin College Archives.
④ 信德俭等:《学以事人真知力行——山西铭贤学校办学评述》,北京:中国社会出版社,2010 年,第 13 页。

产生了负面影响。另外,他在信中建议欧柏林校方暂缓向中国派送学生的计划。目前驻山西的美方代表已决定多留一年,以避免战时的出行危险。

为什么孔祥熙婉拒欧柏林的资金援助,是为了淡化和掩饰经营不善的中国经济,还是真的对铭贤财政运筹帷幄,不愿动用母校宝贵资源,这些问题还待史学界的阐释和解答。

9. 1944年12月9日,孔祥熙致派尔夫人①

孔祥熙在美国致信旧友派尔夫人,首先感谢她帮他联系上好友康保罗(Paul Corbin)②的兄弟姐妹,对他们不济的生活现状深表遗憾。他有感而发写道:"幸福取决于个人在不同境遇下做出的抉择。我们不能保证每次都能做出正确的决定,但是我们可以从失败中吸取经验教训。"虽然此番见解与铭贤事务或战争时局并无关联,但可从侧面看出孔宽容豁达的处世态度。尽管可有褒贬两面的阐释,但孔的性格给后人留下的印象基本上与上司、幕僚对他的评价是一致的。蒋介石在《总统褒扬令》中称赞孔"性行敦笃,器识恢弘"③,陈光甫认为孔"为人厚道"④,孔祥熙的秘书李毓万评价孔"平易近人,一团和气,处事谨慎,顾虑周密"。根据李毓万所述,也有人批评孔祥熙"性慵懒,无主见,少魄力"⑤,美国新闻记者怀特则把孔描写成一个"和蔼,不喜欢与人吵架的老伯"⑥。

孔祥熙在正文中对卸任财政部长的经过是这样描述的:"对于政府最终接受了我的辞职请求,我如释重负。但是他们坚持让我继续担任行政院副院长和中央银行总裁。蒋总统致电罗斯福总统告知美国政府,我作为他在美国的私人代表,有权代表中国政府在美国处理与财政金融有关的事务。当初,由于健康原因不得不请辞,现在看来,责任非但没有减少,反而增多了。我还是希望政府能够考虑本人的健康状况,让我全身而退,这样才能一身轻松地入院治疗。"

---

① "Letter from H. H. Kung to Mrs. Pye on 12/9/1944", Shansi Memorial Association Records, Box 8－Series 4－Subgroup II, Oberlin College Archives.

② 康保罗1904年毕业于欧柏林大学,之后来中国传教,与夫人长期居住在太谷,对孔祥熙创立铭贤学校给予了很大的支持。

③ 转引自赵荣达:《孔祥熙评述》,太原:山西高校联合出版社,1992年,第96页。

④ 李桂和:《陈光甫与上海银行》,《文史资料选辑》第23辑。

⑤ 李毓万:《孔祥熙与我——李毓万先生访问纪录》,《口述历史》第一期,1989年,第55页。

⑥ 西奥多·哈罗德·怀特:《风暴遍中国》,北京:解放军出版社,1985年。

孔祥熙于当年 6 月赴美出席国际货币基金会议,①他在信中对这段经历有所提及:"由于和美国政府关于中国经济的磋商耗时颇久,不得不延迟返华。另一方面,本人身体一直不适,在美期间多次感染疟疾,后又患上流感。目前身体状况稍有好转,待政府公务安排妥当后才有闲暇恢复体力"。信末,他针对国内外对国民党政府的舆论压力是这样解释的:"近期有众多关于中国及其领导成员的流言蜚语,尤其在我国军民奋力抗敌期间,谣言四起,实为憾事!值得欣慰的是战局有所好转,我希望美国人民能一如既往地珍视中美友谊,不要轻信敌方舆论"。

10. 1945 年 4 月 30 日,孔祥熙秘书致博恩②

孔在上一封信中(1944 年 12 月 9 日致派尔夫人)提到的身体欠安并非其卸任的托辞。《纽约时报》在 1945 年 4 月 11 日对孔祥熙进行肾脏和膀胱手术做了简要报道,文中提到他就诊于纽约长老会医院。③ 1945 年 4 月 30 日,其私人秘书 Daniel Chang 致信博恩,告知孔在美国经历两次重要手术后,已住院两个多月,体质尚弱,遵医嘱目前尚不可处理公务,即使出院仍需静养,如果一定要见孔,待其出院两周后再择日商定。根据 Chang 的回复推测,博恩欲赴纽约探望孔祥熙,并盛情邀请孔赴欧柏林疗养,Chang 认为孔应酬繁多,留在纽约附近处理公务更为方便。

历史悠久、名望颇高的纽约长老会医院位于曼哈顿下城,信笺的抬头是纽约曼哈顿著名的华道夫饭店,由此推断,孔祥熙住院期间,他的下属被安顿在医院附近的这家饭店里。

11. 1945 年 5 月 1 日,孔祥熙致博恩④

秘书致信博恩的次日,正在住院治疗的孔祥熙即亲自回复博恩,表明他十分关注铭贤和欧柏林的近况。他在信中谈到铭贤董事会电谕孔本人,告知铭贤

---

① 郭荣生:《孔祥熙先生年谱》,台北:台湾商务印书馆,1981 年,第 180 页。
② "Letter from Daniel S. K. Chang to William F. Bohn on 4/30/1945", Shansi Memorial Association Records, Box 8— Series 4— Subgroup II, Oberlin College Archives.
③ "H.H. Kung Undergoes Operation", *New York Times*, 4/11/1945, pp. 4.
④ "Letter from H. H. Kung to William F. Bohn on 5/1/1945", Shansi Memorial Association Records, Box 8— Series 4— Subgroup II, Oberlin College Archives.

April 30, 1945.

Dr. W. F. Bohn
11 North Main Street
Oberlin, Ohio

Dear Dr. Bohn:

  Thanks ever so much for your letter of the 27. I am glad to inform you that Dr. Kung hopes to be able to leave the hospital in another week or so. After having been confined in the hospital for over two months and after his two major operations, he is now rather weak. The doctors have therefore advised him to take a good rest after he leaves the hospital.

  So far he has not been permitted to attend to any work. Therefore I am not in a position to advise you as to when it will be possible for you to see him. If you agree with me, I shall wait till Dr. Kung actually leaves the hospital before I bring up the matter of your visit to his attention. Personally I think you may plan your visit not earlier than two weeks hence.

  It is very kind of you to suggest that Dr. Kung go to Oberlin for the rest. However, I doubt that he can do it so soon. He is a very active man so he would prefer to stay somewhere near New York City.

  Please let me know if there is anything further I can do for you. Please rest assured that I shall write you again when Dr. Kung leaves the hospital.

          Yours sincerely,

          Daniel S. K. Chang

Room 4201

图 8 孔祥熙秘书致博恩

正在向美国援华联合会(United China Relief)重庆办事处申请五百万法币以支援学校战后重建。他希望博恩以铭贤欧柏林托事部主席的身份同时致信援华联合会美国总部,敦促他们准予拨款。信末,孔提及近期刚做完手术,尚未出院,遵医嘱需减少会客,但如果博恩前来探访,他将一定会晤。

12. 1945 年 8 月 29 日,孔祥熙致博恩①

孔祥熙致信博恩,告知战争已结束,铭贤正在筹备返校和重建事宜。董事会将加强与欧柏林托事部的联络,及时汇报办学情况。孔于当年七月八日由美返华,②写信时已在重庆,他在信中提到不能参加即将在纽约召开的世界公民运动大会(World Citizenship Movement Conference),但他会尽其所能支持这项活动。孔祥熙曾经提议在欧柏林大学建立一座中式建筑,曾为此募款七万五千美金,他本人也捐出一万美金。对于这件事,信中略有提及,根据推测,主要内容记录在 William Davis 给孔祥熙的信中(档案馆未有收藏)。

他说自回国后,旅途劳顿和重庆炎热的气候让他身体一直不适,鉴于健康不济,他请辞中央银行总裁一职。蒋介石曾经与其达成共识,只需他在战时担任该职。现在日本已无条件投降,政府也实现承诺,照准辞任。他已于日本投降第二天,即八月十日将职务移交给新任总裁俞鸿钧。孔祥熙认为,辞去中央银行总裁一职,如卸下重担,否则他还要为政府筹钱,为重建中国四处奔走。他说自己目前还是政府成员(二十四个委员之一),除此之外,他仍然是国防最高委员会委员和中国银行及农民银行董事长。他希望借此机会,听从医生建议,休息六个月,在此期间,他可将更多精力转向其他方面,比如处理燕京大学和欧柏林山西事务,发展儿童福利事业、工业合作项目、中美文化中心和其他慈善事业。最后,他告诉博恩,他为铭贤学校机电系争取到美国公司赠送的一台价值十二万美金的机械设备。另外,有美国友人表示要为铭贤基金捐款,前提条件是孔本人需在中国筹到同等款额。

这封信纪录了他本人对卸任中央银行总裁的阐释,同时透露的几则消息也

---

① "Letter from H. H. Kung to William F. Bohn on 8/29/1943", Shansi Memorial Association Records, Box 8— Series 4— Subgroup II, Oberlin College Archives.

② 郭荣生:《孔祥熙先生年谱》,台北:台湾商务印书馆,1981 年,第 219 页。

Fan Chuang, Kuo Fu Lu,
Chungking, August 29, 1945.

Dr. W. Frederick Bohn,
Oberlin-Shansi Memorial Association,
11 North Main Street,
Oberlin, Ohio, U.S.A.

Dear Dr. Bohn,

Your letters dated July 10 and 21 are just received by me this very day. Previous to your letter I received a cable message from you to which I have replied and I hope that you have received it.

I am expecting Dr. Yang Wei to come here to see me in a few days. As the war is over, we are planning for the rehabilitation and removal of our School back to Shansi. I am glad to hear that there is every indication that the College Committee will now take prompt action in reporting to the Board of Trustees and that you are confident that some practical plan will be worked out for the cooperative efforts between our School and the College. I hope you will be able to secure the services of Staub. He will be a great help in promoting our scheme in the United States.

Please tell Col. Tchou that while I am back in China and regret that I am unable to be in New York for the World Citizenship Movement conference, I shall be glad to help in promoting this Movement in every possible way.

I had a letter from William Davis in connection with the $75,000 gift for the erection of the building and the $10,000 which I have contributed before. I am afraid there is a little misunderstanding in this matter and I have written to explain in greater detail to him. I hope you can help to clarify the case to him.

Since my return, owing to the strenuous air trip and the Chungking heat, my health is not what it should be. I found it necessary to tender my resignation as the Governor of the Central Bank of China. It was my wish and my understanding with President Chiang that I would serve in this capacity as long as the war lasts. Now that we are assured of Japan's unconditional surrender, the Government has granted my wish and I was able to turn over my duties to the new Governor on August 10th, the day after the Japanese announced their acceptance of the Allied demand for unconditional surrender. This will relieve me of a good deal of hard work in providing the Government with money for China's rehabilitation. However,

图 9 孔祥熙致博恩（第一页）

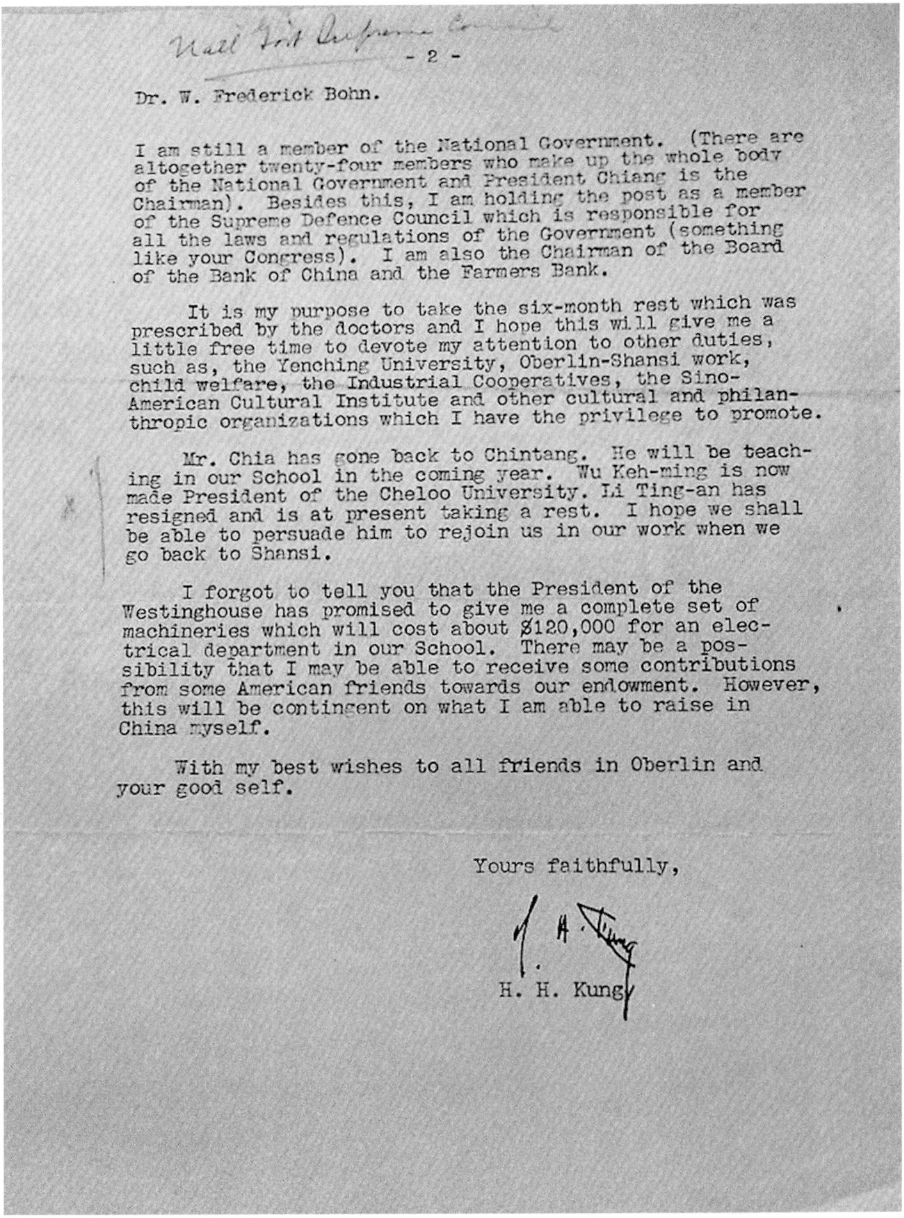

- 2 -

Dr. W. Frederick Bohn.

I am still a member of the National Government. (There are altogether twenty-four members who make up the whole body of the National Government and President Chiang is the Chairman). Besides this, I am holding the post as a member of the Supreme Defence Council which is responsible for all the laws and regulations of the Government (something like your Congress). I am also the Chairman of the Board of the Bank of China and the Farmers Bank.

It is my purpose to take the six-month rest which was prescribed by the doctors and I hope this will give me a little free time to devote my attention to other duties, such as, the Yenching University, Oberlin-Shansi work, child welfare, the Industrial Cooperatives, the Sino-American Cultural Institute and other cultural and philanthropic organizations which I have the privilege to promote.

Mr. Chia has gone back to Chintang. He will be teaching in our School in the coming year. Wu Keh-ming is now made President of the Cheloo University. Li Ting-an has resigned and is at present taking a rest. I hope we shall be able to persuade him to rejoin us in our work when we go back to Shansi.

I forgot to tell you that the President of the Westinghouse has promised to give me a complete set of machineries which will cost about $120,000 for an electrical department in our School. There may be a possibility that I may be able to receive some contributions from some American friends towards our endowment. However, this will be contingent on what I am able to raise in China myself.

With my best wishes to all friends in Oberlin and your good self.

Yours faithfully,

H. H. Kung

图10 孔祥熙致博恩（第二页）

比较完整地展示了孔祥熙作为财政部长以外的重要角色。他以教育起家,后步入政坛成为财政部长,直到他卸任一切政府职责,退隐美国,自始至终,他都是一位极具号召力的教育家、外交家、慈善家和募款人。

结语

孔祥熙与欧柏林托事部和中方人士多封战争期间的通信,从不同角度展示了他在二战期间积极争取美国政府和人民对中国抗日的支持、多方筹集资金致力教育事业,以及他卸任政府职务的内因外素。信函内容不仅包括铭贤战时事宜,也涵盖他对时事的个人见解、抗战态度和全身而退的自我阐述,为后人研究其外交策略、沟通风格和退出政治舞台的历史背景提供了新的视角和第一手资料,也可协助史学界重新解读孔祥熙在二战中的地位,以及与民国财政有关的争议性问题。

从他本人多次提及健康状况来看,担任财政部长、行政院副院长及各种要职十几年,使他身心疲惫,去意已决。他在信中把政府面临的财政困难和舆论压力归结于敌方制造的谣言,其余则一笔带过。虽然这批信函还不足以评判他在财政上的功过是非,但笔者认为这个决定带有他对中美关系、政府利益和个人名誉的考量。

与此同时,这批史料为史学界对孔祥熙财政角色之外的研究提供了明确的佐证——他是中国近代史上一位著名的财政部长,亦是一位卓越的教育家、外交家和慈善家。

美国国会图书馆藏中国抗日战争地图文献[①]

◎ 宋玉武[②]

摘　要：

美国国会图书馆地图部、亚洲部、手稿部等藏有一批珍贵的、与中国抗日战争有关的地图文献，包括军事地图、新闻地图、宣传地图、资源地图、手绘地图等。这批地图对史学家们"以图解史"不无裨益。

关键词：

美国国会图书馆；地图；中国抗日战争

The Sino-Japanese War Related Map Collections
at the Library of Congress

◎　Yuwu Song

Abstract：

The Geography & Map Division, Manuscript Division, and Asian Division of the Library of Congress hold some valuable maps related to the Sino-Japanese War. They include the military maps, newspaper maps, propaganda maps, resource maps, and hand-drawn maps. There is no doubt that these cartographic materials can help historians to interpret history in a unique perspective.

---

① 本文曾发表于《国史研究通讯》（台北，2015年6月），此次在原文基础上修改、增补3000余字。

② 宋玉武，美国国会图书馆亚洲部研究馆员。

Keywords：

Library of Congress；Maps；War of Resistance against Japan；Sino-Japanese War

美国国会图书馆是世界上收藏地图最多的图书馆之一，这些地图在地理学和历史学研究上有很高的价值。国会图书馆地理地图部（Geography & Map Division）拥有地图和地理文献460万份，是馆藏地图最多的部门。该部存有一批和中国抗日战争相关的中、英、日文地图。此外，亚洲部、手稿部亦有少量此类地图收藏。

这些有关中国抗日战争的地图资源包括印刷地图、手绘地图、地图集等。地图资料年代上至1870年代，下至1945年。地图除语言多样化外，比例也多样化。其中部分军用地图用阴影与等高线表示地势高低，亦有文字注释。这些地图类文献展示了战略局势，战区变化，具体的战役、战线态势，军事行动的规模，情报搜集活动，地区经济状况等，有助于研究者了解中日战争的整体与局部情况。

地理地图部

第二次世界大战结束时，美国成立了专门接收日本资料的机构——华盛顿文献中心。该中心从日本外务省、陆军省、海军省、东京警视厅、南满洲铁道株式会社东京分社、东亚经济调查局、东亚研究所等处获取了大批日本政府、日本陆海军、研究机构的书刊、档案、文件、地图等。1948年2月，华盛顿文献中心被解散，其保存的日本官方文书被移交给美国国家档案馆，图书、期刊、地图则被移交给国会图书馆。此后还有各类资料由不同部门如国防部、美国战略情报局等陆续转给国会图书馆。其中有一批地图类文献移交给了国会图书馆地理地图部。该部馆藏地图包括日本关东军绘制的中国东北地图、1930年代日本帝国测量局绘制的中国地图、日军参谋本部制作的绝密军事地图等，如《中支那五万分一空中写真测量要图（1937—1939）》。由于在1945年11月29日华盛顿文献中心进驻日本前，大部分机密文件已被日方在3个月内烧得所剩无几，所以美方能够得到的资料已非常有限。国会图书馆地理地图部现存的日军地图极有可能是孤本。

中国晋察冀军区司令部1942年绘制的《华北敌我形势图》也在地理地图部的收藏之中。军事地图还包括美军在亚太地区的军用作战地图。此外地理地图部藏有各类新闻地图,如新闻媒体为普通民众了解战况绘制的地图"《纽约时报中日战争图(1937)》"等。"R. E. 哈里森特藏"(Richard Edes Harrison Collection)是地理地图部颇有特色的馆藏之一。哈里森是20世纪著名的美国新闻地图绘图师,他绘制的地图经常被《时代周刊》、《财富》、《生活》等杂志采用。哈氏所绘的地图展示了战略区域的地形、地貌,引起民众广泛兴趣,后被收入《看世界:财富杂志世界战略地图》(纽约,1944)。

地理地图部馆藏地图中值得一提的还有"赫罗尔德·威恩斯特藏"(Herold J. Wiens Collection,1939—1971)。赫罗尔德·威恩斯是美国中国历史、地理专家,1912年出生于中国福建上杭。曾在中国接受教育,直到14岁时才随家人搬到加利福尼亚州的里德利。威恩斯在少年时期即开始学习中国文化,并能讲流利的汉语和客家话。他于1931年就读于柏克莱加州大学。1936年,他回到中国,在燕京大学学习,师从几个来自美国的著名中国问题专家。1940年之前,他曾在美国驻汉口和重庆的领馆工作了两年。二战期间,他在重庆美国大使馆任职。他于1946年回到美国,在密歇根大学获得硕士和博士学位后任教于耶鲁大学等三所大学。威恩斯教授育人无数,是当时最有成就的中国地理学家之一。1971年9月15日威恩斯因病去世。

"赫罗尔德·威恩斯特藏"除了存有详述战时中国的书信、报告、航拍照片外,还包括一批地图。这批地图对了解战时中国很有助益,例如中国邮政总局1942年绘制的《四川西部邮政区域图》(1520厘米×1080厘米,1∶500000)、美军地图部1944年根据日本1936年土地测量地图绘制的《沈阳地图》(660厘米×710厘米,1∶1000000)、美军地图部1945年绘制的《中国东南地区特别战略地图》(660厘米×760厘米,1∶4000000)。

地理地图部其他较重要的有关中国抗日战争的地图包括:《支那事变图(海南岛,陕西,甘肃,四川)》[1∶2750000,东京:193—? G7821.S7 193—.S5(地图索引号，下同）］、《支那事变要图》（东京：1937，G7821.S7 1937.S5）、《满洲十万分一图》（东京：参谋本部陆地测量部，1937—1941，G7822.M2 s100.C52）、《最新支那战局全图》（1：500000，大阪市：大阪每日新闻社，1938，G7821.S5 1938.O8）、标明日本侵略军从1937年8月至1939年3月在中国的进展的《中支那百万分一图》（1：1000000），东京：参谋本部陆地测量部，1939，G7821.S5 1939.J3）、《中支那五万分一空中写真测量要图：安徽省》（东京：参谋本部陆地测量部，1943，G7823.A5 s50.J3）、《北支那七十万分之一图》[1]（1：700000，东京：北支那方面军参谋部，1945，G7821.S5 1945.J3）、《北支那二百万分一素图》[2]（1：2000000，东京：北支那方面军参谋部，1941，G7821.E1 s200.J3）、《（缅甸，泰国）五十万分一图》[3]（东京：陆军，陆地测量部，参谋部，1942，G8000 s500.J3）、《支那五万分一图：岳州（岳阳市）》[东京：支那派遣军参谋部，昭和13—17（1938—1942），G7824.H33 s50.J3]、《支那五万分一图：南昌》（东京：支那派遣军参谋部，1940，G7824.N2 s50.J3）、《军事极秘十万分一地志图》[4]（东京：参谋本部陆地测量部，1938，G7822.M2 s100.J3）、《北满洲给水兵要地志图》[1：500000，《军事极秘兵要地志图》系列，东京：参谋本部陆地测量部，昭和12—（1937—），G7831.C3s500.J3]。（注：日军的兵要地志图对作战地域有详细的描述。如对河流的深浅、走向有明确的说明，这对工兵架桥至关重要。兵要地志图对战区

---

[1] 该图出自日本北支那方面军参谋部，展示截至1945年7月底的军事形势图。红色显示共产党领导的抗日根据地；游击区为虚线；日本侵占区为蓝色。

[2] 该图包含45张附图，详细图解中国华北地区经济状况。附图：1.人口分布图；2.人口密度图；3—15.耕地面积图（总面积ニ对スル百文率）；16.叶烟草生产图（道别）；17.陆地棉作付面积图；18.在来棉作付面积图；19.主要役畜分布图；20.马分布图（县别）；21—22.骡马分布图（县别）；23.牛分布图（县别）；24.缅羊分布图（县别）；25.山羊分布图（县别）；26.豚分布图（县别）；27.马（骡驴）皮生产流动图（货物厂管区别）；28.牛皮生产流动图（货物厂管区别）；29.羊皮（制革用）生产流动图（货物厂管区别）；30.寒羊毛皮生产流动图（货物厂管区别）；31.缅羊毛皮生产流动图（货物厂管区别）；32.山羊毛皮生产流动图（货物厂管区别）；33.兔毛皮生产流动图（货物厂管区别）；34.缅羊毛（洗上）生产流动图（货物厂管区别）；35.山羊绒（洗上）生产流动图（货物厂管区别）；36.山羊粗毛（洗上）生产流动图（货物厂管区别）；37.骆驼毛（洗上）生产流动图（货物厂管区别）；38.工业生产；39.工业劳动者分布图；40.矿产分布图；41.铁钢关系分布图；42.石炭生产图（炭矿别出炭高）；43.石炭埋藏量图（炭矿别出炭高）；44.纺绩工场分布图；45.绵丝流动图。

[3] 该图可助研究人员从日军角度看中缅印战场。

[4] 含满洲十万分一图佳木斯及ビロビッヂャン（比罗比詹市）。

山地的位置、地势高低都有标注。道路对步兵及装甲车和坦克通行能力的影响亦有说明。有些图中的信息还包括对战方的势力范围及作战地域居民区是否能为军队提供后勤补给）。

其他相关地图还包括：《全面抗战形势详图》(58 厘米×32 厘米,重庆：1937,G7821.S5 1937.Q8)、《中日战争形势图》(64 厘米×50 厘米,1：7500,000,上海：中国地图社,1937,G7821.S5 1937.Z5)、《华北战区交通明细全图》(Transportation map of North China war zone,1：2000000,上海：1937,G7821.S5 1937.Q81)、《纽约时报中日战争图》(The vast theatre of conflict between Japan and China in the Far East,1：14600000,《纽约时报》1937 年 10 月 10 日,G7821.S6 1937.N4)、《中日战争地图集,1937—1938》(Collection of newspaper maps of China showing the Sino-Japanese war,《华盛顿邮报》,1937—1938,G7821.S6 svar.W2)、《军事极秘十万分一地志图：满洲十万分一图》[1：100000,哈尔滨及新京,三号,横道河子,参谋本部陆地测量部 1939,(旧日本陆海军资料；no. 2863),CLC U21 no. 2863]、《滇缅公路图》(1：10000000,Burma-China road / the Edinburgh Geographical Institute,伦敦：爱丁堡地理学会,1939,G7822.B8 1939.J6)、《滇缅公路：中国联通国外的生命线》(The Burma Road:China's main link to the outside world,《纽约时报》1940,G7822.B8 1940.N4)、《滇缅公路图》(Map of China showing the Burma Road,出版人、时间、地点不详,G7822.B8 1940.M2)、《中国形势要图：1937 年 7 月 7 日—1941 年 12 月 7 日》(Major progress of China,7 July 1937 — 7 December 1941,1：3500000,G7821.S7 1939 M2)、《滇缅公路图》(Map of China showing the Burma Road,1：30000000,《华盛顿邮报》,1940 年 10 月 13 日,G7822.B8 1940.W2)、《自由中国与被占领区 1941》(Free China and occupied China,1941,1：200000,G7821.S5 1941.F7)、《中国被日军占领区域图》(Map showing Japanese occupation in China,1：65000,1941,G7821.S7 1941.M2)、《中国战区图》(China front,by RM Chapin, Jr.,1：3500000《时代周刊》,1941 年 6 月 16 日,G7821.S6 1941.C5)、《军事形势图：从南昌到长沙》(Military situation map, Nanchang to Changsha (194？—),1：1000000,

G7821.S5 194—.M5)、《华北敌我形势图》①(26厘米×37厘米,晋察冀军区司令部制,1942,G7823.S43S5 1942.C5)、《滇缅公路:云南至缅甸公路图》(*The Burma road*:*Yunnan to Burma Highway*,华盛顿:经济战略局经济潜能部制图科 Office of Economic Warfare, Economic Potential Division; drawn in Cartographic Section, OEW,1943,G7822.B8 1943.U5.)、《中国战区沦陷地区图》(*Map of the China front*,January 22,1943:*under Japanese occupation*,*China*,行政院新闻局/中国情报部,1943,G7821.S7 1943.C5)、《1942年7月7日以来中国主要战场地图》(1:15000000,*Major battle area in China since July 7, 1942*,华盛顿:美国战略情报局研究处 United States. Office of Strategic Services. Research and Analysis Branch,1943,G7821.S6 1943.U52)、《八路军新四军抗战形势图》(1:2000000,70厘米×57厘米,纪念抗战七周年,1944,G7821.S5 1944.B3)、《中国抗战敌后战场形势图》(1:600000,延安:延安总部,1944,G7821.S5 1944.Z5)、《中国战区图》(1:2600000,*China fronts / base compiled and drawn in the Branch of Research and Analysis*,OSS,华盛顿:美国战略情报局研究处 United States. Office of Strategic Services. Research and Analysis Branch,1944,G7821.S6 1944.U51)、《中国战役》(*China campaigns*,1:4000000,伦敦:英国战争部总参谋部地图科 Great Britain. War Office. General Staff. Geographical Section,1944,G7821.S65 1945.G2)、《远东与太平洋战区图》[*Atlas of the present Far East and Pacific war zones* Published/Created:Chungking, Chien kuo shu tien, Min-kuo 34 (1945),重庆:建国书店,1945,G1038.L5 1945(Map)]。

  除了与中国抗日战争直接相关的地图外,国会图书馆地理地图部还藏有一批19世纪末中日甲午战争前由日本军事、情报部门制作的地图。1871年7月日本兵部省设立陆军参谋局,专事机密情报搜集,地图测量、绘制②。此后,陆军参谋局陆续派遣日军炮兵、步兵尉级军官装扮成平民,赴华实地考察、测量地

---

① 该地图显示了日军控制区域及中国游击队在华北地区的势态。
② 信一山室,《文化相涉活動としての軍事調査と植民地経営》,《人文學報》(2004)91:227—249。

形和地貌,然后绘制成图。这些地图的内容范围包括中国东北、华北地区,以及浙江、江苏、福建、广东等沿海重要省份及长江口岸。

2009年日本学者牛越国昭在日本出版了《以制作对外军用秘密地图为目的的潜入盗测——外邦测量·村上笔记研究》(《対外軍用秘密地図のための潜入盗測——外邦測量·村上手帳の研究》)。该书以日本陆军参谋本部陆地测量部测量员村上千代吉33年间所做的笔记为基础,揭秘日本军方自明治时期以来秘密制作包括中国地图在内的"外邦图"的真实情况。日本的地图制作精详,如五万分之一的《北京近傍之图》将所示的南口地区的地形、地貌、道路、村落标注得一清二楚。南口是燕山山脉的一个山口,地势险恶,是通往绥远的交通要道,也是古往今来兵家必争之地。

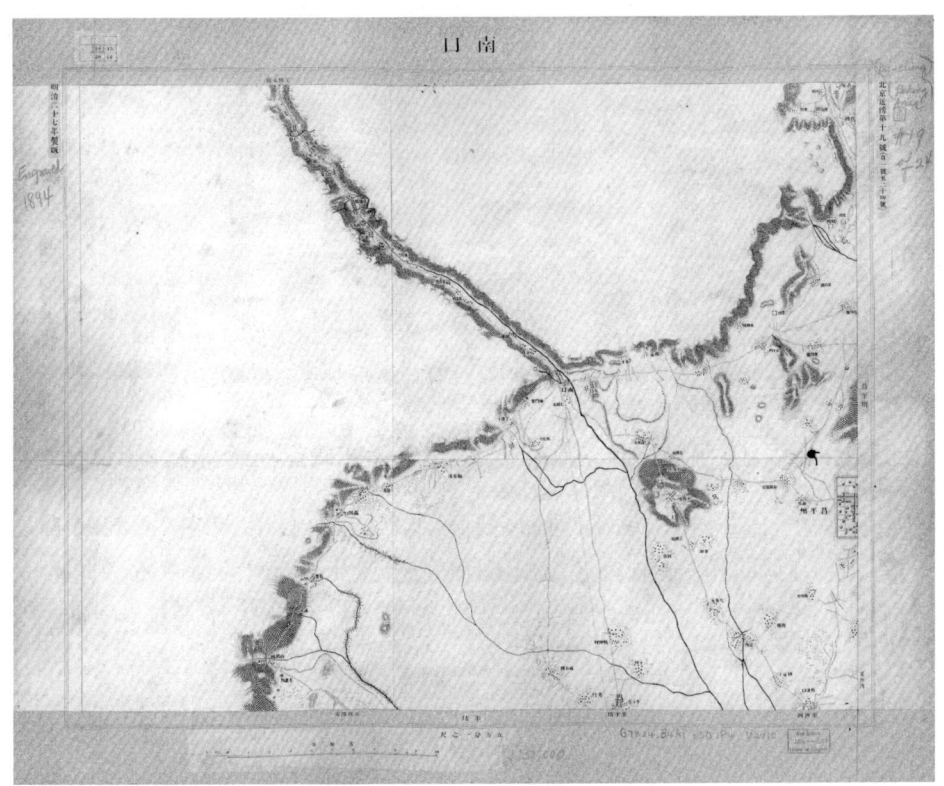

图1 《北京近傍之图》南口(炮兵大尉玉井晓虎,1894年)

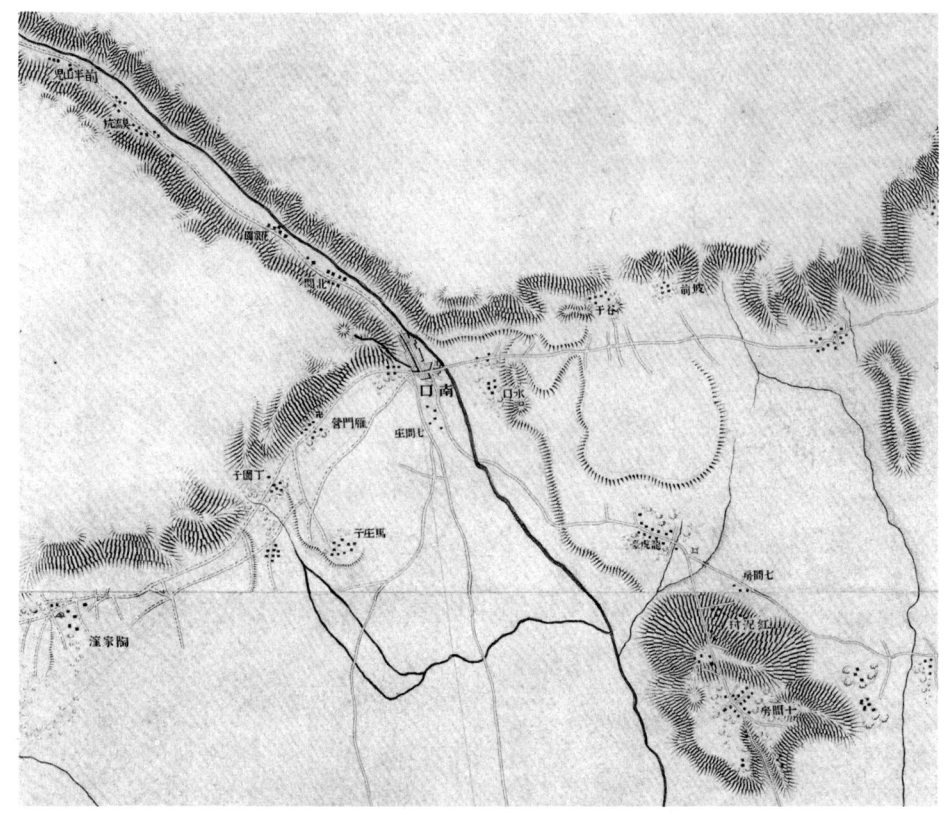

图 2 《北京近傍之图》南口(局部)(炮兵大尉玉井晓虎,1894 年)

从地图的图标看,测量员的工作做得也是相当地细致。如日军工兵大尉伊集院兼雄所制的《奉天府盛京城内外图》中的"备考"(图标)即包括:大小路段、寺庙、沼泽、兵营、城区街道、衙门、城墙、城门、大小村落、树林、河流、桥梁、墓地等。这一时期日本测量、制作的地图质量远超中方绘制的地图质量。此类地图无疑对 20 世纪 30 年代日军参谋本部绘制的新的对华作战地图提供了基本素材。

美国国会图书馆地理地图部还藏有日本 19 世纪秘密测图。例如:《福州南台之图》(泽八郎,1868,G7824.F8G46 1884.S3 Vault)、《山东省武定府德州ヨリ天津及北京ニ至ル图》(山根武亮,1880,G7823.H655P2 1880.Y3 Vault)、《清国盛京省沿海图(清国辽东湾图)》(伊集院兼雄,1880,G7822.L4 1880.O3

Vault)、《直隶承德府近傍图》(花坂円,1880,G7824.C517A1 1880.H3 Vault)、《长江付近之图》(益满邦介,1880,G7822.Y3 svar.M3 Vault)、《从北京至天津路上图》(斋藤干,1881,G7824.B4A1 1881.S3 Vault)、《山东省第一图～第四图(从山东省烟台经莱州府、胶州城、沂州府到江苏省宿迁县近傍地图)》(炮兵大尉酒匂景信,1882,G7823.S4P2 1882.S3 Vault)、《永春州·泉州府各地》(步兵中尉田中谦介,1882,G7823.Y62P2 1882.T3 Vault)、《从江苏省清河县至山东省泰安府路上图》(三浦自孝,1882,G7823.Q52P2 1882.M5 Vault)、《奉天府盛京城内外图》(工兵大尉伊集院兼雄,1882,G7823.L4 svar.I6 Vault)、《芝罘港全图》(斋藤干,1883,G7824.Y23P55 1883.S3 Vault)、《浙江省宁波府城图》(美代清濯,1883,G7824.N5 1883.M5 Vault)、《从北京至汉口》(小田新太郎,1883,G7821.P2 1883.O3 Vault)、《广东省城近傍之图》(三浦自孝·松岛克已,

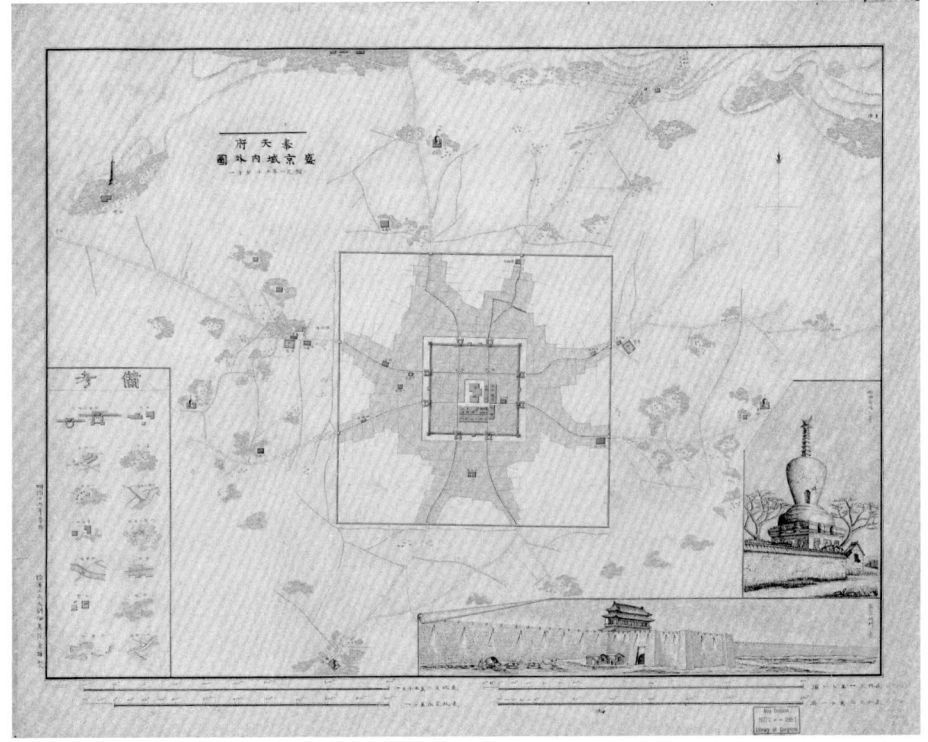

图3 《奉天府盛京城内外图》(工兵大尉伊集院兼雄,1882年)

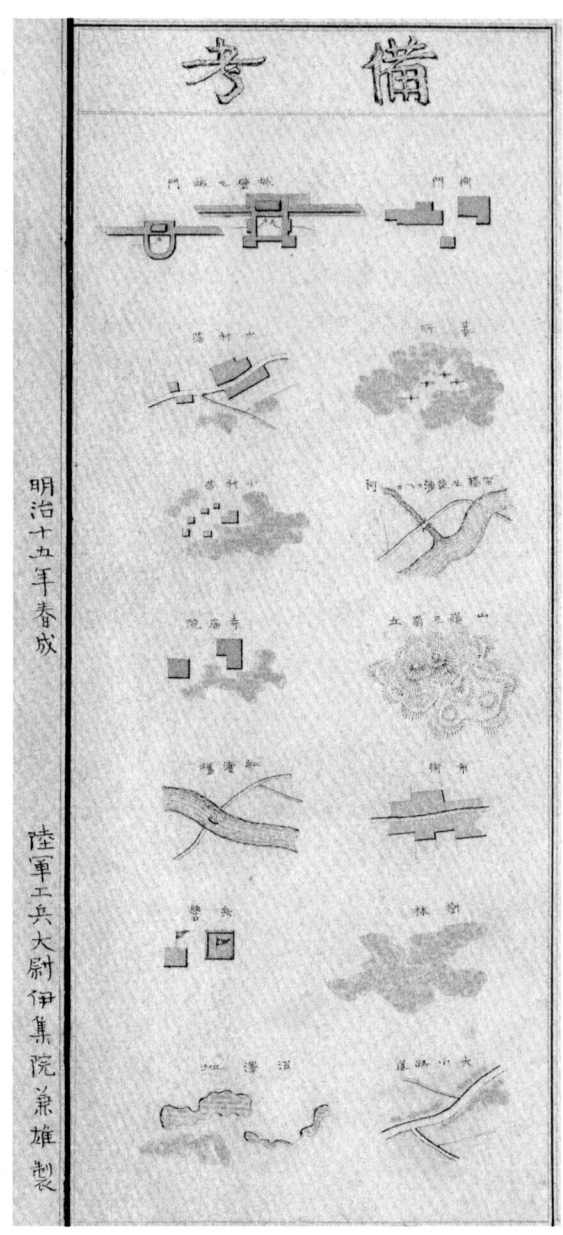

图 4 《奉天府盛京城内外图》"备考"(局部)

1883，G7824.G8A1 1883.M5 Vault）、《从北京到牛庄旅行图》（酒匂景信，1883，G7824.B4A1 s200.S3 Vault）、《盛京省东部图》（伊集院兼雄，1884，G7823.L4 1884.I4 Vault）、《北京近傍之图》（炮兵大尉玉井眈虎，1884，G7824.B4A1 1884.T3 Vault）、《满州东部旅行图》（炮兵大尉酒匂景信，1884，G7822.M2P2 1884.S3 Vault）、《从广东省潮州府至帘州府》[岛村中尉（岛村干雄），1884，G7824.C455A1 1884.S5 Vault]、《汉口居留地全图》（伊集院兼雄·小田新太郎，1885，G7824.W8G46 1885.I4 Vault）、《直隶河南山东山西旅行沿道图》（牧野留五郎，1887，G7821.P2 s200.M3 Vault）、《从北京至天津图（图中タイトル由北京到天津）》（柴山尚则，188—，G7824.B4A1 188—.S5 Vault）、《从江苏省江宁府经徐州府到兖州府略图》（炮兵大尉酒匂景信—松岛克己·丸子方，188—，G7824.N3A1 188—.S3 Vault）、《满州纪行附图》[嶋大尉（嶋弘毅），188—，G7822.M2 188—.S5 Vault]、《镇江局地图》（木村宣明，188—，G7824.Z6 188—.K5 Vault）、《福建城近傍村落图（图中福建城内外南并各近村缩图）》（田中谦介，188—，G7824.F8A1 188—.T3 Vault）、《长江近傍图》（小泉正保，188—，G7822.Y3 188—.K6 Vault）、《支那内部图（山东直隶河南安徽江苏五省路上图）》（斋藤干，188—，G7821.P2 s100.S3 Vault）、《涿州城、河间府、兖州府局地图》（栗栖亮，188—，G7821.P2 s200.K8 Vault）、《福建江西广东巡历路上略图》（步兵中尉柴山尚则，188—，G7823.F8P2 s200.S5 Vault）、《直隶山东路上图》（樗木政章，188—，G7823.H26P2 s200.S8 Vault)、《从营口至宁古塔城路上图（详细）》（仓辻靖二郎，188，G7824.Y45A1 s100.K8 Vault）、《从前屯卫城至通州》（小泽德平，1891，G7824.B4A1 1891.O9 Vault）、《北京近傍图》（1894，G7824.B4A1 s50.P4 Vault）、《清国九连城ノ畧图》（长谷川秀夫，1895，G7823.F42 1895.H3 Vault）、《福州略图，附马尾街造船厂近傍看取图》（189—，G7824.F8 189—.F8 Vault）。

手稿部

国会图书馆手稿部亦有少量有关中国抗日战争的地图收藏。"欧文·拉铁摩尔(Owen Lattimore Papers，1907—1997)特藏"中收有《抗战三年来第十八集团军前新四军自由行动经过一览图》。欧文·拉铁摩尔是美国亚洲问题专家，同时又是作家、教育家、历史学家、研究中文和蒙文的语言学家。1941年7月，由美国总统罗斯福任命，拉铁摩尔担任蒋介石的私人政治顾问，次年11月辞去职务。此间，他收集了一批包括地图在内的中国抗日战争文献。拉氏1989年病逝于美国。此后，他的后人将其手稿、文献陆续捐赠给国会图书馆。

《抗战三年来第十八集团军前新四军自由行动经过一览图》展示了1937—1939年间中国共产党领导的抗日军队之活动。图中标有：晋察冀边区，八路军115师、120师、129师活动地域，1939年冬晋军叛变，李先念一部豫鄂挺进纵队，山东总队，绥远大青山支队等。

亚洲部

国会图书馆亚洲部亦收藏了部分与中国抗日战争相关的地图或含有地图的书籍、档案文献，如：《北支那方面敌情要图》、《战线加入前态势要图》(来自《日本步兵第七联队史——上海—南京战役》)、《金兰会战》(来自《浙赣战记》)、《重庆政权地区工厂分布概见图》、《北支碳田分布及兴中运营碳矿》(来自《北支碳矿概要》)等。这些地图为研究和了解中国抗日战争的具体战役及日军对中国资源的调查情况提供了独特的解读视角。

国会图书馆亚洲部订购的《朝日新闻》数据库《历史写真》子库还收集了一些涉及中国抗日战争的珍贵地图。其中有一些手绘地图极为罕见，例如：

1.《海鹫/成都、大平寺飞行场着陆(1940年11月08日)》。图中标示可见着陆的日方战机、被击落的中方战机、燃烧的中方战机、中方诱饵飞机、被炸的中方指挥所等。该图与其说是地图，不如说是日军的空袭图。对照中日双方的文字记录可还原1940年10月4日日军空袭四川成都大平寺中国军用机场的真实情况。

2.《最新重庆周边鸟瞰图(1941年07月14日)》则标有如下字样：北培(工场地带)/磁器口(工场地带)、白市驿飞行场/石马州(江津)飞行场/珊瑚坝飞行

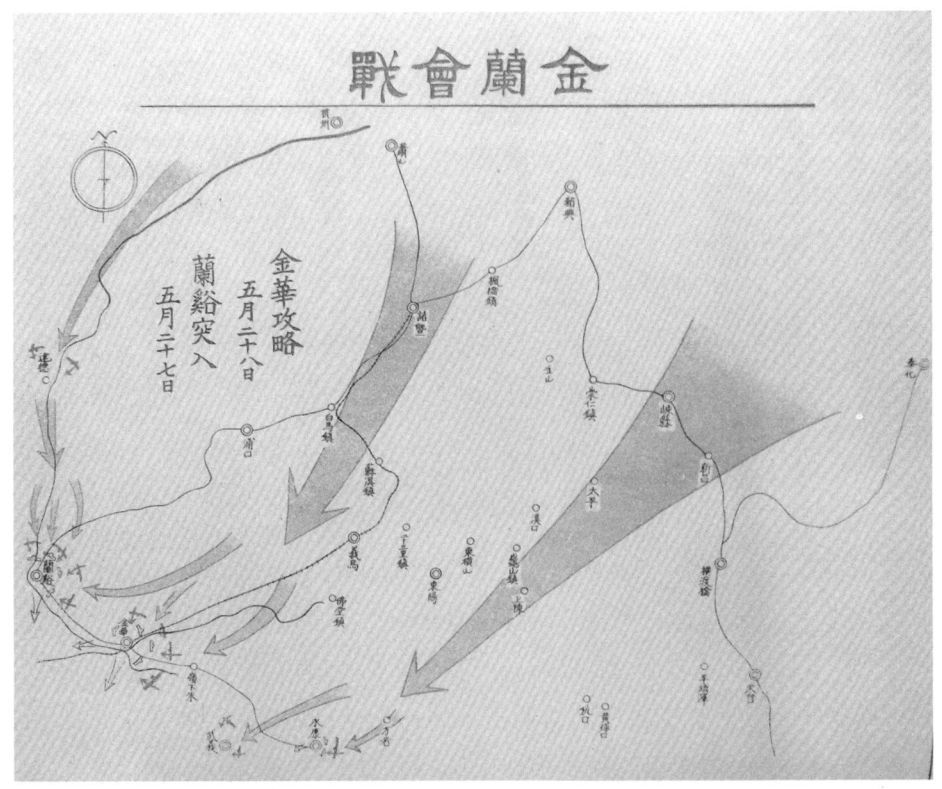

图 5 《金兰会战》

场、广阳坝飞行场、九龙坡飞行场等。显然这些标注是日本空军进行重庆大轰炸时的轰炸目标或需要避免轰炸的地区。毫无疑问,这类地图对研究重庆大轰炸可谓弥足珍贵。

《历史写真》档案库还收有1931年中国国民革命军陆军独立第七旅参谋处制(民国二十年五月一日印)《中华民国国耻地图》。该图记录中国200年间被日本、英国、俄国、法国侵占的领土。其中标有"琉球群岛光绪五年被日本侵占"字样。图上印有:"一、此图专载中国二百年中失地辱国被人侵占割据之地故名曰国耻图;二、图中□为省会;三、此图最明简而注释极详细;四、凡图上所载丧失各地均以红色涂之俾警阅者易知为我国之疆土而为人所攫有矣。"类似的地图还有《失地图》,图上印有:"雪耻纪略,卧薪尝胆,誓雪国耻。哈尔滨国民月刊社印行(1931年10月10日)"。该库中的《新京国都建设图(1932年)》也

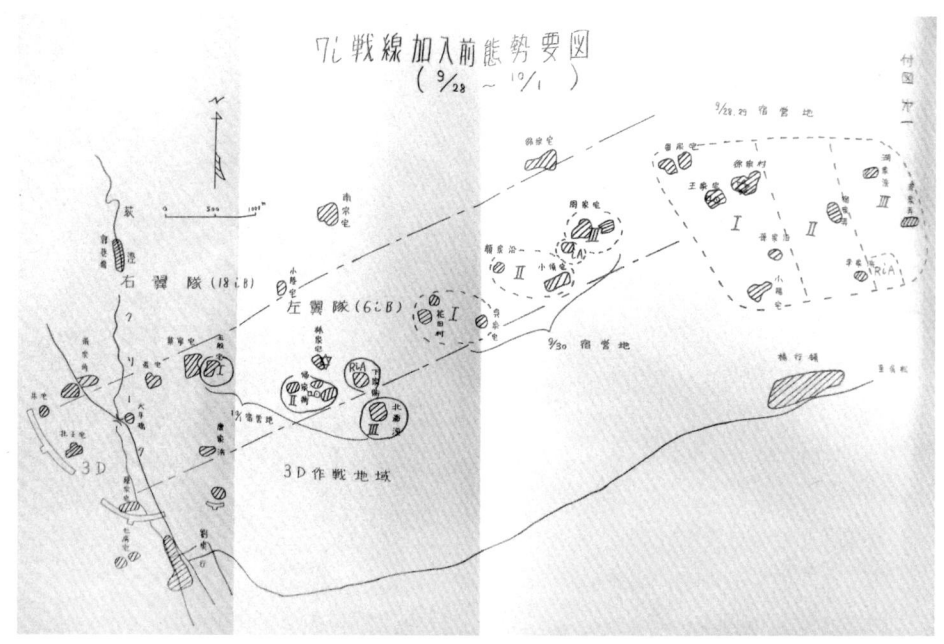

图 6 《战线加入前态势要图》

可助研究人员了解伪满洲国初期新京国都建设计划；1932 年 2 月 8 日，日本陆军省发布《上海共同租界防备担任区域图》，对 1932 年"一·二八"事变（日本方面称"上海事变"或"第一次上海事变"）时上海共同租界地区各国军队布局有详细标示。

该库中的《上海爆弹事件详细图（1932 年 5 月 3 日）》真实绘录了 1932 年 4 月 29 日中韩反日人士暗杀日本驻上海政要的现场。详细标注了会场布局、日本军政要人站立的位置、尹奉吉投弹时的位置、炸弹爆炸地点等。用该图参照日方当时拍摄的照片"上海爆弹事件突発直前（三分前）村井総領事の式辞朗読"，可对爆炸现场一目了然。1932 年 4 月中韩反日人士策划暗杀行动，以破坏日本军政要人借 4 月 29 日庆祝"天长节"（昭和天皇生日）的机会，在上海虹口公园举行"淞沪战争祝捷大会"。时年 24 岁的韩国青年尹奉吉负责执行任务。祝捷大会中，尹奉吉寻机冲向主席台，在距主席台数米处，将水壶炸弹投掷在日军总司令白川义则、日本驻沪留民团行政委员长河端贞次等脚下，河端当即被炸死，白川义则受重伤，至 5 月 26 日抢救无效死亡。日军第九师团长植田谦吉、日本驻华公使重光葵均被炸断一腿,日本海军第三舰队司令长官野村吉三郎被炸瞎右眼。事发后,尹奉吉被日军当场逮捕,1932年12月19日,尹在日本金泽郊外被枪决。

对研究历史的学者来说,地图类文献有文字类史料无法代替的功能。本文所介绍的美国国会图书馆藏有关中国抗日战争的地图资源,意在抛砖引玉,使更多学人能发现并充分利用地图文献,从地理历史的维度解读中国抗日战争。

参考文献

1.《美国国会图书馆在线目录》(Library of Congress Online Catalog):http://catalog.loc.gov/。

2.《美国国会图书馆地理地图部在线目录》(Library of Congress Geography & Map Division Online Catalog):http://www.loc.gov/maps/collections/。

3.《美国国会图书馆手稿部检索目录》(LC Manuscript Division Finding Aids Online):http://www.loc.gov/rr/mss/f-aids/mssfa.html/。

4.《朝日新闻档案库(朝日新闻アーカイブ)》。

5. 田中宏巳,《美国国会图书馆所藏占领接收旧陆海军资料目录(米议会図书馆所藏占领接收旧陆海军资料総目录/A comprehensive catalogue of publications of the former Imperial Army and Navy, requisition by the Occupation Forces, and now in the collection of the US Library of Congress)》,东京:1995。

6. 信一山室,《文化相涉活动としての军事调查と植民地经营》,《人文学报》(2004)。

从两份手稿看林乐知晚清的政治活动

◎ 王国华[①]

摘　要：

　　本文包括了美国来华传教士林乐知先生的两篇原始英文手稿及其翻译和介绍。一篇是其在1906年12月7日在上海青年基督教青年会所作的报告，另一篇是会晤革命改革人士的记录手稿。这两份手稿生动如实地向世人呈现了林乐知在风云动荡的晚清中国直接投入社会政治改革活动的一面。他给爱国进步青年做演讲，介绍美国建国经验及方针，激励爱国青年并为他们指明方向。他参与改革人士、革命党人组织推翻清政权、建立中华共和国的商谈计划活动。这些原始文献为进一步开展林乐知研究提供了可能性，也为一百多年后的今天追溯林乐知在晚清中国真实活动的历史情景提供了空间。

关键词：

　　林乐知；美国来华传教士；晚清政治活动；晚清中国；晚清政治改革

Young John Allen's Political Activities during Late Qing Dynasty through Two Manuscripts

◎　Guohua Wang

Abstract：

　　This article introduces two original English manuscripts by Mr. Young John Allen（Lin Lezhi），an American missionary to China，which are accompanied by the Chinese translation and

---

① 王国华，美国爱默蕾大学图书馆国际地区研究部主任，东亚研究馆员。

historical analysis. One manuscript is from his "Address before the Chinese YMCA of Shanghai on December 7th, 1906"and the other is based on his "Interview with a Reformer ＋ Revolutionist". These two manuscripts clearly showed Mr. Allen's energetic participation in activities to promote political social changes during the chaotic late Qing Dynasty of China. Through his speech to those patriotic young men at the YMCA, he introduced the experience and principles of founding the United States of America, and offered encouragement and guidance for their revolutionary activities. He was also involved in planning and organizing the overthrow of the Qing Dynasty and the founding of the Republic of China. These original manuscripts provide opportunities for further study of Young John Allen, and trace back his historical activities during late Qing Dynasty even after more than 100 years.

Keywords：

Young John Allen；American missionary to China；Political activities during late Qing Dynasty；Late Qing Dynasty；Political Reform during late Qing Dynasty

晚清社会在经历了鸦片战争、英法联军战争、中法战争、甲午战争后，人心思强、人心思变，学习西方的先进科学技术成了当务之急。这一形势恰与开明传教士在中国以传播先进的科技文化来展示西方文明的想法吻合，于是这类有知识、高素质的传教士在当时的中国有了用武之地。他们在西学东渐、自强运动、洋务运动中，翻译介绍科技、军事、政治、世界历史地理等知识，开设新学堂，著书论政，确实协助造就了一批中国实业家和社会改革思想家，推动了中国社会的改变和中国历史的发展。美国南方卫理公会传教士林乐知（Young John Allen，1836年1月3日—1907年5月30日）先生就是当时这批开明传教士中的典型代表。

笔者通览中国大陆学者研究林乐知的成果后发现一个较为突出的现象，即大多数研究使用的资料是林乐知晚清时期编译、撰写的著作和杂志。如从他主编的《万国公报》杂志入手，研究其传播西方科技、新思想、新文化，批评中国文化政治的弊病；从他翻译的作品及翻译措辞看其对中文新词、中国翻译史学的贡献；从其长著《中东战纪本末》看其对中国社会制度的揭示，对中国晚清社会改革的指导作用；从其《全地五大洲女俗通考》(Woman in all lands)研究其对男女平等的倡导等。多数学者研究林乐知所使用的资料如张恒、赵文铎在《20

世纪 80 年代以后林乐知研究综述》一文所述:"现有的研究成果欠缺英文文献","对原始资料不够重视"。① 客观地说,大陆学者并非不重视有关林乐知研究的英文原始资料,而是在中国大陆有关林乐知的原始资料极其缺乏。值得庆幸的是林乐知的家人将保存的有关林乐知的信件、照片、手稿等收藏捐赠于他的母校——爱默蕾大学(Emory University)。林乐知的同学、同事及朋友也将其通信信件、照片等分别捐赠于当地教堂。藉近水楼台之优势,本人在编译《美国爱默蕾大学图书馆藏来华传教士档案使用指南》(*Guide to Archives of Missionaries to China Collected in Woodruff Library*,*Emory University*,*U. S. A.*)②一书时,阅览了收藏在大学图书馆的林乐知档案和佐治亚州几所教堂收藏的林乐知档案,其中一些手稿资料非常真实地展示了林乐知对晚清社会变革的深入介入。这些原始资料对研究者们进一步研究林乐知对中国社会和历史发展所起的作用提供了历史的依据。

林乐知档案手稿揭示其在华活动

"戊戌变法"失败后,特别是八国联军占领北京后,林乐知深知老朽的清朝封建制度将无法摆脱被新型共和制度取代的命运。此时的林乐知已年过七十,他暂时置主教的职责于次要,为中国社会变革四处奔跑、讲演,与改革和革命人士交谈,孕育中国革命。

以下是林乐知档案中的两份手稿,反映了他介入中国变革活动的深度。

一、林乐知 1906 年 12 月 7 日在上海青年基督教青年会作报告的手稿(共 27 页)

1896 年 12 月 7 日晚的上海,天气很冷。一位白发苍苍、白胡须的老人冒

---

① 张恒、赵文铎:《20 世纪 80 年代以来林乐知研究综述》,《白城师范学院学报》2015 年第 4 期,第 50—53 页。

② 爱默蕾大学图书馆善本部(MABEL)整理,王国华编译《美国爱默蕾大学图书馆藏来华传教士档案使用指南》,桂林:广西师范大学出版社,2008 年。

着严寒来到了上海青年基督教青年会,这就是昔日上海大名鼎鼎的《万国公报》主编、苏州大学董事长林乐知先生。应青年会的邀请,他将为青年们作主题为"美国是怎样实现国家的统一和强盛的"(How America has achieved National Unity and Strength, address before the Chinese Y.M.C.A. of Shanghai, Dec. 7th, 1906)的讲座。

林乐知在那严冬的夜晚是这样开始他的讲座的:"应贵青年会秘书长的邀请,很高兴今晚来这里给你们作政治学系列讲座的报告。你们给我的演讲主题是:美国是怎样实现国家的统一和强盛的。"

随即他明确指出,讨论这个主题的目的是为了给那些渴望并正在为中国政府制度的成功改变而在做充分准备的人士提供历史上和原则上的经验和教训。而这些历史的经验和教训是美国人民在建立自己具有宪法自由的美利坚合众国中得到的。

他接着说:"我今天不是来吹嘘美国,而仅用事实来解释,希望对那些正在为中国历史最关键的转折而努力奋斗的志士有些指导意义。"

他说:"有人说教养一个孩子应从他/她的祖母开始。可以肯定的是如果你想了解伟人的性格,你必须从了解他的祖先开始。同样了解一个伟大的国家也应从她的历史开始:从美国这个国家的形成,我们可以发现国家的形成需要从成长到成熟的时间准备。美国从殖民地开始到承担其责任并成为有尊严的独立国家经历了一百五十年。如果我们想找到美国成为如此强大国家的秘密,我们必须追溯到其先辈们是怎样努力建造雄伟的政治基础结构的,从中我们会发现她的原则。"

他接着谈到了丰富的地理自然环境对一个伟大国家的重要性,中美同样拥有这样的先天条件。这位雄辩的演说家把话锋转到了美国之强大的真正原因——国家的机制结构和人民的素质,并从六个方面进行了详细生动地阐述:(1)这些来自欧洲各国的美国殖民者离开故土的原因和目标是逃脱本国的宗教压迫与迫害,寻求一个自由与和平同在的生存环境;(2)团结的重要性,分裂将会给新大陆造成的危险,并引用了富兰克林的一句名言,"我们必须联合起来,否则我们将会一个个地被送上绞架";(3)英国对新大陆殖民地的压迫使得在美国的各方殖民意识到团结成为美国人的重要性;(4)独立宣言的产生进一步加强巩固了他们的团结精神;(5)独立战争的胜利更加明确了他们的目标;(6)宪法的通过将以最高法律的形式确保这个共和国家与人民充分享受自己的权利和共同利益。然后他又从三个方面剖解了国家的形式和职能以及公民的权力:(1)这个政府的形式是共和制或民主议制形式,也就是说她是一个来自人民、为了人民、人民自己建立的政府。其主权可以被人民改进或修正(民有,民治,民享);(2)其权力划分为立法,执法和司法三个部分,任何一个部门的权力不能大过其他两个部门,以保证行政部门不滥用职权,保护人民的自由;(3)公民权的内容:人身安全及不受攻击和骚扰的权利;人身自由权,只要不侵犯别人的权利,你可在任何时候去任何你想去的地方;拥有私人财产的权利;言论自由,出版自由也是受法律保护的神圣权利;除非因犯罪而被剥夺这些权利。接着他又论述了民主国家的另一特征,通过人民选举产生政府,所以人民的智慧和道德是最根本的因素。

林乐知还指出:"你们对美国历史感兴趣是很可贵的。你们可从中吸取经验教训,不被自己古老的文明所缚,把中国改变成和美国一样举世闻名,受世界敬重的国家,这千载难逢的机会到了!"

这个演讲在当时的中国不仅具有极丰富的知识性,而且也非常有鼓舞号召力。可想而知,这位德高望重的智者如此激情地讲演会怎样激励这些为中国强盛而奋斗的热血青年。

林乐知演讲的原文手稿中的三页(图1),来自美国爱默蕾大学图书馆档案

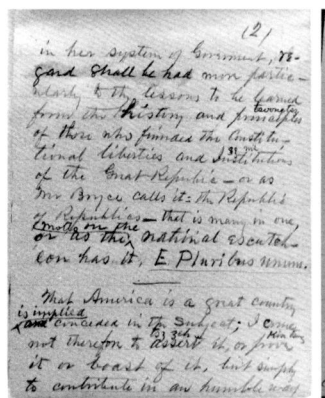 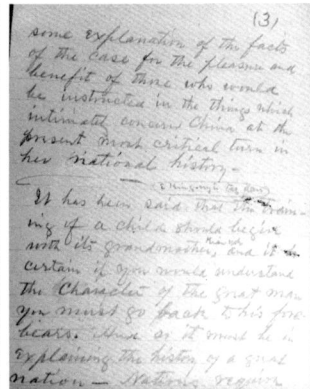

图 1　林乐知演讲手稿

馆艾伦档案 22 箱 1 夹（Young John Allen Papers，1854—1938. Addresses and Sermons：Box 22，Folder 1：Address before the Chinese YMCA of Shanghai，December 7，1906）。

二、林乐知会晤改革、革命人士的记录手稿

（一）文件手稿

以下是林乐知会晤改革、革命人士的记录手稿，来自爱默蕾大学图书馆档案馆艾伦档案 22 箱 4 夹（Young John Allen Papers，1854－1938. Addresses and Sermons：Box 22，Folder 4：Interview with a Reformer）。

（二）手稿中译文

会晤改革、革命人士

1.与秘密社会无关联。与广西叛乱和当地暴徒无隶属关系。

2.建立一个独立的政党，有自己坚定的目标，即建立中国共和国，类似美国［的国家形式］。

3.目前社会地域的范围包括以下几省：广东、广西、云南、贵州、福建、湖南、湖北和江西。

4.目前的首要任务是寻求物色一适合总统办公室和首席领导人的人选，提及了三个名字：［第一个名字字迹难以识别，存疑］、梁启超、容闳。

5.探讨问询（新政府成立后）外国政府承认一事。（提出的问题是，革命行动所占领的一两个主要城市是否会被外国政府承认）。

6.关注外国政府的态度：（1）他们在中国有租界；（2）关注其安全保障以及中国的诚信。

7.筹备海军，运输部队，计划以马尼拉作为可能性的供给来源。

8.承认现有租界，并接管承担给外国政府庚子赔款的责任。

这份手稿未注明会晤的日期和时间。根据第八条的内容推断，成立的新政

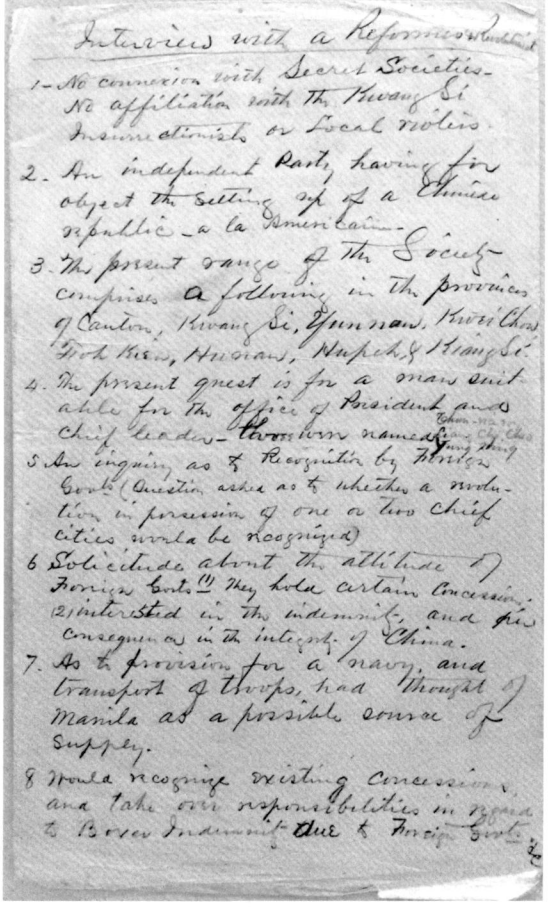

图 2 林乐知会晤改革、革命人士的记录手稿

府要接管承担对外国政府庚子赔款的责任,当在"辛丑条约"签订即 1901 年 9 月 7 日之后。林乐知去世于 1907 年 5 月,因此会晤时间当在两个事件发生时间之间,即 1901 年 9 月 7 日至 1907 年 5 月之间。手稿中会晤之人当属改革、革命人士,但没有具体名字或组织名称。诚然,会晤时间的确定、与当时其它事件之关系,以及这次会晤的历史意义,尚待进一步的分析和论证,但可以肯定的是,这些手稿对研究当时的中国社会具有重要佐证和研究价值。例一:1898 年"戊戌变法"失败后,1899—1900 年爆发的"义和团运动"引起的八国联军侵占北京,使清政府遭受沉重打击,同时也彻头彻尾地暴露出清政权的腐败落后。

于是有识之士组织革命党派排满除清。当时在全国各地的主要革命组织大致有：兴中会、共进会、文学社、华兴会、光复会和中国同盟会等。从会晤手稿内容中的第三条可以得知，该组织当时所处的社会区域地盘省份为：广东、广西、云南、贵州、福建、湖南、湖北和江西。当时在华南一带活动的革命组织有兴中会，兴中会在1903年组织了大明顺天国起义，并推举容闳为临时政府大总统。手稿第四点物色总统人选名单中包括了容闳。例二：林乐知外孙乔治·洛尔（George R. Loehr）撰写的有关其外公的一份题为 *Young J. Allen and Mandarins* 的文章手稿中有这样一段话：

> 1907年2月，林乐知先生在给他大学时的好朋友乔治·亚珀若（George W. Yarbrough）的信中是这样预言中国形势的："我们正在过中国春节，到处都异常地安静。但是动乱时刻就要到来。改革和变化是大势所趋。全国各地的动荡和巨变是不可避免的。只有剧烈的爆炸，才能穿破这巨大的岩石。中国必须要这样。中国必须要经过这样巨大的暴力行动和全国大讨论，才能实现平等自由以及将来社会制度各方（行政，立法，司法）的平衡。这个时刻就要到来。这个目标已定，全国都在为之而奋斗！"

林乐知的这段话虽是在预言中国的未来，但若与有关会晤的手稿联系起来，可大胆推测林是知道革命组织的"动乱"计划的，且革命行动的时间大约在1907年2月之后。

尽管仅就林乐知这份会晤记录手稿尚不能判断出林乐知是和哪次活动、哪个革命组织和革命党人会晤，也不能断定会晤的内容与中国历史中哪次起义有关，但有一点可以确定：林乐知参与了其制定革命行动纲领和建立新政府计划的讨论。手稿所反映的谈话内容是相当敏感和严肃的，内容涉及以下几方面：建立一个独立的政党，要保持这个党的绝对纯洁性，不与秘密社会、叛乱暴徒有任何联系；有坚定明确的纲领，即建立类似美国的"中华共和国"；谈及了类似美国政府的共和国总统人选；筹备军队及军需运输；革命成功后的新政府如何获取外国政府的承认等。会晤内容的严肃性及影响性可以说是地道的革命行为。

林乐知在晚清中国不仅著书办报表达他对中国社会和中国前途的关心,而且投入到中国改革、革命的进程中。他真挚的言论和行动赢得了当时中国人民和革命党人对他的信任。否则,革命人士怎会与其交谈涉及中国前途和命运的重大事件呢?

结论

目前学术界对林乐知的研究已经肯定了其在翻译、出版和办学三方面影响和推动了晚清中国社会发展。而这两份档案手稿为学者们呈现出了林乐知直接投入晚清中国社会政治活动的另一面,即发表演讲,以及参与改革人士、革命党人组织推翻清政权、建立"中华共和国"的商谈计划活动。这些原始文献为进一步开展林乐知研究提供了可能性,也为一百多年后的今天追溯林乐知在晚清中国真实活动的历史情景提供了研究空间。

致谢:作者十分感谢爱默蕾大学图书馆的萨拉·沃德(Sarah R. Ward)帮助解译手稿。十分感谢匹兹堡大学东亚研究图书馆馆长张海惠提供的宝贵修改建议。

关于十六阿罗汉的名称及藏译汉问题

◎陈智音①

摘　要：

阿罗汉信仰在北传大乘佛教（包括汉传及藏传佛教）流行地区影响深远，其中供奉十六阿罗汉是这一信仰中的一条主线。但对于十六阿罗汉信仰在汉、藏佛教之间的交涉，目前学术界尚无深入研究。笔者在翻译一部藏文文献过程中遇到藏传十六阿罗汉名称与汉传佛教名称之间的差异问题，如何在准确对译藏文名称的同时，与汉文佛教典籍中已有的传统译名取得对应关系，成为这一翻译项目中的一个难题。本文将以十六阿罗汉名称差异问题为核心，以文献比较学与经典释义学为基础，重点介绍十六阿罗汉名称在藏传佛教典籍中呈现的情况，诠释一种新的翻译方法论并分享研究过程中所发现的一些有趣现象。

关键词：

阿罗汉；罗汉；十六阿罗汉；佛教翻译；文献对勘

On the Names and Their Translations of the Sixteen Arhats from Tibetan Tradition

◎　Sherab Chen

Abstract：

The worship of Arhats has gained a popularity in the Northern Mahayana Buddhists (both Han Buddhists and Tibetan Buddhists) lands in the history. This tradition is centralized with the worship

---

①　陈智音，英文名 Sherab Chen，美国俄亥俄州立大学图书馆副教授、电子资源与元数据编目图书馆员。

of sixteen special Arhat figures. Less scholarly researches have been made on this important phenomena, even lesser on the exchange of this worship between the Chinese and Tibetan traditions. The author will present here his new translation methodology based on textual collation and hermeneutics, and the final production of a new set of Buddhist proper names translation, along dealing with an obvious difference of the names of the Sixteen Arhats when he was translating a Tibetan Sixteen Arhat sadhana text. He will also share his related research on the names of the Sixteen Arhats in Tibetan tradition, and interesting findings along that translation project.

Keywords：

Arhat；Sixteen Arhats；Buddhist translation；Textual collation

一、引言

本文是笔者翻译一部藏传佛教十六尊者供奉仪轨文献[①]的研究余绪。广义而言,阿罗汉信仰在北传大乘佛教(包括汉传及藏传佛教)流行地区影响深远,不仅作为一种活着的宗教形式存在于汉、藏佛教寺院之中,而且也作为民间信仰在诸多小说、绘画与其他艺术形式中得以生动体现。阿罗汉信仰中的一条主线即供奉十六位(或十八位)特殊的阿罗汉,其核心内容是说有十六位德高望重的佛教苾刍,虽然他们都证得了阿罗汉果位,但受释迦牟尼佛的嘱咐,不般涅槃,为了住持佛法,久住世间。这种大乘阿罗汉思想与南传佛教的阿罗汉灰身灭智的思想有本质的不同。对于这一十六阿罗汉信仰在汉、藏佛教传统之间的交涉,目前学术界尚无深入研究[②]。笔者在进行翻译过程中便遇到藏传十六阿罗汉名称与汉传佛教名称之间的差异问题,如何在准确翻译藏文名称的同时,与汉文佛教典籍中已有的传统译名取得对应关系,成为这一翻译项目中的一个

---

① 即雍增·益希坚参(yongs vdzin ye shes rgyal mtshan,1713—1793)的《供养启请牟尼主与十六尊者法——增广牟尼圣教如意摩尼》(*Thub dbang gnas brtan bcu drug dang bcas pa la mchod cing gsol ba gdab pa'i tshul thub bstan rgyas byed yid bzhin nor bu*，TBRC—1224,p.135—169)。

② 关于汉、藏佛教中十六或十八阿罗汉的比较,参见黄春和《汉藏所奉十六罗汉、十八罗汉辨异》一文(《内明》第296期,1996年11月)。

难题。本文将以十六阿罗汉名称问题为核心，以文献比较学及释义学为基础，重点介绍十六阿罗汉名称在藏传佛教典籍中呈现的情况，诠释一种新的翻译方法论并分享研究过程中发现的一些有趣现象。因研究关注的重点并非十六阿罗汉或十六尊者的信仰流传等其他方面的问题，故本文仅涉及与汉藏文献差异及翻译名义紧密相关的内容。

二、技术说明

（一）关于"阿罗汉"与"尊者"二种称谓

仅就汉译而言，"阿罗汉"是梵文 arhan 的汉文音写，因为这一梵文术语具有多种释义性，因此玄奘等古典译师提供了"阿罗汉"这一音写法[①]。但由于中国人尚简的作风，阿罗汉这一名词后来被简化为"罗汉"，并且这一简化形式在民间已经基本上取代了作为正规称谓的"阿罗汉"一词。尽管如此，从文献学及释义学研究角度，在本文中笔者仍将使用这一术语的经典正规译法"阿罗汉"。

"尊者"是梵文 Sthavira 一词的意译。这个词本意为"耆长"[②]，在佛教中用指在僧团中因戒腊（即戒龄）较高而尊居首位者，相当于"长老"这类称谓。而具体在供奉十六阿罗汉这一上下文中，"阿罗汉"与"尊者"所指相同，因此"十六阿

[①] arhan 为梵文 arhat 一词单数主格形式。玄奘译例有音写与意译两种，分别是"阿罗汉"与"应"，此名词在古汉译文献中也译作"应供"（意为应得到供养崇敬）。藏译则以 dgra bcom pa 对译梵文 arhan（阿罗汉），其中 dgra 意为敌人、bcom pa 意为杀者。《翻译名义大集》二卷本译语释中说："arhan 释义之一为 pūjām ar[a]hatīti arhan（值得供养名为阿罗汉），应得天及人等一切供养，因此亦可译作 mchod vos（应供）。释义之二为 kleśa-arin hatavān arhan 即杀烦恼敌故名为 dgra bcom pa，故亦可如是译。从此二中，此［词条］为依此［后者］之释义而作 bgra bcom pa（杀敌）"。雍增益希坚参在其《随念三宝功德法解释》中释为"所谓 bgra bcom pa，即烦恼连同习气无余断除之义"（dkong mchog gsum gyi yon tan rjes su dran pa'i thsul rnams par bshad pa thub bstan gsal ba'i sgron me, TBRC W1GS103597, 叶 9）由此可知藏传佛教主要采取了 arhat 所带有的"杀敌者"这一释义（这里的敌人不是外部的而是指内在的烦恼）。考虑到梵文释义法多重性及藏译与古汉译译法取向差异，我们在翻译中主要采用"阿罗汉"这一音写法。

[②] 梵文 sthavira 一词字面意思为"坚固"，这一含义在藏文对译中得以精确地体现，藏译 gnas brtan 字面意思就是"坚固安住"。Sthavira 是一佛教专门术语，玄奘译作尊者、众首、耆长、上座等。现在我们称南传佛教为"上座部"就是因为该部派的梵文名称为 Sthavira-vāda，这一梵文名词在巴利语中转变为 Therivāda, Therivāda（Therivada）已成为目前流行的对南传佛教的称呼。

罗汉"即"十六尊者"。"阿罗汉"是从其修证果位而言,而"尊者"是从其身份即在僧团中的地位而言。此外,我们在翻译过程中还发现一个有趣现象,即在汉传佛教文献中大家比较熟悉"阿罗汉"这一称谓,而不太知道"尊者"这一称谓,而藏传佛教文献则较多使用"尊者"(gnas brtan)这一称谓。在大多数藏传佛教文献中这十六位人物都被称作 gnas brtan bcu drug(十六尊者)。鉴于本文核心在于藏传佛教"十六尊者"名称的翻译,以及与汉传佛教经典中十六阿罗汉名称相符合的问题,下文中也将主要使用"十六尊者"这一称谓。

(二)关于"十六阿罗汉"与"十八[阿]罗汉"的问题

首先要明确的是,本文所述及的是佛教经典文献中出现的十六阿罗汉或十六尊者,而并非汉传佛教地区民间流传的"十八罗汉"。之所以有十八之数,是因为不论是在汉传还是藏传佛教的十六阿罗汉供奉系统中,都增加了两位特殊人物,而这两位人物严格地说都不是"阿罗汉"。关于这两位增加的人物在汉、藏佛教传统中的差异是一个比较复杂的问题,并非本文篇幅所能涵盖,暂不予讨论。

此外,因本文属于记述翻译过程中的研究,所以下文中"译者"即笔者、"本译"即本文所述翻译项目。本文中所使用的梵文罗马转写法为国际梵语转写字母标准(International Alphabet of Sanskrit Transliteration),藏文转写法为扩展威利转写法(Extended Wylie Transliteration,第 23 字母出现在字首时用 v 转写)。特此说明。

三、藏汉十六尊者名称典籍溯源

汉文大藏经史传部中,玄奘所译《大阿罗汉难提蜜多罗所说法住记》(以下简称《法住记》)[①]是汉传佛教典籍中唯一明确提供十六尊者(阿罗汉)名称的权威资料。现存最早提及十六尊者的汉译佛典是公元五世纪北凉道泰所译的《入

---

① 本文各种典籍文献均以综述形式提出,具体文本及书目信息请见参考文献表。

大乘论》,但该论中仅提及"尊者宾头卢、尊者罗睺罗"①两位尊者名称。其他早期汉传佛教典籍虽然也有提及十六尊者,但均未提供具体名称②。自唐末五代十六尊者信仰深入民间,并经文人画家的描摹,逐渐演变为"十八[阿]罗汉"的传说。然而这增加出的两位到底是谁,说法历来不一,甚至原本的十六阿罗汉名称也出现了不一致的混乱现象。直到清朝,乾隆曾经试图以藏传佛教传承的名称来厘定汉传佛教文人画中的十八阿罗汉名称,但他所做的也只是将几个藏文名称音译后以"钦定"的名义取代原先存疑的名称,而并没有从根本上解决汉译十六尊者名称的问题。

在藏传佛教《丹珠尔·律部》中有一部与《法住记》相应的译本,藏文标题为vphags pa dga' ba'i bshes gnyen gyi rtogs pa brjod pa(圣者庆友之解说,以下简称《庆友解说》),篇首有梵文标题作 ārya-nandimitra-avadāna(阿尔雅难提蜜多罗阿波陀那),由阿氏多室利跋陀罗(ajita-śrībhadra,无能胜吉祥贤)与释迦沃(shAkya vod,释迦光)译出。若将汉文《法住记》与藏文《庆友解说》这两部文献进行比较即可发现二者无论在内容、标题及体裁上都有极大的一致性,与此同时二者在具体叙事内容,包括各尊者的随从人数及住处等细节上也有许多不同之外,特别是在几位尊者名称上存在一些明显差异。这些异同点充分说明这两部文献是与印度同一典籍但不同文本相对应的汉、藏译本,而藏译本并非是从汉译本转译的结果。

除了《庆友解说》之外,藏传佛教典籍中还有一部归属喀切班钦③的十六尊者礼供文,其影响实际上比前者更为深远。喀切班钦,全名喀切班钦·释迦室利跋陀罗(kha che paN chen śākya śrībhadra,1127—1225),有时也被称作班

---

① "又尊者宾头卢。尊者罗睺罗。如是等十六人诸大声闻。散在诸渚。于余经中亦说有九十九亿大阿罗汉。皆于佛前取筹护法住寿于世界。"(《大正藏》T32,no.1634)

② 另有存于《卍新纂续藏经》中的一部归属为唐阇那多迦翻译的《十六大罗汉因果识见颂》也以音写形式提供了十六阿罗汉的名称,但此部典籍的可靠性尚待进一步研究。(《卍新纂续藏经》第 2 册,no.207)

③ 喀切班钦是梵藏混合译名。"喀切"(kha che)即迦湿弥罗(kasmira,今称克什米尔)的藏文音译名,"班钦"(paN chen)中的"班"(paN)字即梵文 pandita(班智达,意为智者或善巧者)的简写,chen 是藏文大的意思,合起来就是"大班智达"的意思。

钦·释迦室利,于公元十三世纪初(1204—1213)来西藏弘法。这篇归属于他的礼供文,藏文流通标题为 paN chen shAkya shrI mdzad par grags pa'i gnas brtan phya mchod(传为班钦释迦室利所造尊者礼供,常略作 gnas brtan phya mchod,即"尊者礼供",因此以下简称之为《尊者礼供》)。这篇礼供文以偈颂体写作,其主要特色在于分别描述了十六尊者的形象特征,包括每位尊者的手印及所持标识等细节。喀切班钦作为一位对藏传佛教后宏期有重要影响的印度传法大德,归属于他的这一礼供文中所提供的十六尊者形象以毋庸置疑的权威性得到观修者们的青睐与重视,并成为藏传十六尊者造像的典籍根源之一。

因此后来许多藏传佛教十六尊者仪轨类文本并不使用《庆友解说》中的名称形式,而是引用《尊者礼供》中出现的形式。这一情况与本翻译项目干系重大,因为我们所要翻译的雍增·益希坚参(yongs vdzin ye shes rgyal mtshan,1713—1793)的供养启请十六尊者仪轨就是沿袭喀切班钦的传统,其中不仅包含了喀切班钦的尊者礼供文,而且仪轨各处中十六尊者的出场次序也都是按照这一礼供文中的排序。

在丹珠尔中还有一部古藏译文献,藏文标题为 gnas brtan spyan drang ba,意为"迎请尊者文"①。但这部文献中实际上仅列举了十位尊者的名称,而且在这十个名称中还有四个与上述《庆友解说》及《尊者礼供》中出现的名称形式差异甚大。此外,这篇《迎请尊者文》并未提供任何关于十六尊者事迹以及形象等具体内容。

鉴于《庆友解说》与玄奘《法住记》为直接对应的藏汉文典,而本翻译项目中的十六尊者藏文名称形式是属于喀切班钦《尊者礼供》系统,我们将以《庆友解说》及《尊者礼供》为抉择名称翻译的主要藏文典籍依据。而《迎请尊者文》因其所提供的名称数目不全加之其中很多名称形式与上述二种文献之间有差异,故我们未以此部文献为主要翻译依据。

---

① 藏译篇首提供的梵文标题为 sthaviropanimantraṇa,作者署名 bhāvaskanda,由印度译师 jinamitra 与西藏译师 ye shes sde 共同译出(P.5697 v.129)。

四、藏汉十六尊者名称差异及新译方法论

在《法住记》中，玄奘对十六尊者的梵文名称均以音写法处理，没有作意译。与此相异，在藏传佛教典籍中，不论是阿氏多室利跋陀罗等所译《庆友解说》还是喀切班钦的《尊者礼供》，都对十六尊者名称基本上完全作意译。因此在十六尊者名称的藏汉差异中，我们再次看到传统藏汉翻译取向的不同，即藏文多取意译，汉文多取音译。虽然理论上（在名称对应的前提下）我们可以继续使用玄奘的音写法来对译藏文仪轨中的十六尊者名称，但考虑到一者玄奘音写的梵文名称大多比较冗长，有些还用字生僻，不适于灵活对译仪轨类及偈颂体中的藏文意译名称；二者，我们既然在进行由藏译汉的工作，也应适宜地体现藏传文本中的意译风格。

在翻译过程中，我们还发现，若将玄奘的汉文音写名称还原为梵文形式，再与藏文名称进行比对，就会发现有几位尊者的名称存在明显差异。与此同时，藏文《尊者礼供》中十六尊者不仅在排序上与《庆友解说》中的次序不同，而且一些名称形式本身也不完全对应。换言之，藏传十六尊者名称本身也存在差异性。这些都是新译所面临的难题。

虽然如扎雅·洛丹喜饶所说："因为所有尊者均已证得阿罗汉位，所以很明显他们在证悟上是相等的，因此将他们（按照供养者的特别需要）进行不同的排列次序不能说是某种错误"，并且"十六尊者每位都因各自世间活动而可以有多个名称，不同的作品也会用不同的名号来指称同一位尊者，甚至一些细节如随行人数及住处上也存在差异……但这些名称及住处等上的差异不应产生如叙述普通人物时会出现的疑虑或矛盾"[①]，但是对于翻译而言，十六尊者名称形式之间的差异加上不同系统中的不同排名次序，的确给确定译名带来困难。

针对这些问题，我们制定的翻译原则是：首先对勘《法住记》《庆友解说》及《尊者礼供》三种文献中的十六尊者名称，找到对应关系，然后对十六尊者名称

---

① Dagyab, Loden Sherap（扎雅·洛丹喜饶）: The Sixteen gNas-brtan (sthāvira), *Tibetan Religios* Art Part 1 (《西藏宗教艺术》, p.60—61), Otto Harrassowitz, Wiesbaden, 1977.

尽量随藏文名称而作意译，只有在不适于意译的情况下，据其梵文形式并参照玄奘的《法住记》中的音写法而作音译。因为本译仪轨中引用的是喀切班钦的《尊者礼供》，而非《庆友解说》，所以我们最后的译名也是对译前者系统中的藏文名称。

五、文献综述

为准确翻译本仪轨中喀切班钦《尊者礼供》系统的十六尊者的名称，并且达到尽量按照藏文作意译的目的，我们认为在对勘《法住记》《庆友解说》与《尊者礼供》的基础上，还需查询有关十六尊者传记类的藏文典籍，抉择名称含义，以期作出信、达、雅的汉文译名。

除上述三种根本性典籍外，我们以一些藏文十六尊者传记类文献为辅助资料，参考当代藏传佛教大德的著述，借鉴西方学者的研究成果，对十六尊者名称及其差异性进行了初步研究。当然，译者因时间、精力限制，所能查考之文献远非周全，更多资料尚待补充。

译者查考的藏文十六尊者传记类典籍主要包括以下三部：

（一）十世竹杰堪布·丹增确嘉（bstan vdzin chos rgyal，1710—1767）的 vphags pa'i gnas brtan chen po bcu drug gi rnam par thar pa rdzogs ldan sbyin pa'i rnga dbyangs（圣十六尊者传记圆满布施鼓音）。此部著述为译者所见藏传十六尊者传记类中事迹资料汇集较为详尽者，并且它指出了《庆友解说》与《尊者礼供》中一些译名差异。

（二）六世班禅罗桑华丹益希（blo bzang dpal ldan ye shes，1738—1780）的 gnas brtan bcu drug gi rnam par thar pa（圣十六尊者传记）。这是一部提要性质的著作，在述及十六尊者的住处、族姓、生地等信息的同时列举了不同的藏文译名。

（三）居·弥旁（vju mi pham，1846—1912）的 vphags pa'i gnas brtan chen po bcu drug gi lo rgyus mdor bsdus（圣十六大尊者事迹略摄）。这是

一部十分精炼但内容充实的著述,尤其该书中所提供的十六尊者的梵文名称(藏文转写)及说明,每每有其独到之处,值得重视。

就当代研究而言,迄今为止介绍藏传十六尊者资料最为详尽的,无疑应推扎雅·洛丹喜饶(brag g.yab blo ldan shes rab,英文形式 Loden Sherap Dagyab)的英文著述 *The Sixteen gNas-brtan (sthāvira)*(十六尊者介绍)。① 此文不仅对西藏十六尊者传承的历史进行了考证,也对包括主尊释迦牟尼佛在内的十六尊者及相关人物的事迹和形象都作了较为详细的介绍,并且提供了大量典籍参考书目。值得注意的是,其中十六尊者的名称形式也是主要依据喀切班钦系统。

六、十六尊者名称梵、藏、汉对勘

若要进行上述三种根本性典籍中的十六尊者名称对勘,第一步工作是要将玄奘《法住记》中的音写名称作梵文还原。而这件事我们已经有前人的研究成果可以借鉴。著名法国汉学家莱维与沙畹于 1916 年在《亚洲学报》上发表《关于十六阿罗汉研究》一文②中曾将《法住记》中玄奘音写名称还原为梵文,以此为基础,译者进一步将莱维与沙畹的梵文还原名称与上述藏文典籍中相应的藏文名称作比较研究,并以从查考藏文十六尊者传记类文献中获得的信息为依据,对此二学者梵文还原中的一些疑难点作了考订。

译者经对勘发现,在《法住记》《庆友解说》及《尊者礼供》三种文献系统中,十六尊者名称只有半数在名义上是完全对应的,另外半数在名称形式以及含义上都存在差异或不统一处。以下按《法住记》中十六尊者排名次序列表说明三系统名称对应与差异。在梵文还原栏中首先给出的是莱维与沙畹的梵文还原

---

① Dagya, Loden Sherap(扎雅·洛丹喜饶):The Sixteen gNas-brtan (sthāvira), *Tibetan Religios Art Part* 1(《西藏宗教艺术》),Otto Harrassowitz, Wiesbaden, 1977.

② Sylvain Lévi and Édouard Chavannes:Les seize arhat protecteurs de la Loi, *Journal Asiatique* 8,1916,pp.5—50.

名称，括号中的则是译者根据藏文资料做出考订后的新还原名。然后给出另两部文献中对应的藏文名称。加星号者为梵、藏名称存在差异或有值得讨论之处的。为方便查对，在尊者礼供译名栏中亦给出该系统的排序号。为保持与古籍文献一致，表中汉文音写名栏内均用繁体字（下同）。

玄奘音写名	梵文还原名	庆友解说译名	尊者礼供译名
1 賓多羅跋囉惰闍	piṇḍola-bharadvaja	b[h]a ra dwa dza bsod snyoms len	12 bharadhvaja bsod snyoms len
2 迦諾迦伐蹉	kanakavatsa	gser be'u	7 gser be'u
3 迦諾迦跋釐墮闍	kanaka-paridhvaja (kanaka-bharadvaja)	b[h]a ra dva dza	8 bharadhvaja gser can
4 蘇頻陀*	subinda	mi phyed pa*	16 mi phyed pa*
5 諾距羅*	nakula	shing shun can*	9 ba ku la*
6 跋陀羅	bhadra	bzang po	6 bzang po
7 迦理迦	kālika	nag po	4 dus ldan
8 伐闍羅弗多羅*	vajraputra (vajriputra)	bad sa'i bu*	5 rdo rje mo'i bu*
9 戌博迦*	śvapāka (gopaka)	ba lang skyong*	15 sbed byed*
10 半託迦*	panthaka	lam pa*	13 lam bstan [brtan]*
11 囉怙羅	rāhula	sgra gcan vdzin	10 sgra gcan vdzin
12 那伽犀那	nāgasena	klu sde	14 klu'i sde
13 因揭陀*	iṅgada (aṅgita/ aṅgaja)	zur gyis shes*	1 yan lag vbyung
14 伐那婆斯	vanavāsi	nags na gnas	3 nags na gnas
15 阿氏多	ajita	mi pham pa	2 ma pham pa
16 注茶半託迦*	cūḍapanthaka	gtsug gi lam*	11 lam phran bstan [brtan]*

对勘玄奘音写的梵文还原与二种藏文根本文献中的译名可发现，只有一位尊者的名字不仅在三个系统中排序位置一致，而且其名称的梵、藏文含义也完全相同，那就是第六位尊者，藏文文本中一致写作 bzang po，对应梵文 bhadra

(玄奘音写"跋陀罗"),意为贤者。除此之外,具备名义完全对应关系但排序不同的有七位(因此名义相应者总共有八位),名称形式或含义存在差异的有八位,有些可确定为同人异名,有些则在名称形式上无法统一。

七、十六尊者名称新译法

查考梵、藏名称之间的对应及差异之后,我们对本译仪轨中出现的十六尊者名称作了三类翻译处理(译法类别):(1)只要适宜意译的即根据藏文进行意译;(2)不适于意译的根据对应的梵文还原进行音写;(3)必要时进行音写与意译结合。

下面按照本译仪轨(即《尊者礼供》系统)中的出场次序,首先给出的藏文名称形式,然后给出我们在本次翻译项目中抉择的新汉译:

藏文名称	新译	译法类别
1 yan lag vbyung	支分生	(1)
2 ma pham pa	無能勝	(1)
3 nags na gnas	住林	(1)
4 dus ldan	具時	(1)
5 rdo rje mo'i bu	伐闍黎子	(3)
6 bzang po	賢者	(1)
7 gser be'u	金犢	(1)
8 bharadhvaja gser can	跋羅多闍具金	(3)
9 ba ku la	跋怙羅	(2)
10 sgra gcan vdzin	囉怙羅	(2)
11 lam phran bstan (lam phran brtan)	小路	(1)
12 bharadhvaja bsod snyoms len	跋羅多闍受信施	(3)
13 lam bstan (lam brtan)	大路	(1)
14 klu'i sde	龍軍	(1)
15 sbed byed	覆隱	(1)
16 mi phyed pa	不可壞	(1)

八、新译法说明

以下举例说明在我们翻译本仪轨中十六尊者名称译法,同时讨论梵、藏名称差异及疑难之处。

(一)作意译处理者

1. 第一位 yan lag vbyung

根据竹杰堪布·丹增确嘉《十六尊者传记》,因为此尊者是于其生母死后从其被焚烧的尸体之腹部生出,非正常出生,所以取名 me skyes(火生)、yan lag vbyung(支分生)或 zur gyis shes(侧知)。其中第三个名称 zur gyis shes 正是《庆友解说》中此尊者之藏文译名。zur gyis shes 字面上有"由旁侧而知"或"非直接得知"之义,这里的 zur gyis(从侧面)也可能是梵文 aṅga(支分/旁支)的另一种藏文释义,因此可能与 yan lag vbyung(支分生)有相似的含义。但扎雅仁波切则说 zur gyis shes 意为 quick of understanding(速知?)。此尊者藏文名称,除《庆友解说》给出 zur gyis shes 这一不甚常见的译名之外,在其他藏文典籍中最常见的形式是 yan lag vbyung,但这一名称之梵文还原却有相当疑难之处。

莱维与沙畹将玄奘音写"因揭陀"还原作 ingada,但在文章中标注存疑。inga 的词根 ing 有移动、扰动等义,inga 意为可移动并引申出"奇异"等释义。虽然这一还原在发音上的确非常接近玄奘的"因揭陀",但含义上则似乎无法与常见的藏文译名 yan lag vbyung(支分生)对应。而且 ingada 这一构词形式也令人生疑(不见于任何梵文辞典中)。

若从藏文最常见形式 yan lag vbyung 出发,其梵文应还原为 aṅgaja。aṅga 即"支分",相当于藏文 yan lag,ja 即"出生",相当于藏文 vbyung。这也正是目前学术界比较一致的选择。但问题是 aṅgaja 的发音与玄奘音写"因揭陀"有相当差异,特别是最末的 ja,无法与"陀"所能代表的梵文音节相对应。

令人振奋的是译者在居·弥旁大师的《十六大尊者事迹》中找到了既支持

玄奘音写法又符合藏文 yan lag vbyung 名义的梵文还原：aṅgita。aṅgita 词根仍为 aṅga（支分），aṅgita 有"从 aṅga（支分）衍生者"之义，这正符合藏文 yan lag vbyung 的含义。而且 aṅgita 的发音更接近玄奘音写的"因揭陀"。虽然表面上起头的 aṅ 似乎不如 in 更接近"因"，但译者认为"因"仍然可以是梵文上颚鼻音 aṅ 的近似音写。因此可以说居·弥旁的 aṅgita 是与玄奘因写的"因揭陀"、藏文 yan lag vbyung 最为对应的梵文名。

总之，尽管对此尊者梵文名称的认识存在一些分歧（aṅgita/aṅgaja），但因为本译仪轨随顺《尊者礼供》，在这一系统中此尊者的藏文名称形式为 yan lag vbyung，不仅是最常见的形式，而且与上二种梵文名均相对应，所以我们对译作"支分生"是其不二的选择。

2. 第十一位 lam phran brtan 与第十三位 lam brtan

根据传记为兄弟二人（前者为弟，后者为兄），因此名称中有相同部分。我们的译名分别是"小路"与"大路"。此二尊者藏文名称写法在各文本中不尽统一。在本译仪轨所据文本及一些其他引用《尊者礼供》的文本中分别写作 lam phran bstan 与 lam bstan，但也有一些《尊者礼供》系统的文本中则写作 lam phran brtan 与 lam brtan，也就是 bstan 与 brtan 字之别。而写作 brtan 字的形式在竹杰堪布·丹增确嘉及班禅罗桑华丹益希的两种传记文本中得到支持，在此二文本中二尊者名均作 lam phran brtan 与 lam brtan。《庆友解说》中的藏文名称形式则与此完全相异，分别写作 gtsug gi lam 与 lam pa，没有出现 bstan 或 brtan 字。以竹杰堪布·丹增确嘉著述为代表的十六尊者传记文献为我们抉择这一名称形式差异提供了线索：

根据此十六尊者传记，此二尊者的父母是婆罗门族，因先所生之子女均夭折，后来又生子后，有一老妇为他们献策，将幼儿用白布包裹，口涂酥油，派一个年轻使女将之放到十字路口，然后代他向所有路过的婆罗门或沙门顶礼，祈求他们的祝福。日落时使女在路口探视发现孩子没有死，于是抱回家中，因此取名 lam brtan（字面意为"路托付"或"路坚固"）或 lam chen pa（意为"大路者"），此即兄长得名之由来。后来其弟出生后，父母也是这样做而得成活，所以取名 lam phran brtan（意为"小路托付"或"小路坚固"）或 lam chung ba（小路者）。

据扎雅·洛丹喜饶,叫作"小路"的原因是因为这次这个使女偷懒,没有将孩子带到大路口,而是放到了一个偏僻的小路口。但恰好释迦牟尼佛从该处路过,为其亲作加持授记。由此传记我们可以推断,此二尊者名称中存异之字应该是 brtan 字更为合理,而不是 bstan,因为藏文 brtan 字有两种释义,一为托付,一为坚固,而不论是取托付还是坚固之义,都正符合此二尊者因托付在路口而得以延寿存活(坚固)之得名缘由。而藏文 bstan 字(名词)则意为教法或作为动词 ston 显示或开示的分词形式。如果是 bstan 字则尊者名称成为 lam bstan,意为"路教"或"路示",既与传记所记得名缘由不符,也与下面将要对照的梵文名义不相符合。另外,一些文本中此名称写作 lam bsten,bsten 有依止或依靠的意思,而字形与 bstan 近似,或许这就是在藏文书写中发生混淆的一个原因。

玄奘《法住记》中此尊者兄弟二人的名称"半托迦"(兄)与"注荼半托迦"(弟)分别可还原为梵文 panthaka 与 cūdapanthaka。梵文 panthaka 意为"出生于路者"(根据 Monier-Williams 与 Apte 梵英大辞典),因此这一名称与藏文 lam brtan 可以说是完全相应的。而梵文 cūda 则有两种释义,一为愚痴,一为头顶之髪髻(Monier-Williams),而此二释义均可找到藏文文献的支持。根据十六尊者传记,作为弟弟的 lam phran brtan 慧力很低,出家后一个偈颂三个月都记不住,后来是佛陀教他去扫地,在扫地同时口诵"除尘除垢",最后领悟尘垢并非地上尘土,而是贪瞋痴尘垢,从而证阿罗汉果;这是此尊者名称前冠以 cūda(愚者)之缘由;而阿氏多室利跋陀罗与释迦沃在《庆友解说》中将此尊者名称译作 gtsug gi lam,意为"顶髻路",正是梵文 cūdapanthaka 中 cūda 取顶髻之释义的对译。但是 gtsu gi lam 这一形式,除了在《庆友解说》中出现之外,并不常见。

此外,玄奘音写"注荼半托迦"一名亦可按发音还原梵文作 cudapanthaka (第一音节为短元音),而梵文 cuda 则有分开或变小等义,因此这一尊者藏文名 lam chung ba(小路者)与 lam phran(小路)等应当是这种梵文名称形式的对译。

以上文献对勘研究显示,lam brtran 与 lam phran brtan 应该是此二尊者藏文名称较为规范的写法。虽则如是,鉴于也有一定数量的藏文文本(包括我们翻译的仪轨)中此二尊者名称写作 lam bstan 与 lam phran bstan,我们也无法完全否定该种写法的合理性。

综合上述分析,译者认为此二尊者藏文名称首先应按照丹增确嘉及罗桑华丹益希十六尊者传记文本中的形式规范化为 lam brtan 与 lam phran brtan,其次,因为 brtan 字的多释性而无法以简单的汉译体现,加之存在 bstan 字写法可能性,所以在此仪轨文中,lam brtan(兄名)宜译作"大路",lam phran(弟名)译作"小路"。如是译法也适用于此二尊者藏文名称没有 brtan 字的形式如 lam pa(路者)与 lam chen pa/lam chen po(大路者)及 lam phran（小路）与 lam chung ba(小路者)等的对译。

3.第十五位 sbed byed

莱维与沙畹的梵文还原为 śvapāka,śva 意为犬,pāka 意为烹煮,śvapāka 意即"烹犬者"(这一名称似乎暗示低级种姓)。莱维与沙畹的梵文还原显然是依据玄奘的音写"戍博迦"(śva＝su＝戍),但其"烹犬者"的名义没有任何藏文典籍的支持。而此尊者名称在藏文文献中也不统一。六世班禅罗桑华丹益希之 vphags pa'i gnas brtan bcu drug gi rnam par thar pa(圣十六尊者传记)中说此尊者即释迦牟尼佛五胁侍苾刍中第四位,梵文名称 gopati,藏文 ba lang bdag,意为"牛主"。而丹增确嘉则引《庆友解说》(dga' ba'i bshes gnyen gyi rtogs brjod),其中该梵文名称被译作 ba lang skyong,意为牛护。"牛护"一词对应梵文名称 gopaka。照此看来,在藏文系统中此尊者名称似乎均与"牛"相关,而与"犬"无缘！而由藏文文献得出梵文名发音也无法与玄奘所译《法住记》中的"戍博迦"相对应。

但根据扎雅·洛丹喜饶,绰普译师(khro phu lo tsa ba)将梵文 gopaka 一词译作 sbed byed(覆盖隐藏),而这一藏文译名同样出现于喀切班钦的《尊者礼供》之中,这一线索促使我们重新解析梵文 gopaka 一词的含义。原来 gopaka 一词可作二种释义:一为取 go 作为"牛"的含义,加词根 pā(守护)而得出藏文对译 ba lang skyong 即"牛护";一为直接由词根 gup 演变(元音 u 发生二合变化为 o)而成 gopaka,而 gup 有"盖覆""隐藏"(延伸为"守护")等含义,因此得出藏文对译 sbed byed(覆隐)。而查考此尊者传记中的信息可知 sbed byed(覆隐)的释义更为符合。根据传记，这位尊者出生于一个富人家庭，但从出生即身体生疮，父母一直用布覆盖遮掩其身体，长大后出行时也派人严加看护，因此他得名 gopaka。至此可知，藏文《庆友解说》中的"牛护"（ba lang skyong）译法是取其 go-pā 的释义法，与尊者传记内容不相应。本译遵循《尊者礼供》系统及绰普译师的释义传统而将此尊者藏文名称 sbed byed 一词译作"覆隐"。

(二)作音写处理者

1.第九位 ba ku la

ba ku la 显然是藏文对某一梵文名称的音写，梵文 bakula 是一种树的名字。在藏传文献中排名第九位被称之为 bakula 的尊者，在汉传译名中表面上找不到，而其实他就是汉传文献中排名第五位的"诺距罗"。我们之所以能够作此肯定判断，是因为"诺距罗"可还原为梵文 nakula，而 nakula 是一种神兽，藏译 ne'u le。这种神兽可能就是善于捉蛇的獴鼬。而这位尊者手中就拿着这样的神兽。藏传仪轨中明确说明此尊者形象特征就是"以其双手持獴鼬"。这位尊者因为手持诺距罗（獴鼬）所以即被称作"诺距罗尊者"（持獴鼬尊者）。至于为什么藏传文献中采用了 bakula 而不是 nakula 的名称形式，目前尚无法定论。总之因为这一尊者的藏文名称 ba ku la 本身就是一种梵文音译，所以不适宜再作汉文意译，我们将其音写作"跋怙罗"。

(三)音写与意译结合者

1.第五位 rdo rje mo'i bu

藏文 rdo rje mo'i bu 由 rdo rje mo 与 bu 两部分组成，其中 rdo rje mo 是 rdo rje 的阴性形式，梵文 vajri（vajra 的阴性形式），bu 是"子"的意思，因此这一名称就是说他是叫做 vajri 的儿子。这与由玄奘音写的"伐阇罗弗多罗"所得梵文还原 vajra-putra 基本相应，唯一区别在于玄奘的音写中 vajra 为阳性词。按照我们的翻译原则，即尽量随顺藏文传统，因此我们采取音写与意译结合法处理为：伐阇黎子。

2.第八 bha ra dhva ja gser can 及第十二 bha ra dhva ja bsod snyoms len

首先，这两位尊者名称的一个共同特点就是都有 bharadhvaja 这一梵文称谓片语。但玄奘的音写却给出不同形式即"跋啰惰阇"与"跋厘堕阇"（玄奘名称序列第一及第三）。这一片语在旧译也写作"跋罗堕阇"等。这个称谓的写法及其含义值得讨论。

根据《翻译名义大集》（第3468条），此称谓的梵文写作 bharadvāja，这一形式符合标准梵文文献（见 Apte 及 Monier Williams 梵英词典）。而流通藏文本（如本译仪轨）常转写为 bharadhvaja。如果按照前者的写法：bharadvāja＝bharat＋vāja，bharat 意为"持"或"负"，vāja 意为"速力"或"翼"，则此称为有"持速力"（疾飞）的意思。梵语文献中 bharadvāja（持速力）既是一种擅于飞行的鸟（即云雀）的藻名，也是一（或数）位古仙人之名。如果按照后者的写法，bhara 意为"持"，dhvaja 意为"幢"或旗帜，此名称则有"持幢"的意思。

有趣的是，《翻译名义大集》虽给出 bharadvāja 这一写法，但却对译作 bhara rgyal mtshan，其中 bhara 部分仍为音写，rgyal mtshan 意为"幢"，而 rgyal mtshan（幢）的梵文对译应该是 dhvaja 而不是 dvāja。很明显，这是因为梵文字母 d 与 dh 发生混淆的结果。尽管《翻译名义大集》的确给出一种符合标准梵文文献的写法即 bharadvāja（持速力），但以后藏文文献通常将此名称写作 bharadhvaja（持幢）。

译者认为，出现于此二尊者名称中的这一称谓片语，比较合理的解释应该是一种姓氏形式。并且按照梵文规则，应写作 bhāradvāja。因为梵文名词第一音节中的元音强化为三合元音，表示一族或一类人。名字带有 bhāradvāja 时，就是说这个人是 bharadvāja 的后裔。根据印度史诗《摩诃婆罗多》，bharadvāja 是一位重要的婆罗门仙人。

六世班禅罗桑华丹益希在 vphags pa'i gnas brtan bcu drug gi rnam par thar pa（圣十六尊者传记）中讲到第八位尊者出身时也说"婆罗门有三族姓：ko sa 姓、bas sa 姓、bharadhvaja 姓。此圣尊者是 bharadhvaja 姓"。这一点也有汉文佛典文献的佐证，如《卍新纂续藏经》第二册（no.270）附于归属唐阇那多迦所译的《十六大罗汉因果识见颂》之后的《十六大阿罗汉圣迹附》（270－B）中有："梵语跋啰惰阇华言捷疾姓也"，此处"捷疾"符合梵文 vāja 释义，最关键的是

"捷疾姓"的"姓"字，明显系指 bhāradvāja 这一姓氏。因此汉文文献支持 bharadvāja 或 bhāradvāja 的梵文还原，并且与《摩诃婆罗多》等标准梵文文献一致。为求便于读诵起见，我们将此片语统一音写处理为"跋罗多阇"。

第八位尊者名称中的 gser can 意为"具金[色]"，这与由玄奘音写"迦诺迦"所得梵文还原 kanaka 文义一致，因此加上这一片语作音写与意译结合为"跋罗多阇具金"。

第十二位尊者名称中的 bsod snyoms len 意为"受取信众布施者"，这与由玄奘音写的"宾度罗"所得梵文还原 piṇḍala 文义相应，因此全名可作音写与意译结合处理为"跋罗多阇受信施"。梵文 piṇḍala 一词中 piṇḍa 部分本义是"一团"，指一团食物。玄奘译作"乞食"、"信施"或"他所布施之食"。这与藏文对译 bsod snyoms len 的意思是完全相应的。

九、结语

以上简介笔者翻译藏传佛教十六尊者供奉仪轨过程中对佛教一些专有名词的翻译方法，并讨论其中所遇到的难题以及进行的相关研究。这些难题有些尚未得到完全的解决，而翻译的过程即是对不同语言文献深入理解的过程。佛教术语的翻译，不同于其他领域，因为我们的汉语已经是传统的佛教语言载体之一，所以我们在进行藏文佛教译汉过程中必须力求与玄奘等译师的经典译例相一致，即使在没有经典译例时，也仍然要贯彻严谨的抉择译例的翻译原则。因此，建立统一的佛教译例体系，完善以文献对勘与经典释义学为基础的翻译方法论将是笔者今后继续坚持的道路。

参考文献

藏文典籍：

Tohuku #4146 ajita-śrībhadra(无能胜吉祥贤)与 shAkya vod(释迦光)译，"vphags pa dga' ba'i bshes gnyen gyi rtogs pa brjod pa"(圣者庆友之解说)，TBRC W23703（bstan vgyur sde dge).

paN chen shAkya shrIs mdzad par grags pa'i gnas brtan phya mchod(传为班钦释迦室利所造尊者礼供),TBRC W1KG17205 (pdf p.80),W22102.

gnas brtan phya mchod(尊者礼供),TBRC W1KG4532.

bstan 'dzin chos rgyal(丹增确嘉)."vphags pa'i gnas brtan chen po bcu drug gi rnam par thar pa rdzogs ldan sbyin pa'i rnga dbyangs." TBRC W29905 (In dam chos pad dkar dang bstan 'dzin don 'grub sogs kyi rnam thar:361—440. new delhi:[s.n.],1970).

dpal ldan ye shes(贝丹益希)."gnas brtan bcu drug gi rnam par thar pa." TBRC W1KG9800 (In gsung 'bum dpal ldan ye shes[bkras lhun par ma]. 4:589—608.[gzhis ka rtse]:[bkra shis lhun dgon/],[199?]).

mi pham rgya mtsho(弥旁嘉措)."vphags pa'i gnas brtan chen po bcu drug gi lo rgyus mdor bsdus." TBRC W25983. 在 bka' ma shin tu rgyas pa（kaH thog）41:487—500.[chengdu]:[kaH thog mkhan po 'jam dbyangs],[1999].

汉文典籍：

[唐]玄奘译《大阿罗汉难提蜜多罗所说法住记》,《大正藏》v.49,no.2030。

[唐]阇那多迦译《十六大阿罗汉因果识见颂》,《卍新纂续藏经》第 2 册,no.207;《十六大阿罗汉圣迹附》,同册 207－B。

西文资料：

Sylvain Lévi, and Édouard Chavannes. "Les seize arhat protecteurs de la Loi," *Journal Asiatique* 8，1916，p.5－50.

师友赠书录

◎ 马泰来[①]

摘 要:

本文是《怀旧录:故人签名本》的姊妹篇。所记师友赠书,不包括作者赠书。赠书可分代赠、转赠、回应等等,而层次最高的应为赠书者认为所赠对受书者有益。

关键词:

师友;赠书

Some Signed Gifted Books

◎ Tai-Loi Ma

Abstract:

None of the book is from its author. Some were re-gifted, and some I requested. This article describes my relationship with the gifters and the occasions. The article provides some interesting and unique information.

Keywords:

Teachers and friends ;Gift books

本文是《怀旧录:故人签名本》的姊妹篇。所记师友赠书,不包括作者赠书。赠书可分代赠、转赠、回应等等,而层次最高的应为赠书者认为所赠对受书者有益。

---

① 马泰来,芝加哥大学博士,普林斯顿大学葛思德东方图书馆前馆长。

一、李方编《穆旦诗全集》(1997年,查英传赠)

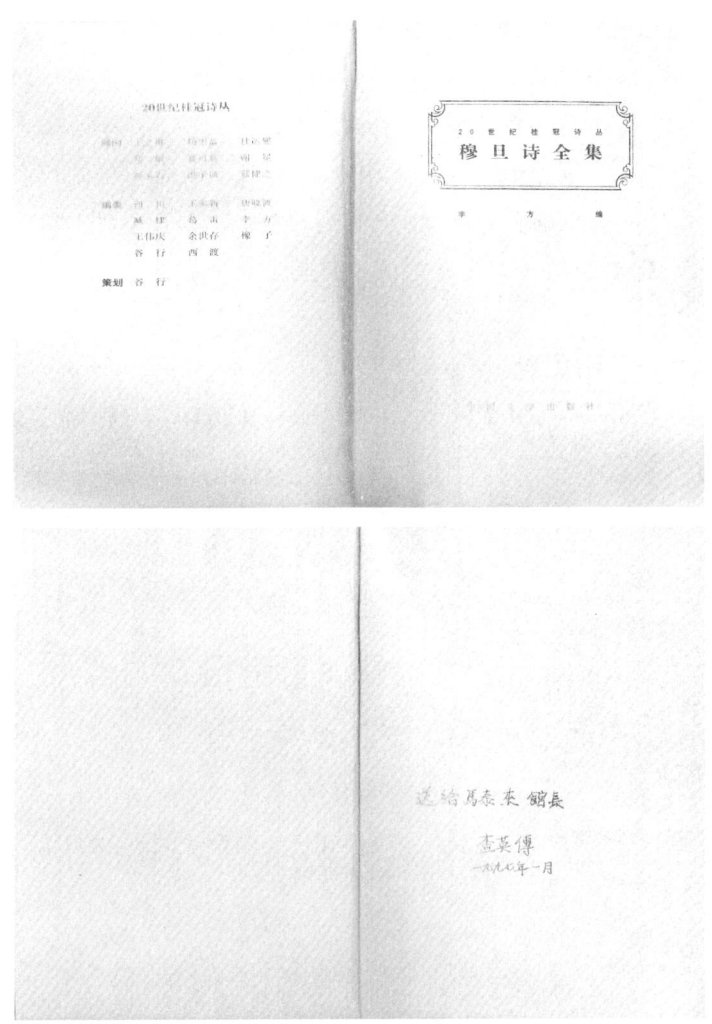

近世中国诗人,如往美国进修,不少以芝加哥为目的地。最有名的无疑是闻一多,其次是陈梦家。知道现代派诗人穆旦曾在芝加哥大学念书的恐怕不多。陈梦家、赵萝蕤夫妇一在芝大教书作研究,一念学位;穆旦、周与良夫妇则同在芝大念书。

穆旦，原名查良铮，浙江海宁人，生于天津。查良钊堂弟，和查良鉴、查良镛（金庸）属远房同辈。夫人周与良，藏书家周叔弢女，周一良、周珏良妹。夫妇二人家族排名，俱属"良"字辈，允称嘉话。

穆旦1949年赴美，周与良早一年已抵芝大。穆旦在芝大，攻读英美文学和俄罗斯文学，1950年取得硕士学位，周与良则在1952年取得生物学博士学位，二人即回国，虽然当日自美返国，困难重重。

穆旦在1977年去世。1991年芝加哥大学100周年校庆，周与良和长子查英传远道参加。而《穆旦诗全集》出版后，周即命其子送两本给芝大图书馆，一本给我。看来周与良夫妇在芝大的岁月是愉快的。

二、Frederick W. Mote, *China and the Vocation of History in the Twentieth Century: a Personal Memoir* **（2010年，陈晓兰赠）**

2005年2月,普林斯顿大学荣休教授牟复礼(Frederick W. Mote)逝世,享年82岁。牟氏在普大任教三十年,在美国(以至整个西方)汉学界地位崇高,如说费正清(John K. Fairbanks)领导美国当代中国研究数十载,影响深远,在传统中国研究方面,大概仅牟氏的地位和影响与费氏相若。

我不是牟氏的学生,亦未尝为其同事。我是在2001年才到普大东亚图书馆任职,而牟氏早在1987年退休归田。不过在1980年夏天,我曾参与牟氏在普大主持,为时一月的明史工作坊,而我的芝大博士论文亦蒙其审阅。他对我的研究,一直关心和鼓励。他对我的评价见下:"It is difficult to classify Dr. Ma as a specialist in any particular field. He is typical of the eminent sinologues of the early decades of this century in being a formidable expert on almost any aspect of Chinese civilization that concerns him."虽然过誉,但道出我的研究特点。

近人多认为2005年1月15日牟氏给我的电邮,是他的最后一篇有关学术的文字。牟氏的遗著自传,2010年出版。牟夫人陈晓兰女士特代赠一册给我。

三、方龄贵著《元明戏曲中的蒙古语》(1992年,吴晓铃赠)

1984年吴晓铃访美,赠我一首"仙吕寄生草":"垂老犹作万里行,檀岛凤城似转蓬。欣识绛帐二弟兄,促膝平章前贤圣。戟指月旦并世雄,殊域论交快平生。"

日后我到北京,多次往宣南校场头条拜访吴氏。有一次,吴氏刚收到友人给他的一部书,他就转送给我。该书有吴序,但看来他不是因他的序文而送书给我。

四、杨渭生著《方腊起义》(胡道静赠)

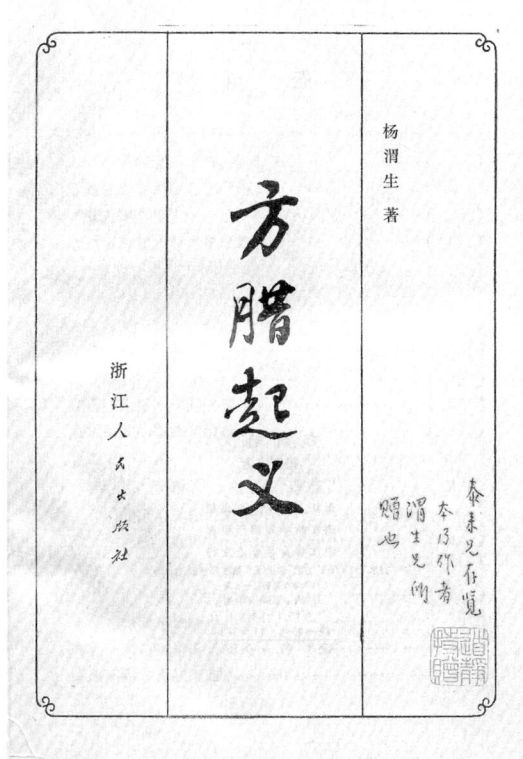

研究《水浒传》或宋江,不能不研究方腊。杨渭生的《方腊起义》,虽然仅是一本一百多页的小册,但因杨氏是宋史专家,不是一般《水浒传》研究者,我想书中或有罕见史料,极思一读。但遍寻未得。遂请胡道静代访。想不到胡氏竟把自己的藏本送给我。

书上有"道静持赠"印记,这块印章平日应多用于胡氏自己的著作,转赠恐偶一为之。

本书对于"宋江是否征方腊问题等等,限于篇幅,不作叙述"。可惜。

五、张宗子辑注《嵇含文辑注》(1992 年,胡道静赠)

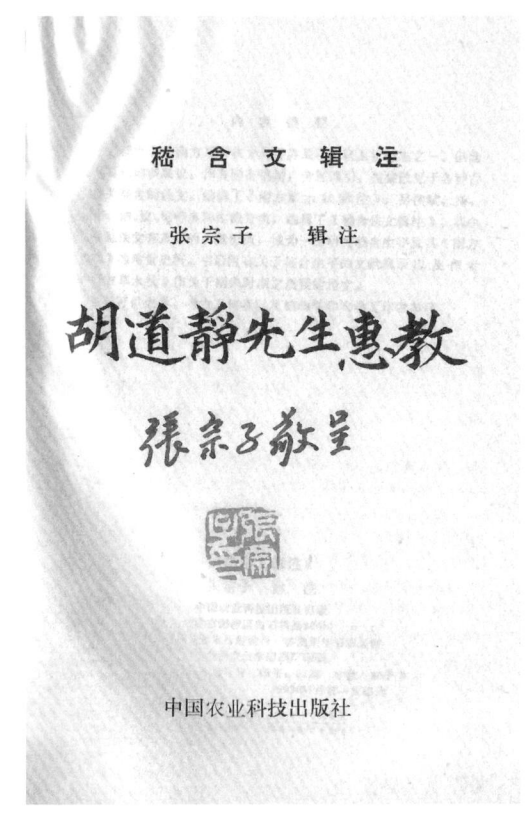

时人谈论《南方草木状》的真伪,每举我为伪书说的主要发言人。其实我实受胡道静的启发。1966 年以前胡氏已有文章在《文物》,考证《南方草木状》的版本。

1983 年 12 月,广州华南农学院(今华南农业大学)主办"《南方草木状》国际学术讨论会",胡氏在会场和日后出版的论文集中,都大力支持我的伪书说。后来,大概受到国际友人李约瑟(Joseph Needham)影响,不再坚持伪书说。

张宗子辑注《嵇含文辑注》,认为嵇含确为《南方草木状》作者,胡氏序之。

胡道静将张宗子的签名本转送给我,但未附片言,所以我一直不明其意。

六、张秀民著《中国印刷史》(1990年,钱存训师赠)

早岁拜读张秀民的《中国印刷术的发明及其影响》,获益甚多。可惜该书绝版多年,我只能用图书馆藏本。1989年,张著《中国印刷史》出版,方欲购置,蒙钱师送赠。我随钱师数十年,钱师赠我别人著作仅此,可见钱师重视此书,并认为张著有助我的研究。

我一直没有机缘到嵊县拜见张氏,但有幸在港大、普大和上海古籍书店,数次见到他的后期合作者和外甥韩琦。韩琦赠我他和张氏合著的《中国活字印刷史》,并题署:"马泰来先生指正,晚韩琦敬呈。2001年5月4日于香港。"其实韩琦学贯中西,关于科技史,学识胜我。

七、Thomas Bulfinch, *The Age of Fable*(1965年,家兄幼垣赠)

家兄给我的作品,全无题署,因为我们都认为无此必要。倒是他的首部专书,1980年的《中国小说史集稿》,扉页印上"给泰来以识共治小说之甘苦"字样。

邺架仅有一书有家兄题署,那是1965年10月他抵耶鲁后寄回香港给我的 *The Age of Fable*,一部有关希腊神话传说的普及读物。

我对希腊神话和《荷马史诗》颇为熟识,主要原因有二:第一,不少欧美电影主题是希腊传说。小孩子也喜欢看"打斗+特技+健男+美女"的电影。如曾观看下列电影,会对希腊传说有所认识:Kirk Douglas 的 *Ulysses*(1954);Brigitte Bardot 的 *Helen of Troy*(1956);Steve Reeves 的 *Hercules*(1959)和 *The Trojan Horse*(1961);Ray Harryhausen 的 *Jason and the Argonauts*(1963)和 *Clash of the Titans*(1981)。第二,1963年我参加香港英文中学会考,英文科必修读本有 Rex Warner 的 *Greeks and Trojans*,以现代英语复述荷马史诗《伊利亚特》故事。

The Age of Fable,1855年初次面世,版权现归大众,所以市面版本甚多。

中文译本亦不少。作者一般译作"布尔芬奇",有点女性化。较新的译本为 2004 年东方出版社的《神祇和英雄的故事》。林纾曾翻译 Bulfinch 别的作品,作者作"伯鲁夫因支"。

伯鲁夫因支,波士顿世家,1814 年哈佛大学毕业,曾任中学拉丁语教师,自 1837 年至去世,在银行任职。他有感古代神话及传说影响深远,而当日一般学子对此几一无所知,遂编写一系列的传说集,文字浅白,极受大众欢迎。*The Age of Fable*(1855)、*The Age of Chivalry*(1858)、*The Age of Charlemagne*(1863)三书今日多合订为一,称 Bulfinch's Mythology.

1921 年,林纾和陈家麟翻译 *The Age of Charlemagne*,取名《怪董》。可惜陈氏不学,误伯氏为英国人。

日本大和文华馆藏摩尼教
《冥王圣帧》题记溯源

马小鹤①

摘　要：

日本奈良大和文华馆藏《冥王圣帧》题记可以与敦煌的地藏十王经文与绘画上的题记作一比较。敦煌的有些题记非常简单，是在地藏十王图（例如 MG 17795）出售之前临时匆匆写上的；有些则很长，占据画面上的一块空间，例如 MG 17662。《冥王圣帧》上的题记介乎两者之间，是比较常见的题记。

在一种有插图的《十王经》（Ch.00404 + Ch.00212 + S.3961）里，封面上地藏菩萨是主尊，但是经文题目仍以阎罗王命名。与此类似，《冥王圣帧》题记中此画以"冥王"命名，画面上则以摩尼为主尊。

敦煌十王经和图的题记可以分为三类：一类是为死者祈福，另一类是兼顾施主、死者，第三类则是为施主及其家族祈福。比如，S.6230（《阎罗王授记经》）的题记曰："壹为在世父母作福。二为自身及合家内外亲姻等无知灾障、病患不侵、常保安乐。"《冥王圣帧》可能是为施主张思义、郑氏辛娘祈福。他们喜舍《冥王圣帧》入宝山菜院，永充供养，祈保平安。

关键词：

摩尼教；佛教；敦煌文书

---

① 马小鹤，美国哈佛大学哈佛燕京图书馆中文馆员。

Tracing to the source for the inscription on *The Sacred Painting of Hades* housed in Yamato Art Museum in Nara, Japan

◎ Xiaohe Ma

Abstract:

The inscription on The Sacred Painting of Hades 冥王圣幀 housed in Yamato Art Museum in Nara, Japan, can be compared with inscriptions on the scriptures and paintings of Dizang (*Kṣitigarbha*) and the Ten Kings from Dunhuang. Some of the inscriptions of paintings of Ten Kings from Dunhuang are very simple and were written before the paintings were sold to some benefactor, for example, MG 17795. Some are very long and occupies certain spaces on the paintings, for example, MG 17662. Our inscription is between these two categories and is a normal one.

Inan illustrated *The Scripture on the Ten Kings* (Ch.00404 + Ch.00212 + S.3961), frontispiece shows Dizang Bodhisattva as the central figure, but the focus of the title is still on Yanluo wang 阎罗王 (King Yama Rāja). Similarly, in our inscription the painting is named after Hades, but the central figure is Mani.

The contents of the inscriptions of paintings and scriptures of Ten Kings from Dunhuang can be divided into three categories: 1, As a posthumous blessing for the deceased. 2, Blessing for both the deceased and the benefactor. 3, Blessing for the benefactor and his family. For example, the dedication of S.6230 (*The Scripture on the Ten Kings*) reads: "firstly makes blessings for my living parents and secondly for myself and my whole family and all kinsmen that they may not know any disasters, not be attacked by disease but may constantly preserve their health and happiness." Our inscription may be blessing for the benefactors-Zhang Siyi and Xinniang from the family of Zheng. They happily donated this painting to a temple of vegetarians located on the Baoshan mountain and prayed for peace.

Keywords:

Manichaeism; Buddhism; Dunhuang documents

日本奈良县奈良市大和文华馆(Yamato Bunkakan Museum)藏有一幅所谓"六道图"(*Rokudōzu*),曾被视为14世纪在宁波绘制的佛画,画面分为五层:第一层画了天界;第二层画了五个形象,分别为如来、道士和儒者;第三层画了社会的四个组成部分——士农工商;第四层画了阎摩厅的审判场景;第五层画了地狱。① (图1)井手诚之辅先生简要地分析了此画,认为它可能出自白莲宗,

1 六道图 大和文華館藏

图1 《冥王圣帧》②

---

① 大和文华馆:《大和文華館藏品図版目録》第2册《絵画・书迹》第112号《六道図》(绢本着色、160.0x70.0 cm、元代末期),1974年。

② 古川摄一编《マニ教绘画. 开馆五十周年记念特别企画展 I「信仰と絵画」特集図録》,奈良:大和文华馆,2011年。

体现了儒佛道三教合一。①

2006年,日本学者泉武夫先生在研究日本山梨县甲州市栖云寺藏所谓"虚空藏菩萨像"绢画时,首先提出大和文华馆藏"六道图"的主尊可能是摩尼。②日本学者吉田丰先生论证了"六道图"实为摩尼教绘画,理由如下:根据主尊衣服上的方形佩章等证据证明主尊为摩尼;此画并未画出佛教六道中的畜牲道、饿鬼道和阿修罗道,只画出了天道、人道和地狱道,符合摩尼教的亡灵归宿教义;第四层的审判之神是科普特文资料中所说的"正义的审判官"(the Judge of Justice),也即敦煌遗书中汉译摩尼教文献中所说的"平等王";其与《十王经》图像类似。图中第二层主尊左边穿白衣之人为摩尼教选民,右边则为摩尼教听者。他讨论了制作此画的目的,释读了其题记。第一层和第四层出现的女神可与敦煌发现的"引路菩萨"像作比较。③ 吉田丰与古川摄一合编了《中国江南摩尼教绘画研究》,于2015年出版,其中也包括对此绢画的研究。④ 根据吉田丰刊布的题记,本文将此绢画称为《冥王圣帧》。

美国学者古乐慈(Zsuzsanna Gulácsi)教授认为,《冥王圣帧》第一层可以称为"光明童女(Light Maiden)访天堂";第二层是摩尼教选民在摩尼像前布道,听者及其随从正在听讲,可称为"说教场面";第三层可称为"善道轮回";第四层是"审判场面",从画面左上方,光明童女及其两位随从驾云而来;第五层描绘了

---

① 井手诚之辅等:《日本の宋元仏画》图20、图88,载《日本の美術》(418),第72—74页。

② 泉武夫:《景教聖像の可能性——棲雲寺藏傳虚空藏畫像について》,载《國華》(1330),2006年,第10—12页。参阅古乐慈(Gulácsi, Zsuzsanna):《一幅宋代摩尼教＜夷数佛帧＞》,王媛媛译,载《艺术史研究》第十辑,2008年,第139—148页。

③ 吉田丰曾在荣新江、森安孝夫、王丁等协助下,释读题记为:"东乡茂头保弟子张思义/偕郑氏辛娘喜舍/冥王圣(图)(恭)入/宝(山菜)院永充供养祈(保)/平安(愿)□□□存",见吉田丰:《寧波のマニ教画いわゆ「六道図」の解釋をめぐって》,《大和文华》(119),2009年;Yoshida, Yutaka (吉田丰). "A newly recognized Manichaean painting: Manichaean Daēnā from Japan", in sous la direction de Mohammad Ali Amir-Moezzi et al. *Pensée grecque et sagesse d'orient: hommage à Michel Tardieu*, 2009. 泉武夫释读题记为:"东郑茂□保弟子张思义/稽□氏辛娘喜舍/冥王圣□斋入/宝□院供养□/平□……",见泉武夫:《景教聖像の可能性——棲雲寺傳虚空藏畫像について》,载《國華》(1330),第11、16页及note 17。井手诚之辅辨认"院"前面的字可能是"茶",见井手诚之辅等:《日本の宋元佛画》图88。

④ 吉田丰、古川摄一:《中國江南マ二教绘畫研究》,京都:临川书店,2015年,第88—98页。

四个恐怖的地狱场景,可称为"恶道轮回"。她认为,此画是摩尼教进行宗教说教时的图解,犹如美国学者梅维恒先生(Victor Mair)在其1988年出版的专著中所称的"绘画叙事"(picture recitation)。① 古乐慈在另一篇论文中将《冥王圣帧》与十世纪中亚东部(相当于今中国新疆)的摩尼教绘画中的类似残片作了比较,并提出值得将其审判场景与敦煌所出9幅绢画及12世纪后期宁波地区绘制的十王图轴进行比较。② 她在2015年出版的研究摩尼教绘画的专著中也详细研究了此图。③

王媛媛博士将类似《冥王圣帧》中出现的审判场景追溯到敦煌出土的《佛说十王经》插图,并与南宋以后的十王图轴作了比较。她通过排除法论证,与白莲宗相比,该画最初更可能是活跃于江浙一带的明教会所作。她认为:"从题记来看,这幅画在当时被称为'冥王圣帧(图?)',亦即对绢画的施主而言,他们最看重的并非画面居中的摩尼,而是第四层的冥王判官。该画被捐入寺内'永充供养',也是为了'祈保平安',让生者得以祛邪消灾。"④

匈牙利学者康高宝(Gábor Kósa)先生研究了《宇宙图》上的审判图景,与《冥王圣帧》作了比较,并与10—11世纪敦煌所出《十王经》图、地藏十王图以及

---

① Gulácsi, Zsuzsanna. "A Visual Sermon on Mani's Teaching of Salvation: A Contextualized Reading of a Chinese Manichaean Silk Painting in the Collection of the Yamato Bunkakan in Nara, Japan," 载《内陆アジア言語の研究》(*Studies on the Inner Asian Languages*) XXIII, 2008, pp.1-16; Mair, Victor H. *Painting and Performance: Chinese Picture Recitation and Its Indian Genesis*, Honolulu: Hawaii University Press, 1988.

② Gulácsi, Zsuzsanna:《大和文華館藏マニ教繪画にみられる中央アジア来源の要素について》,田中健一、柳承泽译,《大和文华》(119),2009年,第17—34页;"The Central Asian Roots of a Chinese Manichaean Silk Painting in the Collection of the Yamato Bunkakan, Nara, Japan.", in Jacob van den Berg and Annemaré Kotzé and Tobias Nicklas and Madeleine Scopello eds. '*In Search of Truth*': *Augustine, Manichaeism and other Gnosticism. Studies for Johannes van Oort at Sixty*. (Nag Hammadi and Manichaean Studies Series #74.), Leiden: Brill, 2011.

③ Gulácsi, Zsuzsanna. *Mani's pictures: the didactic images of the Manichaeans from Sasanian Mesopotamia to Uygur Central Asia and Tang-Ming China*, Leiden: Brill, 2015. pp.244-247, 318-354.

④ 王媛媛:《再论日本大和文华馆藏摩尼教绢画》,《唐研究》第十八卷,2012年,第375—400页。

12—13世纪宁波地区绘制的十王图轴作了比较。①

笔者认为,《冥王圣帧》不仅审判场面可与12—13世纪的十王图轴作比较,而且从整个画面的结构来看,值得与敦煌所出《佛说十王经》和地藏十王图像作一比较,将另外撰文,此不赘述。本文仅限于比较有关绘画的题记,分析制作《冥王圣帧》的目的。

一、《冥王圣帧》题记

《冥王圣帧》第四层审判场景的左面,在光明童女(电光佛)下方画了一座石碑②,上面有五行题记。文字释读不易,根据泉武夫比较清楚的照片,吉田丰的新录文如下(图2):

东郑茂头保弟子张思义/偕郑氏辛娘喜舍/＊冥王圣(帧)恭入/＊宝山菜院永充供养祈保/平安愿(圣？王？)□□(安？)日/……③

第1行"东郑茂头保"可能是一个地名。"保"当指保甲制度下的一个单位,十户为甲,十甲为保。"张思义"为人名。第2行"郑氏辛娘"很可能是张思义之妻。第3行"冥王"当指画上第四层的审判之王(平等王),形象类似庶民佛教中的十王。"帧"通常意为画幅或画幅的量名。下文引述的日本京都大德寺藏《五百罗汉图》中也有一幅1180年的题记称为"圣帧"。《宋会要辑稿》记载明教之人所念经文及绘画佛像中有妙水佛帧、先意佛帧、夷数佛帧、善恶帧、太子帧、四

---

① Kósa, Gábor. "The Iconographical Affiliation and the Religious Message of the Judgment Scene in the Chinese Cosmology Painting." 载张小贵主编《三夷教研究——林悟殊先生古稀纪念论文集》(《欧亚历史文化文库》),兰州:兰州大学出版社,2014年。

② 吉田丰:《寧波のマニ教画いわゆ「六道図」の解釈をめぐって》,《大和文华》(119),2009年,第8页;王媛媛称之为"形似风幡的白色方框",见王媛媛:《再论日本大和文华馆藏摩尼教绢画》,《唐研究》第十八卷,2012年,第378页。

③ 吉田丰:《マニの降誕図について》,《大和文華》(124,マニ降誕図特輯),2012年,第8页;吉田丰、古川摄一:《中國江南マニ教絵畫研究》,京都:临川书店,2015年,第96—98页。

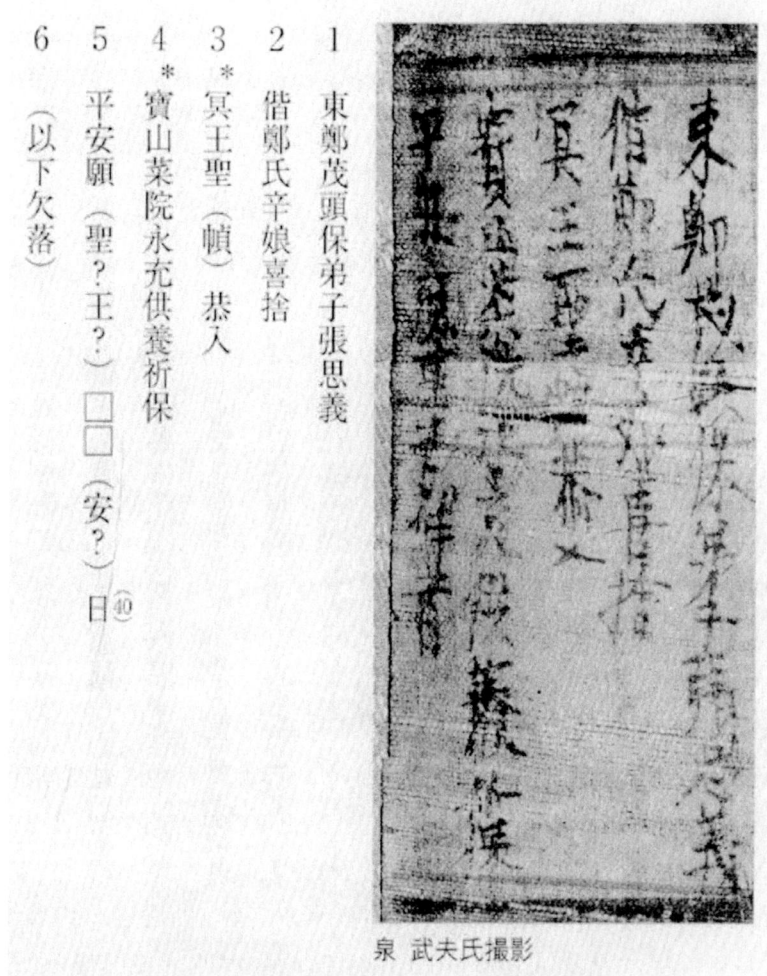

1 東鄭茂頭保弟子張思義
2 偕鄭氏辛娘喜捨
3 ＊冥王聖（幀）恭入
4 ＊寶山菜院永充供養祈保
5 平安願（聖？王？）□
6 （以下欠落）　　　　□（安？）日㊵

图2 《冥王圣帧》题记黑白照片、录文。Yoshida 2012, p.8.

天王帧。"冥王圣帧"应该是此画的名称。第 4 行"菜院"可能指明教寺院。吃菜事魔是宋代各种异端宗教的共同特点,摩尼教是其中之一。吃菜即素食,也是摩尼教徒所遵行的。《宋会要辑稿》记载:"今来明教行者,各于所居乡村,建立屋宇,号为斋堂。"斋也即素食。福建晋江青阳的《庄氏族谱》记载,元代庄惠龙晚年"托以苏邻法",其三子天德"从空,葬菜堂地基。"①因此"菜院"可能与"斋堂""菜堂"类似,也指明教寺院。

吉田丰引用了同属江南佛画的一幅《五百罗汉图》的1178年的题记以资比较:

> 翔凤乡沧门里北沧下保居住顾椿年妻孙廿八娘合家等施财画此,入惠安院常住供养功德,保安家眷。戊戌淳熙五年幹僧义绍题、周季常笔。②

日本京都大德寺藏有94幅五百罗汉图,其中48幅有题记,上引题记即其中之一,无疑是一个恰当的例子。我们再举一个写于1180年的例子:

> 通州静海县寄居平江府吴县凤凰乡艇舡桥居住弟子高之问舍财置此/圣帧,入明州惠安院常住供养功德,伏用追荐亡祖迪功、亡祖母许氏、亡考四特奏/[□□□□]后心愿成圣,□同登佛果。淳熙甲辰冬望日题。/幹僧义绍、周季常笔。③

这些题记大多先说明地名某某乡、某某保,多在明州(宁波)东面地区;然后说明施主弟子(或女弟子)某某人,妻(或女)某某;然后就说施财画此,入明州东部的惠安院。目的是先祖的追荐供养、祈求亡魂往生极乐净土、合族安宁。④

这套《罗汉图》的题记可以为《冥王圣帧》题记提供参考,不过《罗汉图》的内容与《冥王圣帧》有别。因此我们可以将《冥王圣帧》的题记与内容更具有可比性、经过中外学者较多研究的《十王经》与《地藏六道十王图像》的题记作一比

---

① 粘良图:《晋江草庵研究》,厦门:厦门大学出版社,2008年,第48—55页。
② 奈良国立博物馆编《聖地寧波:日本仏教1300年の源流——すべてはここからやって来た》,奈良:奈良国立博物馆,2009年,第232页;吉田丰:《マニの降誕図について》,《大和文華》(124,マニ降誕図特輯),2012年,第8页。
③ 奈良国立博物馆编《聖地寧波:日本仏教1300年の源流——すべてはここからやって来た》,奈良:奈良国立博物馆,2009年,第231页。
④ 奈良国立博物馆编《聖地寧波:日本仏教1300年の源流——すべてはここからやって来た》,奈良:奈良国立博物馆,2009年,第113—154、228—232、254—259页。

较。通过追根溯源,可以证实《冥王圣帧》为宗教信徒献入寺院、为自己或家人"祈保平安"的献祭品。而且通过这些题记的纪年,可以大致明确这类作品流行的时代,作为进一步分析《冥王圣帧》图像渊源的基础。

二、《阎罗王授记经》题记

唐末五代初敦煌地区一位八旬老人写经预修生七,是为己修福的例子。这位老人抄经多部,虽无署名,不过不少学者均认为可能出自同一个人的手笔。美国学者太史文先生(Stephen F. Teiser)列出了这位老人抄写的 8 件《金刚经》和 3 件《阎罗王授记经》,共 11 件经本。

大英图书馆藏 S.5534 尾题《金刚般若波罗蜜经》,接着说明据以抄写的印本[校改的字放在圆括号里]:"西川过家印真(真印)本"。在三段真言之后,有 905 年 4 月 8 日写的题记:

1 时天复五年岁次乙丑三月一日
2 写竟,信心受持,老人八十有二。

S.5444 也尾题《金刚般若波罗蜜经》,接着是:"西川过家真印本"。在三段真言之后,有 905 年 5 月 29 日写的题记:

1 天佑二年岁次乙丑四月廿三日,
2 八十二老人手写此经,流传信
3 士。

S.5965 也是《金刚般若波罗蜜经》,在三段真言之后,有 906 年 1 月 17 日写的题记:

1 天复(佑)二年乙丑十二月廿日,八十二老人手写流传。①

敦煌县博物馆藏目录 053(馆藏 10—53)号也首题《金刚般若波罗蜜经》,有 906 年 2 月 22 日题记:

1 唐天佑三年丙寅正月廿六日八十(后残缺)②

S.5451 首残,尾题《金刚般若波罗蜜经》,下面写"西川过家真印本"。在三段真言之后,有 906 年 2 月 27 日写的题记:

1 天佑三年丙寅二月二日,八十三老人手自刺血写之。

S.5669 尾题《金刚般若波罗蜜经》,接着写:"西川过家真印本"。真言后有 906 年 2 月 28 日题记:

1 天佑三年丙寅二月三日,八十三老人

---

① 黄永武主编《敦煌宝藏》,台北:新文丰出版公司,1981 年,第 43 册第 272 页、第 42 册第 562 页、第 44 册第 617 页;Giles, Lionel. *Descriptive catalogue of the Chinese manuscripts from Tunhuang in the British Museum*. London: Trustees of the British Museum, 1957, pp.31—33;刘铭恕:《斯坦因劫经录》,载《敦煌遗书总目索引》,北京:商务印书馆,1962 年,第 221、219、233 页。陈祚龙:《中世敦煌与成都之间的交通路线》,《敦煌学》第一辑,1974 年,第 79—86 页、第 81—82 页。池田温:《中国古代写本识语集录》#2126、2127、2129,载《东洋文化研究丛刊》(11),东京:东京大学东洋文化研究所,1990 年,第 449—450 页。Teiser, Stephen F. *The scripture on the ten kings and the making of purgatory in medieval Chinese Buddhism*, Honolulu: University of Hawaii Press, 1994, pp.244—275。关于太史文的《十王经以及中国中世纪佛教的炼狱观念之形成》的总体评价,可参阅杨继东:《Stephen Teiser, The scripture on the ten kings and the making of purgatory in medieval Chinese Buddhism》,《唐研究》第三卷,1997 年,第 483—486 页。

② 荣恩奇:《敦煌县博物馆藏敦煌遗书目录》,载北京大学中国中古史研究中心编《敦煌吐鲁番文献研究论集》第三辑,北京:北京大学出版社,1986 年,第 567 页。池田温:《中国古代写本识语集录》#2132,载《东洋文化研究丛刊》(11),东京:东京大学东洋文化研究所,1990 年,第 450 页。Teiser, Stephen F. *The scripture on the ten kings and the making of purgatory in medieval Chinese Buddhism*, Honolulu: University of Hawaii Press, 1994, pp.244, 285.

2 刺左手中指出血，以香墨写此金
3 经流传。信心人一无所愿，本性
4 实空，无有愿乐。①

　　法国国家图书馆藏 P.2876 尾题《金刚般若波罗蜜经》，下面写："西川过家真印本"。真言后有 906 年 4 月 30 日题记：

1 天佑三年岁次丙寅四月五日，八十三老
2 翁刺血和墨，手写此经，流布沙州。一切
3 信士、国土安宁，法轮常转。以死写之，
4 乞早过世，余无所愿。②

　　中国国家图书馆藏有 09（BD08888）号尾题《金刚般若波罗蜜经》，下双行小字书："西川过家真/印本"。真言后有 907 年 4 月 27 日题记：

---

　　① 黄永武主编《敦煌宝藏》，台北：新文丰出版公司，1981 年，第 42 册第 630 页、第 44 册第 300 页；Giles, Lionel. *Descriptive catalogue of the Chinese manuscripts from Tunhuang in the British Museum*. London：Trustees of the British Museum，1957，pp.32；刘铭恕：《斯坦因劫经录》，载《敦煌遗书总目索引》，北京：商务印书馆，1962 年，第 219、226 页。陈祚龙：《中世敦煌与成都之间的交通路线》，《敦煌学》第一辑，1974 年，第 81—82 页。池田温：《中国古代写本识语集录》#2133、2134，载《东洋文化研究丛刊》(11)，东京：东京大学东洋文化研究所，1990 年，第 451 页。Teiser, Stephen F. *The scripture on the ten kings and the making of purgatory in medieval Chinese Buddhism*，Honolulu：University of Hawaii Press，1994，pp.127，244，273—274.

　　② http://idp.bl.uk/database/oo_scroll_h.a4d? uid=2688599038；recnum=60061；index=5. 王重民：《伯希和劫经录》，载《敦煌遗书总目索引》，北京：商务印书馆，1962 年，第 274—275 页；陈祚龙：《中世敦煌与成都之间的交通路线》，《敦煌学》第一辑，1974 年，第 81 页；均将"沙州"释读为"沙土"。池田温：《中国古代写本识语集录》#2135，载《东洋文化研究丛刊》(11)，东京：东京大学东洋文化研究所，1990 年，第 451 页。Teiser, Stephen F. *The scripture on the ten kings and the making of purgatory in medieval Chinese Buddhism*，Honolulu：University of Hawaii Press，1994，pp.126，244.

1 丁卯年三月十二日，八十四老人手写流传。①

　　散 0535《阎罗王受记经》，908 年 8 月 27 日题记：

　　1 戊辰年七月廿八日，八十五□三写流传。②

　　国图 1226（列 26、BD01226）号首残，尾题《阎罗授记经》，后有 908 年 8 月 30 日题记：

　　1 戊辰年八月一日，八十五老人手写流传，依教不修，
　　2 生入地狱。③

　　S.4530 尾题《阎罗王授记经》，有 909 年 1 月 8 日的题记：

---

　　① 　任继愈主编《国家图书馆藏敦煌遗书》，北京：北京图书馆出版社，2005—2008 年，第 104 册第 218 页，条记目录，第 32—33 页。许国霖《敦煌石室写经题记》，收入许氏《敦煌石室写经题记与敦煌杂录》，上海：商务印书馆，1937 年，第 3 叶 a。陈祚龙《中世敦煌与成都之间的交通路线》，《敦煌学》第一辑，1974 年，第 80 页。池田温《中国古代写本识语集录》#2142，载《东洋文化研究丛刊》(11)，东京：东京大学东洋文化研究所，1990 年，第 452 页。Teiser, Stephen F. *The scripture on the ten kings and the making of purgatory in medieval Chinese Buddhism*，Honolulu：University of Hawaii Press，1994，pp.126，244，284。
　　② 　王重民《伯希和劫经录》，载《敦煌遗书总目索引》，北京：商务印书馆，1962 年，第 323 页。Teiser, Stephen F. *The scripture on the ten kings and the making of purgatory in medieval Chinese Buddhism*，Honolulu：University of Hawaii Press，1994，pp.122，241，244，287。太史文认为，"三写流传"当释读为"手写流传"。
　　③ 　http://idp.bl.uk/database/oo_scroll_h.a4d? uid=2697320798；recnum=42673；index=14。池田温《中国古代写本识语集录》#2147，载《东洋文化研究丛刊》(11)，东京：东京大学东洋文化研究所，1990 年，第 453 页。Teiser, Stephen F. *The scripture on the ten kings and the making of purgatory in medieval Chinese Buddhism*，Honolulu：University of Hawaii Press，1994，pp.122，240，244，272，283。任继愈主编《国家图书馆藏敦煌遗书》，第 18 册第 177 页，条记目录，第 9 页。

1 戊辰十二月十四日，八十五□□□□□传。①

白化文先生还举出了 S.5544 和 S.5450 加以讨论。② 张总先生同意它们出自同一老人之手。③

S.5544 抄了两种经，一种尾题《金刚般若波罗蜜经》，接着写"西川戈（过）家真印本"，在陀罗尼之后题记：

1 奉为老耕牛、神生净土。弥勒下生、
2 同在初会、俱闻圣法。

另一种首题《阎罗王受记合四众逆修生七斋功德往生净土经》，尾题《佛说阎罗王受记经》，有辛未年（911 年?）的题记：

1 奉为老耕牛一头、敬写《金刚》一卷、
2《受记》一卷。愿此牛身、领受功
3 德、往生净土、再莫受畜生身。
4 天曹地府、分明分付、莫令更

---

① Giles, Lionel. *Descriptive catalogue of the Chinese manuscripts from Tunhuang in the British Museum*. London：Trustees of the British Museum，1957，no. 5457，p. 163；Teiser, Stephen F. *The scripture on the ten kings and the making of purgatory in medieval Chinese Buddhism*，Honolulu：University of Hawaii Press，1994，pp.123，note 5，240，244，272. 太史文因为此遗书后来状况更糟，故采用状况较好时翟林奈（L. Giles）的释读。池田温：《中国古代写本识语集录》#2148，载《东洋文化研究丛刊》（11），东京：东京大学东洋文化研究所，1990 年，第 453 页作"戊辰? 十二月廿四日、八十五（中缺）传"。刘铭恕：《斯坦因劫经录》，载《敦煌遗书总目索引》，北京：商务印书馆，1962 年，第 203 页根据胶卷释读为"戊辰年二月廿四日八十五（下缺）"。黄永武主编《敦煌宝藏》，台北：新文丰出版公司，1981 年，第 36 册 475 页。张总：《〈阎罗王授记经〉缀补研考》，《敦煌吐鲁番研究》第五卷，2001 年，第 110 页注 50 释读为"戊辰二月廿四日"，此当为 908 年 2 月 27 日。

② 舒学（白化文）：《敦煌汉文遗书中雕版印刷资料综述》，载《敦煌语言文学研究》，北京：北京大学出版社，1988 年，第 296—297 页。

③ 张总：《〈阎罗王授记经〉缀补研考》，《敦煌吐鲁番研究》第五卷，2001 年，第 96—98 页。

5 有雠（雠）讼。
   6 辛未年正月。①

荣新江先生用上述这些资料考订了金山国建国年代问题。② S.5450 可能与 S.5544 同时代，尾题《金刚般若波罗蜜经》，下书"西川真印本"，陀罗尼后题记：

   1 为一切怨家债主所有污
   2 泥伽蓝一切重罪悉得销
   3 灭。

后面接《佛说阎罗王授记合四众逆修生七斋功德往生净土经》，尾题《阎罗王受记经》，题记：

   1 一切怨家债主、领受功德。③

---

① 黄永武主编《敦煌宝藏》，台北：新文丰出版公司，1981 年，第 43 册第 360—361、363 页。Giles, Lionel. *Descriptive catalogue of the Chinese manuscripts from Tunhuang in the British Museum*. London: Trustees of the British Museum, 1957, no.1384, p.32. 陈祚龙：《中世敦煌与成都之间的交通路线》，《敦煌学》第一辑，1974 年，第 81—82 页。杜斗城：《敦煌本〈佛说十王经〉校录研究》，兰州：甘肃教育出版社，1989 年，第 79 页。池田温：《中国古代写本识语集录》，载《东洋文化研究丛刊》(11)，东京：东京大学东洋文化研究所，1990 年，no.2154, 2155, p.464. Teiser, Stephen F. *The scripture on the ten kings and the making of purgatory in medieval Chinese Buddhism*, Honolulu: University of Hawaii Press, 1994, pp.136—137, 273—4.

② 荣新江：《归义军史研究——唐宋时代敦煌历史考察》，上海：上海古籍出版社，1996 年，第 215—216 页。

③ 黄永武主编《敦煌宝藏》，台北：新文丰出版公司，1981 年，第 42 册第 619、622 页。Giles, Lionel. *Descriptive catalogue of the Chinese manuscripts from Tunhuang in the British Museum*. London: Trustees of the British Museum, 1957, no.1372, p.31—32. 陈祚龙认为当作"西川过家真印本"，陈祚龙：《中世敦煌与成都之间的交通路线》，《敦煌学》第一辑，1974 年，第 81 页。池田温：《中国古代写本识语集录》，载《东洋文化研究丛刊》(11)，东京：东京大学东洋文化研究所，1990 年，no.2481, p.520. Teiser, Stephen F. *The scripture on the ten kings and the making of purgatory in medieval Chinese Buddhism*, Honolulu: University of Hawaii Press, 1994, pp.135, 273.

S.6230 是为在世父母和自身及合家内外亲姻等祈福，尾题《阎罗王授记经》，有 926 年 7 月 18 日的题记：

1 奉为慈母病患、速得诠（痊）嗟（瘥）、免授地狱。壹为在世
2 父母作福。二为自身及合家内外亲因（姻）等、
3 无知灾长（障）、病患不侵、常保安乐。书写次（此）经、
4 免其已世业报。
5 同光肆年丙戌岁六月六日写记之耳。①

东京书道博物馆所藏首题《佛说阎罗王受记四众逆修生七斋往生净土（经）》，尾题《佛说阎罗王受记经一卷》②，有 937 年 2 月的题记，为过往慈父、患母、已身等祈福：

1 清信弟子布衣薛延唱、发心写此妙经。奉为
2 过往慈父作福、莫落三途之苦。次为患母、令
3 愿疾病速差（瘥）。所有怨家之鬼、受领写经
4 功德、更莫相饶。兼及己身、万病不侵、延年益
5 寿。所有读诵此经三卷之人、传之信士、同沾

---

① 黄永武主编《敦煌宝藏》，台北：新文丰出版公司，1981 年，第 45 册第 144 页上。Giles, Lionel. *Descriptive catalogue of the Chinese manuscripts from Tunhuang in the British Museum*, London: Trustees of the British Museum, 1957, no.5459, p.163. 杜斗城：《敦煌本〈佛说十王经〉校录研究》，兰州：甘肃教育出版社，1989 年，第 89 页。池田温：《中国古代写本识语集录》，载《东洋文化研究丛刊》(11)，东京：东京大学东洋文化研究所，1990 年，no.2228, p.469. Teiser, Stephen F. *The scripture on the ten kings and the making of purgatory in medieval Chinese Buddhism*, Honolulu: University of Hawaii Press, 1994, pp.134－135, 275.

② 秃氏佑祥、小川贯弌：《十王生七經讃圖卷の構造》，载西域文化研究会编《中央アジア佛教美術》(5)，Kyōto: Hōzokan, 1962 年，第 259—267 页。

6 斯福。永充供养、信心二时受持。清泰三年丙申十二月廿（下缺）①

敦煌安国寺尼妙福所抄的《阎罗王授记经》有两部留存下来，也是为自己祈福的。S.2489 尾题《阎罗王经一卷》，有大约写于十世纪中期的题记：

1 安国寺患尼弟子妙福发心敬写此经一七卷。尽
2 心供养。

国图 8045（字 45，BD08045）号与此类似，尾题《阎罗王经一卷》，题记：

1 安国寺患尼弟子妙福发心敬写此经一七养（卷）。一心供养。②

敦煌五代时期历学家翟奉达为亡妻马氏追福作十王斋写经，是为死者修福的典型例子。他和儿子于七七斋中每斋写经一卷，《阎罗王授记经》为其中之一。1987 年刊布的天津市艺术博物馆藏 4532 号（津艺 193）4 卷佛经抄本③，卷前有其子写的题签，称马氏为"亡母"：

---

① 中村不折（Nakamura, Fusetsu）:《禹域出土墨宝书法源流考》，东京：西东书房，昭和二年（1927），下 19b；中村不折:《禹域出土墨宝书法源流考》，李德范译，北京：中华书局，2003 年，第 130 页。池田温:《中国古代写本识语集录》，载《东洋文化研究》(11), 1990 年，no.2276, pp.477－478. Teiser, Stephen F. *The scripture on the ten kings and the making of purgatory in medieval Chinese Buddhism*, Honolulu: University of Hawaii Press, 1994, pp.133－134, 286.

② 黄永武主编《敦煌宝藏》，台北：新文丰出版公司，1981 年，第 20 册第 176 页。陈垣:《敦煌劫余录》，北京：国立中央研究院历史语言研究所，1931 年，册六，叶 514a。许国霖:《敦煌石室写经题记》，收入许氏《敦煌石室写经题记与敦煌杂录》，上海：商务印书馆，1937 年，叶 10b。任继愈主编《国家图书馆藏敦煌遗书》第 100 册第 181 页，条记目录，第 20 页。池田温:《中国古代写本识语集录》，载《东洋文化研究丛刊》(11), 东京：东京大学东洋文化研究所，1990 年，no.2483, 2484, p.520. Teiser, Stephen F. *The scripture on the ten kings and the making of purgatory in medieval Chinese Buddhism*, Honolulu: University of Hawaii Press, 1994, pp.128－129, 240, 284.

③ 上海古籍出版社、天津市艺术博物馆编《天津市艺术博物馆藏敦煌文献》第 4 册彩色图版第三、四（称为"翟奉达为亡母追福供养题记"）、五，上海：上海古籍出版社，1996 年，第 83－92 页。

《佛说无常经》等七卷 为亡母追福,每条(斋)一卷。

第一卷首题《佛说无常经亦名三稽经》,尾题《佛说无常经一卷》,有其子958年的题记,称马氏为"家母阿婆"、"阿娘",翟奉达为马氏之"夫":

1 显德五年岁次戊午三月一日夜,家母阿婆马氏身故,至七日是开七斋。夫
2 检校尚书工部员外郎翟奉达忆念敬写《无常经》一卷,敬画宝髻如来佛
3 一铺。每七至三年周①,每斋写经一卷追福,愿阿娘托影神游,往生好处,
4 勿落三涂之灾,永充供养。

第二卷首题《佛说水月观音菩萨经》,经文似乎完整,没有尾题,后有题记:

1 十四日二七斋追福供养,愿神生净土,莫落三涂之难。
2 马氏承受福田。②

第三卷首题《佛说咒魅经》,尾题《咒魅经》,后有其子写的题记,称马氏"家母":

1 廿一日是③三七斋,以家母马氏追福,写经功德,一一领受福
2 田、永充供养。

第四卷首题《佛说天请问经》,尾题《天请问经》,后有其子写的题记,称马氏

---

① "年周",诸录文皆作"周年"。
② 方广锠:《藏外佛教文献》第一辑,北京:宗教文化出版社,1995年,第349—353页。
③ "是",诸录文皆无此字。

为"家母":

> 1 廿八日是四七斋,愿以家母马氏作福,一一见到,目前
> 2 灾障消灭,领受福田,一心供养。①

施萍亭先生1987年的文章指出,国家图书馆藏岗44(BD04544)号应接着上件天津藏卷。第五卷是《佛说阎罗王受记逆修生七斋功德经》,前面大概缺掉三分之一,尾题《佛说阎罗王受记经一卷》,后有其子958年4月26日写的题记,称马氏为"阿娘":

> 1 四月五日五七斋写此经,以阿娘马氏追福,阎
> 2 罗天子以作证明,领受写经功德,生于乐处者也。②

第六卷首题《(佛说)护诸童子陀罗尼咒经》,尾题《佛说护诸童子经》,也有题记:

> 1 四月十二日是六七斋,追福写此经,马氏一一领受
> 2 写经功德,愿生于善处。一心供养。

第七卷首题《般若波罗蜜多心经》,尾题《般若多心经》,也有题记(写错而圈掉的字放在方括号[]内):

> 1 四月十九日是收七斋,写此经一卷,以马氏追
> 2 福,生于好处,遇善知识,长逢善[和]因眷属,

---

① 刘国展、李桂英:《天津市艺术博物馆藏敦煌遗书目录——附传世本写经》,《敦煌研究》1987年第2期,第90—91页,津175。
② 杜斗城:《敦煌本〈佛说十王经〉校录研究》,兰州:甘肃教育出版社,1989年,第113页。

3 永充供养。①

藤枝晃先生1973年的文章指出，法国国家图书馆藏P.2055又接着上件北京藏卷，抄录了三卷佛经，每卷后也都有题记。② 卷前有题签，文曰："《佛说盂兰盆经》《摩耶夫人经》《善恶因果经》"。第八卷首题《佛说盂兰瓫（盆）经》，尾题《盂兰瓫经》，后有其子写的题记，称马氏为"亡家母"：

1 六月十一日是百日条，写此经一卷。为亡家
2 母马氏追福，愿神游净土，莫落三涂。

第九卷首题《大般涅槃摩耶夫人品经》，尾题《佛母经》，后有其子写的题记，称马氏为"亡过家母"：

1 为亡过家母写此经一卷。年周追福，
2 愿托影好处，勿落三涂之［哉］灾。仏弟子
3 马氏一心供养。

第十卷首题《佛说善恶因果经》，尾题《佛说善恶因果经一卷》，翟奉达所书题记称马氏为"亡过妻"：

1 弟子朝议郎检校尚书工部员外郎翟奉达为亡过
2 妻马氏追福，每斋写经一卷。标题如是：
3 第一七斋写《无常经》一卷　第二七斋写《水月观音经》一卷

---

① 陈垣：《敦煌劫余录》，北京：国立中央研究院历史语言研究所，1931年，册六，叶514b。许国霖：《敦煌石室写经题记》，收入许氏《敦煌石室写经题记与敦煌杂录》，上海：商务印书馆，1937年，叶11a。施萍亭：《一件完整的社会风俗史资料——敦煌随笔之三》，《敦煌研究》1987年第2期，第34—37页。任继愈主编《国家图书馆藏敦煌遗书》第61册第111—114页，条记目录，第11页。

② 藤枝晃：《敦煌历日谱》，《东方学报》第45册，1973年，第436—438页。

4 第三七条写《咒魅经》一卷　第四七条写《天请问经》一卷
5 第五七条写《阎罗经》一卷　第六七条写《护诸童子经》一卷
6 第七条写《多心经》一卷　百日条写《盂兰盆经》一卷
7 一年条写《佛母经》一卷　三年条写《善恶因果经》一卷
8 右件写经功德为过往马氏追福，奉
9 请龙天八部、救苦观世音菩萨、地藏
10 菩萨、四大天王、八大金刚，以作证盟，一一领受
11 福田，往生乐处，遇善知识，一心供养。①

高国藩先生发现上述十卷原来应该是在一起的②；池田温先生将上述十卷的题记汇集起来③；太史文对它们进行了研究。④ 写经者对马氏有称母，有称妻，在学者中引起了讨论。王惠民先生认为，从一七斋到周年斋写经者应为翟奉达与马氏之子，翟奉达三年斋时作总结性的题记。⑤

三、川藏述《佛说十王经》题记

《阎罗王授记经》诸写本中，有一部分是图文并茂的十王图像，尾题《佛说十王经》，时代约从五代初至北宋初年。现存图本可以分为两组：一组是卷首画主尊为释迦牟尼，有六菩萨图的全卷14图本，如P.2003、久保惣美术馆藏本、P.2870等；另一组是卷首画主尊为地藏的全卷13图本，如Ch.00404＋Ch.00212

---

① http://idp.bl.uk/database/oo_scroll_h.a4d? uid=1335404778;recnum=59094;index=7 (2014/11/4). 谢和耐等编，*Catalogue des manuscrits chinois de Touen-houang, fonds Pelliot chinois*，Paris：Bibliothèque nationale，1970—＜2001＞，v.1，♯2055，pp.39—40，图版一、二。

② 高国藩：《敦煌古俗与民俗流变：中国民俗探微》，南京：河海大学出版社，1990年，第321—324页。

③ 池田温：《中国古代写本识语集录》，载《东洋文化研究丛刊》(11)，东京：东京大学东洋文化研究所，1990年，no.2353—2359，pp.493—495.

④ Teiser, Stephen F. *The scripture on the ten kings and the making of purgatory in medieval Chinese Buddhism*，Honolulu：University of Hawaii Press，1994，pp.102—121.

⑤ 王惠民：《敦煌写本〈水月观音经〉研究》，《敦煌研究》1992年第3期，注3。

+ S.3961、Ch. cii. 001 + P.4523 等。张总认为:如何确定它们的区别与各自特性？可从经文本身及类似图像来作比较,五代宋时地藏十王图像在敦煌藏经洞绢纸画与莫高窟壁画都有不少,南宋明州(浙江宁波)出口日本的十王图轴、元明清寺院绢纸水陆画作延续有加,源头都可追到《十王经》。①

以释迦牟尼为主尊的卷首画与《阎罗王授记经》的文字内容比较吻合,其赞曰:

> 如来临般涅槃时,广召天龙及地祇。因为琰魔王授记,乃传生七预修仪。

经文讲释迦牟尼为阎罗王授记:

> 佛告诸大众:阎罗天子于未来世当得作佛,名曰普贤王如来,十号具足,国土严净,百宝庄严,国名华严,菩萨充满。②

现藏日本和泉市久保惣记念美术馆的十王经,卷首画是释迦牟尼佛向十王说法,释迦牟尼佛跌坐莲花座,结说法印,有头光、身光,上有娑罗双树。主尊佛以外均有榜题。佛左右有"大目乾连神通第一"与"舍利弗智惠第一"两大弟子。佛前十王分两排跪坐持笏板。顺序与一般十王的排列顺序有所不同。左边五王从上到下依次榜题为:"第一陈(秦)广王"、"第二初江王"、"第三宋帝王"、"第四五官王"、"第五五道转轮王"。右边五王从上到下依次榜题为:"第五七日过阎罗王"(阎罗王戴冕旒)、"第六变成王"、"第七太山王"、"第八平正王"、"第九都市王"。佛前有一案,上置香炉等,案两旁有"道明法师"与"善恶童子"。十王身后,有四判官持笏板而立,分别榜题"吴判官"、"赵判官"、"崔判官"、"□□王

---

① 张总:《十王地藏信仰图像源流演变》,载康豹、刘淑芬主编《信仰、实践与文化调适》("中央研究院"第四届国际汉学会议论文集),台北:"中央研究院",2013 年,第 213 页。

② http://idp.bl.uk/image_IDP.a4d? type＝loadRotatedMainImage;recnum＝197091;rotate＝0;imageType＝_M(2014/12/1)。

判官"。① 这种卷首画的结构以及释迦牟尼的形象可能是《冥王圣帧》祖本创作时的主要参考资料。卷首图后有经文以及地藏等六菩萨图,还有乘马使者图。然后每一幅画一个冥王,每个冥王都有几个侍从。最后一个是五道转轮王,画前方有六朵云头,上面各有代表六道的图像。② 结末部分有尾题《佛说十王经壹卷》,并画一坐莲花台佛像,并有董文员的供养像,董为跪姿,双手持香炉,面容为一老者。有题记:

1 辛未年十二月十日、书
2 画毕、年六十八写。
3 弟子董文员供养。③

辛未年可能是 971 年。罗世平先生认为,"董文员将自己和另一个女子的形象绘于十王殿中,为预修功德的一种形式。"④ 张总也认为,"由此董文员供养像可以看出,董文员在画面中已多次出现。……由此画面可知,其为供养人祈福之性质明显地在画面上体现出来。"他还指出,董文员是敦煌一位出色的画家,现知绘迹有中、英所藏共计三件。⑤

张总指出:现存三幅释迦牟尼为主尊的卷首画中,阎罗王均特意安排,接近

---

① http://www.ikm-art.jp/enlarge/02/0002.jpg(2014/10/19), Kubosō Korekushon, no. 15.
② http://www.ikm-art.jp/enlarge/02/0016.jpg(2014/10/19), Kubosō Korekushon, no. 15.
③ 松元荣一:《燉煌畫の研究:图像篇》,东京:东方文化学院东京研究所,1937 年,第 405—412 页。池田温:《中国古代写本识语集录》,载《东洋文化研究丛刊》(11),东京:东京大学东洋文化研究所,1990 年,第 456、558 页。Teiser, Stephen F. *The scripture on the ten kings and the making of purgatory in medieval Chinese Buddhism*, Honolulu: University of Hawaii Press, 1994, p.133 n.1; pp.285—286.
④ 罗世平:《地藏十王图的遗存及其信仰》,《唐研究》第四卷,1998 年,第 406 页。
⑤ http://www.ikm-art.jp/enlarge/02/0019.jpg(2014/10/19),松元荣一:《燉煌畫の研究:图像篇》,东京:东方文化学院东京研究所,1937 年,第 405—412 页。Teiser, Stephen F. *The scripture on the ten kings and the making of purgatory in medieval Chinese Buddhism*, Honolulu: University of Hawaii Press, 1994, p.133, n.1; pp.285—286. 张总:《地藏信仰研究》,北京:宗教文化出版社,2003 年,第 277 页。张总:《〈阎罗王授记经〉缀补研考》,《敦煌吐鲁番研究》第五卷,2001 年,第 98—100 页。

佛旁。尽管现存本中卷首画以释迦牟尼为主尊的绘卷不一定都比卷首画以地藏为主尊的绘卷来得早,但其逻辑上演进的程序很清楚,合乎经文的卷首图像,不可能出现在后,所以必出现在先。而且,卷首画以释迦牟尼为主尊者,全卷十四幅,都有含地藏的六菩萨图,而后取消了此图,全卷为十三幅,地藏从六菩萨之一,跃升至卷首来统摄十王。地藏作为六菩萨之一,是见诸经文文字的,所以这种变化只能视之为信仰的演进。①

所存十王经图绝大部分是佛(或地藏)前有十大冥王,而《冥王圣帧》则只有一个冥王——平等王,这自然是由于佛教与摩尼教教义不同。不过,佛教十王经图卷首画中也有只画一个冥王之例。美国华盛顿弗利尔博物馆所藏《佛说阎罗王授记四众逆修生七斋往生净土经》残存卷首画及正文开头的 29 行,及 18 种跋文。卷首画上只有阎罗王跪拜在释迦牟尼佛前,佛侧有菩萨、天王等协侍,明显为授记阎罗图景。卷首画上题"陈观音庆、妇人文殊连、男庆福造"、下题"南无灭正报释迦牟尼佛会",由于名字中夹佛名号,与南诏、大理国时期流行的"冠姓双名制"相类,图卷可能是 12 世纪初大理国人出资所绘。②

---

① 张总:《十王地藏信仰图像源流演变》,载康豹、刘淑芬主编《信仰、实践与文化调适》,2013年,第 213—214 页。
② Lawton, Thomas. *Chinese Figure Painting*, Washington: Smithsonian Institute, 1973, no.17, pp.91—93. 张总:《〈阎罗王授记经〉缀补研考》,《敦煌吐鲁番研究》第五卷,2001 年,第 86—87 页。弗利尔博物馆有计划地对其所藏的宋元书画进行了研究,见:http://www.asia.si.edu/SongYuan/default.asp. 对此画的研究的最后修订于 2012.18.09,见:http://www.asia.si.edu/SongYuan/F1926.1/F1926.1.asp(2014/11/4)。第二种跋文为翁方纲(1733—1818)所题,首残,文海出版社 1974 年影印翁氏著《复初斋文集》稿本第 7 册第 1914 页天头所录跋文可资校补。

四、敦煌绢画地藏六道组合像题记

大英博物馆藏 1919,0101,0.19(Ch.lviii.003)号敦煌绢画①是《地藏六道图》,地藏右手持锡杖,左手持宝珠,左足踏下,半跏趺坐,坐于莲花座上,前面的台子上有花盘。地藏左右各有一菩萨,都有"普门菩萨"的榜题。地藏背后有六条光焰代表六道,左边三条光焰从上至下画天上、畜牲、地狱的图像,右边三条光焰画人间、阿修罗、饿鬼的图像。图的下部左边有两个女供养人,从左至右分别榜题"女十娘子一心供养[出适阴氏]"、"故母阴氏一心供养"。右边有两个男子,从左到右分别榜题"故敦[煌]…[太子]宾[客]"、"男幸通一心供养"。中间是 963 年 6 月 16 日写的主榜题,从左到右释读为:

1 其斯绘者,厥有清信弟子康清奴身居火
2 宅,恐堕于五趣之中,祸福无常。心愿于解脱
3 之刃,今者更染患疾,未得痊瘀,愿微痾
4 速退于身躯,烦恼永离于原体。功德乃金
5 锡振动,地岳生莲;珠耀迷途,还同净土。更愿
6 亲姻眷属并休康宁,昆季枝罗同沾福分。
7 建隆四年癸亥岁五月廿二日题记。

"金锡"当指地藏所持锡杖,可起到振开地狱之门的作用。"珠"指地藏所持

---

① http://idp.bl.uk/image_IDP.a4d? type＝loadRotatedMainImage；recnum＝29458；rotate＝0；imageType＝_M(2014/10/12). Waley, Arthur. A catalogue of paintings recovered from Tun-huang by Sir Aurel Stein, K.C.I.E., preserved in the Sub-department of Oriental Prints and Drawings in the British Museum, and in the Museum of Central Asian Antiquities, Delhi, London: Printed by order of the Trustees of the British Museum and of the government of India, 1931, # XIX, pp.33－34. 松元荣一:《燉煌畫の研究：圖像篇》,东京：东方文化学院东京研究所,1937 年,v.1, pp.373；v.2, 图 106b。Whitfield, Roderick. *The art of Central Asia: the Stein collection in the British Museum*, 1982, v.2, colour plate 22, Fig. 27, p.317－318. 马德:《敦煌绢画题记辑录》,《敦煌学辑刊》1996 年第 1 期,第 139 页。

之摩尼珠,有消灾除病之德。施主康清奴施舍"斯绘",是为了祈求"微痾速退于身躯",未来则避免"堕于五趣之中",即人间、阿修罗、畜牲、饿鬼、地狱等五道。

五、敦煌绢画地藏、六道、十王组合像题记①

法国集美博物馆所藏 MG 17793 号敦煌绢画②被帽地藏背后有六道光焰,均画有图像,左边三条光焰从上至下榜题曰:"饿鬼道"、"畜生道"、"地狱道";右边三条光焰从上至下榜题曰:"生天道"、"人天道"、"阿修罗道"。两侧分别绘十王和判官,左侧两个判官有榜题"天曹判官",右侧两个判官有榜题"地府判官",有一僧人榜题曰"道明和尚"。在地藏菩萨像下绘有双童,并有两个供养人。图的上方两侧题记为:

1 奉为亡过女弟子郭氏永充供养
2 十王地藏菩萨壹铺。

集美博物馆藏 MG 17795 号敦煌绢画③十王中最上面的两个有自己的桌子,其他各王都坐在一个方坛上,每个王都有双童侍候。图的左上方有题记:

1 傅氏女弟子

---

① 参阅张总:《十王地藏信仰图像源流演变》,载康豹、刘淑芬主编《信仰、实践与文化调适》,第 223 页。

② http://idp.bl.uk/image_IDP.a4d? type=loadRotatedMainImage;recnum=192178;rotate=0;imageType=_M(2014/10/13). 松元荣一:《燉煌畫の研究:图像篇》,东京:东方文化学院东京研究所,1937 年,v.1, pp.386-387;v.2, 图 112a. Vandier-Nicolas, Nicole et al. *Bannières et peintures de Touen-Houang conservées au Musée Guimet*, Paris: Impr. nationale, 1974, v.14, pp. 237-238;v.15, Pl.114.

③ http://idp.bl.uk/image_IDP.a4d? type=loadRotatedMainImage;recnum=192180;rotate=0;imageType=_M(2014/10/13). 松元荣一:《燉煌畫の研究:图像篇》,东京:东方文化学院东京研究所,1937 年,v.1, pp.384-385;v.2, 图 111b. Vandier-Nicolas, Nicole et al. *Bannières et peintures de Touen-Houang conservées au Musée Guimet*, Paris: Impr. nationale, 1974, v.14, pp. 239-240;v.15, Pl.115.

2 为自身画

3 十王地藏一幀,一心供养。

　　集美博物馆藏 MG 17662 号敦煌绢画①中每王均有自己的桌子,每个判官都有自己的凳子。② 此图主体画了地藏、六道、十王,还增加了引路菩萨,画在左下角,可以与《冥王圣图》之光明童女(电光佛)比较。右下角细致地画了一位贵妇人及其三个侍女。下部中央是 983 年 12 月 20 日写的主榜题,著录如下:③

1 故清河郡娘子张氏绘佛邈真赞并序

2 上司院上

3 娘子者,即前河西一十一州节度使曹公之贵派矣。天垂异质,抱

4 □□以诞河湟;神假决(英)姿,扶(?)天星以临紫塞。卌岁而温良守道,闺门之淑(?)德

5 无亏;笄年而节俭柔和,帷幄之高风匪失。标英名于后世,播令仪(?)于前文。

6 □兰桂以驰芳,将松筠而挺操。门高钟鼎,□龟兆以适良贤;族重瑚琏(?),禀暮

7 □而婚贵望。三熏克己,每陈举案以谦恭;四德恒遵,不失□(迎)宾

---

① http://idp.bl.uk/image_IDP.a4d? type = loadRotatedMainImage; recnum = 192676; rotate = 0; imageType = _ M (2014/10/13). Vandier-Nicolas, Nicole et al. *Bannières et peintures de Touen-Houang conservées au Musée Guimet*, Paris: Impr. nationale, 1974, v.14, ♯116 (pp. 241—244; v.15, Pl.116. 马小鹤:《〈地藏十王图〉(MG 17662)与摩尼教〈冥王圣帧〉》,《艺术史研究》第十五辑,广州:中山大学出版社,2013 年。

② Ledderose, Lothar. "A King of Hell", in *Suzuki Kei Sensei kanreki kinen-Chūgoku kaiga shi ronshū*, Tokyo: Yoshikawa kōbunkan,1981, p.38—39, fig.5.

③ 马小鹤:《〈地藏十王图〉(MG 17662)与摩尼教〈冥王圣帧〉》,《艺术史研究》第十五辑,广州:中山大学出版社,2013 年,第 166—168 页。参阅马德:《敦煌绢画题记辑录》,《敦煌学辑刊》1996 年第 1 期,第 145—146 页;荣新江:《敦煌本邈真赞拾遗》,《敦煌学》第二十五辑,2004 年,第 461—463 页。

日本大和文华馆藏摩尼教《冥王圣帧》题记溯源

之□□。眉开

8 □宵之半月，频呈红浪之双莲。可谓褰举无奢侈之心，抚下负宽□之气。

9 □理家国，轨范广扇于门风；诫子课孙，暮练别彰于谋训。方谓琼枝

10 永秀，阐德誉于翡翠帘前；丽（?）貌长春，抱雍容于真珠堂内。岂期逝

11 □□逼（?），二鼠兴威。魄散流光，六天降祸。亲戚伤悼，耆婆之秘术奚施；族望

12 □□，榆附（柎）之神方何劾。子侄痛切，抽割心肠；姊妹啤咷，恨不死灭。□□晨（?）逝（?），□

13 知□具（?）于何方；掩弃人寰，难明前路之黑白。遂减资财，兹绘真容，用益亡灵，所

14 □□□。□□龙华会下，早闻般若之□（声）；□□尊前，速授菩提之记。庶几芥城外

15 □，□功德之无穷；劫石拂（弗）终，斯胜因之莫泯。然后先亡远代，七世灵魄，赖

16 （?）证（?）之福田，离三涂之极苦。继（?）崇等伏奉

17 □□，□敢□□，宜述芳声，将存纪远。其词曰：天降仙家（?）貌，芳姿绝代绨（希）。

18 神采灵异质，英誉实傀奇。丱岁存箴诫，笄年蕴礼仪。三从恒守节，四德未尝亏。

19 □□传前史，英风流后□。闺门选贤智，方乃出宫帏。举案如宾敬，何殊文□□。

20 伍心垂下问，宽猛共相依。方保松筠茂，丘山与作期。河阳逝波近，魄散似电飞（?）。

21 九戚怀哀恋，六姻例愡悲。略题绵帐下，用记后来□。

22 于时太平兴国八年岁次癸未十一月癸丑朔十四日丙寅题纪。

这幅画精美异常，题记不仅篇幅很长，而且出于上司院文人学士之手，之乎者也，比其他题记用词华丽，但中心意思并无多大不同，就是担心张氏"难明前路之黑白"，亲戚不惜出资，不仅"绘佛"，即画地藏菩萨，以及六道、十王、引路菩萨，作为功德，而且"邈真"，即"兹绘真容"，为其画肖像，希望她能"离三涂之极苦"。

有的地藏十王图加上了审判的场面，例子是大英博物馆藏1919,0101,0.23(Ch.0021)号敦煌绢画[1]，在地藏、道明、狮子的下面，画了一个鬼卒押解着一个带枷的罪人，看着一面镜子里自己所作的罪孽，镜子旁站着一个判官。下部左右画了供养人，中间的主榜题空白。法藏EO3580[2]号绢画十王地藏图像，上有西方净土三圣及宝池，属于十王与净土图景结合的形式。

六、明州画坊

宋元时期明州（今浙江宁波）画坊绘制十王——分开的图轴。美国现存一套十王图轴，5幅藏于纽约大都会美术馆，4幅藏于波士顿美术馆，一共9幅，其中4幅有题记"大宋明州车桥西金处士家笔"。庆元元年（1195）明州升格为庆元府，因此可以推测这套十王图轴绘制于1195年之前。日本奈良国立博物馆、滋贺县永源寺各藏一套十王图轴，上面均有题记"庆元府车桥石板巷陆信忠笔"，庆元元年到至元十三年（1276）宁波称庆元府，说明这样的图轴当绘于这个期间。奈良国立博物馆还藏有元代（13—14世纪）十王图轴中的三幅：阎罗王、

---

① http://idp.bl.uk/image_IDP.a4d? type＝loadRotatedMainImage；recnum＝29467；rotate＝0；imageType＝_M(2014/10/20)．

② http://www.photo.rmn.fr/LowRes2/TR1/KYG1Z6/05－512243.jpg(2014/11/26)．

泰山王和五道转轮王，其中二幅有"陆仲渊笔"的题记。①

七、结语

我们可以把上引资料大致按年代列为一表，以初步显示这类经图的演进：

原经号	经图名简称	收藏地	纪年	备注
散 0535	阎罗王受记经	李氏原藏	戊辰年七月廿八日（908.8.27）	八十五□□
列 26	阎罗授记经	中国国家图书馆	戊辰年八月一日（908.8.30）	八十五老人
S.4530	阎罗王授记经	英国国家图书馆	戊辰十二月十四日（909.1.8）	八十五□□
S.5544(2)	阎罗王授记经	英国国家图书馆	辛未年正月（911?）	
S.5450	阎罗王经	英国国家图书馆	911?	
S.6230	阎罗王授记经	英国国家图书馆	同光肆年丙戌岁六月六日（926.7.18）	

---

① 谢和耐等编，Catalogue des manuscrits chinois de Touen-houang, fonds Pelliot chinois, Paris：Bibliothèque nationale，1970—＜2001＞，图版 79（第 82—83 页）、80（第 85—87 页）、82（第 89—91 页）、83（第 92 页），第 251、300—301 页。雷德侯（Ledderose, Lothar）对十王图的演进提出另一种假设，第一步可能是将十王插入已经存在的地藏六道图。他所举的地藏六道图是集美博物馆藏 MG 17664，插入十王的地藏六道图为大英博物馆藏 1919,0101,0.9（Ch.lxi.009）。下一步十王获得越来越大的空间。MG 17795 绢画上，十王中最上面的两个有了桌子，其他各王坐在一个方坛上，每王均有双童侍候。MG 17662 绢画上，每王均有了桌子，每个判官都有凳子坐。大英博物馆藏 1919,0101,0.23 绢画又增加了拷问场景，戴枷的罪人看着业镜见自己所作的罪孽，一个鬼卒挂着大棍。在十王经图中，十王取得了更大的独立性。日本长尾美术馆藏的十王经卷首画类似 Ch.lxi.009，不过主尊不是地藏而是释迦牟尼。每王都有一幅图，最后的五道转轮王左边画了六道轮回。至于从十王经图发展到宁波的十王图轴，只是一步之遥了。Ledderose, Lothar. "A King of Hell", in *Suzuki Kei Sensei kanreki kinen：Chūgoku kaiga shi ronshū*, Tokyo：Yoshikawa kōbunkan，1981，pl.1，pp.33—35；Figs. 2—8，pp.37—41.

续表

原经号	经图名简称	收藏地	纪年	备注
散799	阎罗王受记经	日本书道博物馆	清泰三年丙申十二月（937.2）	薛延唱
北8259冈44	阎罗王受记经	中国国家图书馆	［显德五年岁次戊午］四月五日（958.4.26）	翟奉达之子
Ch.lviii.003	地藏六道图	大英博物馆	建隆四年癸亥岁五月廿二日（963.6.16）	康清奴
	佛说十王经	日本和泉市久保惣记念美术馆	辛未年十二月十日（971.12.30）	董文员,有图
MG 17662	绘佛邈真图	法国集美博物馆	太平兴国八年岁次癸未十一月癸丑朔十四日丙寅（983.12.20）	清河郡娘子张氏
F1926.1	阎罗王授记经	美国华盛顿弗利尔博物馆	12世纪	陈观音庆、妇人文殊连、男庆福造,有图
	十王图轴	美国纽约大都会美术馆、波士顿美术馆	南宋（12世纪,1195年以前）	金处士
	十王图轴	日本奈良国立博物馆、滋贺县永源寺	南宋—元（1195—1276）	陆信忠
	十王图轴	日本奈良国立博物馆	元（13—14世纪）	陆仲渊

我们纵览了一些十王地藏信仰经文图像的题记,其间有种种不同。有的十王图是预先制作以备出售的,预留了写题记的空间,但是可能并未出售,因此我们今天看到的题记部分仍然是空白的（MG 17664、Ch.0021）。有的十王图则并未预留空间,而是出售之际临时写一条简短的题记（MG 17795）。MG 17662

题记则长篇累牍，用词典雅，书法工整，由文人撰写、书法家挥毫，与此相符，图上的供养人像是邈真，也即写真图。《冥王圣帧》上的题记介乎两者之间，是一般比较常见的题记。

  题记称之为"冥王圣帧（图？）"，而画面却以摩尼居中。这种文字与画面的不一致，也见于卷首画主尊为地藏的十王经。张总指出：这种《佛说十王经》将原来以释迦牟尼为主尊的卷首画改为以地藏为主尊，显然有不合理处，因为其卷首文字仍然是释迦为阎罗授记，包括六菩萨等方面，《佛说十王经》的文字并无改动，但画面已有所改易。所以说地藏统领十王，地位的提高是从插图画面来显现的。① 《佛说十王经》卷首画主尊从释迦牟尼改易为地藏的演变可以比较合理地解释这种文字与图像的不一致。《冥王圣帧》的情况与此有类似之处，也有不同之处。在摩尼教教义中，并无十个冥王，只有平等王最类似冥王。在摩尼教神谱中平等王犹如佛教中的阎罗王，地位并不高。摩尼本来是教主而非神祇，但是在汉地，他犹如释迦牟尼，被捧上了神坛，地位比平等王高得多。《冥王圣帧》模仿《佛说十王经》以释迦牟尼为主尊的卷首画，以摩尼取代释迦牟尼，自然以摩尼居中，而以平等王屈居其下。今日学者们还常常把《佛说十王经》简称为《十王经》，我们虽然没有文字资料证明《冥王圣帧》是《摩尼光佛说冥王圣帧》的简称，但从逻辑上来说，摩尼光佛在此画上的地位犹如《佛说十王经》里的释迦牟尼，应无疑义。摩尼光佛统领平等王也是通过画面来显现的，很可能没有显现在题记中。

  上引十王经图有关题记反映的施主意愿可以在《佛说十王经》本身找到其教义根据。此经甲类 P.2003② 说：

    若复有人修造此经，受持读诵，舍命之后，不生三涂，不入一切诸大地狱。

---

 ① 张总：《十王地藏信仰图像源流演变》，载康豹、刘淑芬主编《信仰、实践与文化调适》，第219页。
 ② http://idp.bl.uk/database/oo_scroll_h.a4d? uid=5222966419; recnum=59044; index=13. 萧登福：《敦煌俗文学论丛》，台北：台湾商务印书馆，1988年，第264—265页。杜斗城：《敦煌本〈佛说十王经〉校录研究》，兰州：甘肃教育出版社，1989年，第4—5、122—123页。

赞曰：若人信法不思议，书写经文听受持。舍命顿超三恶道，此身长免入阿鼻。

在生之日，煞父害母，破斋破戒，煞猪、牛、羊、鸡、狗、毒蛇，一切重罪，应入地狱，十劫五劫。若造此经及诸尊像，记在冥案，身到之日，阎王欢喜，判放其人，生富贵家，免其罪过。

赞曰：破斋毁戒煞猪鸡，业镜照然报不虚。若造此经兼画像，阎王判放罪消除。

由此可知，当时民众普遍相信，抄写此经以及造诸尊像，可以使自己亡故的亲人不转生三涂，不入一切诸大地狱。P.2003"第九：一年过都市王"的图画，形象地描绘了善男女抄经造像，以求不滞留冥司的情景（图3）：

赞曰：一年过此转苦辛，男女修何功德因。六道轮回仍未定，造经造像出迷津。

图上画了两个男子，一个捧着佛经，一个捧着佛像，都市王展开卷宗，案前站着一个赤膊的受审者。

此经乙类（S.5544）更详细地说明了预修生七斋：[②]

若善男子、善女人、比丘、比丘尼、优婆塞、优婆夷，预修生七斋，每月二时：十五日、三十日，若是新死，依一七计，至七七、百日、一年、三年，并须请此十王名字。每七有一王下检察，必须作斋，功德有无，即报天曹、地府。供养三宝，祈设十王，唱名纳状，状上六曹官；善恶童子，奏上天曹、地府冥官等，记在名案，身到日时，当便配生快乐之处，不住中阴四十九日。身死

[①] http://idp.bl.uk/image_IDP.a4d? type＝loadRotatedMainImage;recnum＝182611;rotate＝0;imageType＝_M.

日本大和文华馆藏摩尼教《冥王圣帧》题记溯源

图3 《佛说十王经》第十二图①

已后,若待男女六亲眷属追救,命过十王,若阙一斋,乘在一王,并新死亡人留连受苦,不得出生,迟滞一劫。是故劝汝,作此斋事。如至斋日到,无财物及有事忙,不得作斋请佛,延僧建福,应其斋日,下食两盘,纸钱喂饲。新亡之人,并归在一王,得免冥间业报饥饿之苦。若是生在之日作此斋者,名为预修生七斋,七分功德尽皆得之。若亡没已后,男女六亲眷属作斋者,七分功德,亡人唯得一分,六分生人将去,自种自得,非关他人与之。

俄罗斯藏《阎罗王授记经》别本残片对逆修部分多所强调:②

---

① http://idp.bl.uk/database/oo_scroll_h.a4d? uid=58840439340;recnum=10498;index=1(2014/11/24).萧登福:《敦煌俗文学论丛》,台北:台湾商务印书馆,1988年,第260页。杜斗城:《敦煌本〈佛说十王经〉校录研究》,兰州:甘肃教育出版社,1989年,第75—76、123—124页。
② 张总:《十王地藏信仰图像源流演变》,载康豹、刘淑芬主编《信仰、实践与文化调适》,第203页。

Дx.06099：……此经我等四部诸□□何奉持。佛告四部众，此经名为《阎罗王受记四众逆修七斋往生净土经》。此经云何逆修？尔时阎罗王说逆修七斋，四部诸众谛听[谛听]逆修斋……

Дx.143号正：……者，在生之日，请佛延僧，设斋功德，无量无边。亦请十王，请僧七七四十九人，俱在佛会。饮食供养及施所爱财物者，命终之日，十方诸佛、四十九僧为作证[盟]。□罪生福，善恶童子悉皆欢[喜]，□便得生三十

Дx.143号背：三天，汝当奉持流布国界，于教奉行。佛说阎罗王受记经①

　　逆、预修生七斋的做法，当时大概颇为盛行，后来并不流行。不过，施财画冥王图，献入寺院，作为功德，既超度死者亡灵，又为生者祈福的观念与实践则未终止，也影响了明教徒。

　　上引各种冥王图经的题记内容，可以分为三类。一类是为死者祈福，可以翟奉达为亡妻作十王斋写经上的题记为例，无非祈求能让死者"托影神游，往生好处，勿落三涂之灾，永充供养"。《故清河郡娘子张氏绘佛邈真赞并序》（MG 17662）、女弟子郭氏题记（MG 17793）等当属此类。这类题记与图像的联系显而易见，因为地藏（或释迦牟尼）、十王是主宰亡灵命运的神祇。另一类兼顾生者、死者，可以薛延唱题记为例，一方面为过往慈父作福、莫落三途之苦，另一方面为生病的母亲和自己祈福（东京书道博物馆藏《阎罗王受记经》）。第三类则是为生者祈福，可以董文员题记（久保惣记念美术馆藏十王经）为例，康清奴题记（Ch.lviii.003），傅氏女弟子（MG 17795）、八旬老人（S.5534等）、敦煌安国寺尼妙福（S.2489等）、《阎罗王授记经》（S.6230）的题记当属此类，为自己及亲人祈求病患不侵、常保安乐，死后免下地狱、往生净土。《冥王圣帧》从残存的题记判断，似非为死者祈福，也不一定兼为死者与生者祈福，而可能是为生者，首先

---

① 孟列夫、钱伯城主编《俄藏敦煌文献》，第12册，第359页；第6册，第96页。

是施主张思义、郑氏辛娘"祈保平安"。

参考文献

陈垣:《敦煌劫余录》(六册,中央研究院历史语言研究所专刊四),北京:国立中央研究院历史语言研究所,1931年。

陈祚龙:《中世敦煌与成都之间的交通路线》,《敦煌学》第一辑,1974年,第79—86页。

池田温:《中国古代写本识语集录》,载《东洋文化研究丛刊》(11),东京:东京大学东洋文化研究所,1990年。

大和文华馆:《大和文華館藏品図版目録》,奈良:大和文华馆,1974年。

杜斗城:《敦煌本〈佛说十王经〉校录研究》,兰州:甘肃教育出版社,1989年。

方广锠:《藏外佛教文献》,北京:宗教文化出版社,1995年。

高国藩:《敦煌古俗与民俗流变:中国民俗探微》,南京:河海大学出版社,1990年。

Giles, Lionel. *Descriptive catalogue of the Chinese manuscripts from Tunhuang in the British Museum*. London: Trustees of the British Museum, 1957.

古川摄一:《マ二教絵画.开馆五十周年记念特别企画展I「信仰と絵画」特集図録》,奈良:大和文华馆,2011年。

Gulácsi, Zsuzsanna. "A Visual Sermon on Mani's Teaching of Salvation: A Contextualized Reading of a Chinese Manichaean Silk Painting in the Collection of the Yamato Bunkakan in Nara, Japan,"载《内陆アジア言语の研究》(*Studies on the Inner Asian Languages*). XXIII, 2008, pp.1—16.

Gulácsi, Zsuzsanna:《大和文華館藏マ二教繪画にみられる中央アジア来源の要素について》,田中健一、柳承泽译,《大和文华》(119),2009年,第17—34页。

Gulácsi, Zsuzsanna. "The Central Asian Roots of a Chinese Manichaean Silk Painting in the Collection of the Yamato Bunkakan, Nara, Japan.", in Jacob van den Berg and Annemaré Kotzé and Tobias Nicklas and Madeleine Scopello eds. '*In Search of Truth*': *Augustine, Manichaeism and other Gnosticism. Studies for Johannes van Oort at Sixty*. (Nag Hammadi and Manichaean Studies Series #74.), Leiden: Brill, 2011, 315 - 337 + pls. 5.

Gulácsi, Zsuzsanna. *Mani's pictures: the didactic images of the Manichaeans from Sasanian Mesopotamia to Uygur Central Asia and Tang-Ming China*, Leiden: Brill, 2015.

古乐慈(Gulácsi, Zsuzsanna):《一幅宋代摩尼教〈夷数佛帧〉》,王媛媛译,载《艺术史研究》第十辑,2008年,第139—148页。

黄永武:《敦煌宝藏》,台北:新文丰出版公司,1981年。

吉田丰:《寧波のマニ教画いわゆ「六道図」の解釋をめぐって》,《大和文华》(119),2009年,第3—15页。

吉田丰:《マニの降誕図について》,《大和文华》(124,マニ降誕図特輯),2012年,第1—10页。

吉田丰、古川摄一:《中國江南マニ教絵畫研究》,京都:临川书店,2015年。

井手诚之辅等:《日本の宋元仏画》,载《日本の美術》(418),东京:至文堂,2001年,第1—98页。

Kósa, Gábor. "The Iconographical Affiliation and the Religious Message of the Judgment Scene in the Chinese Cosmology Painting." 载张小贵主编《三夷教研究——林悟殊先生古稀纪念论文集》(《欧亚历史文化文库》),兰州:兰州大学出版社,2014年。

Lawton, Thomas. *Chinese Figure Painting*, Washington: Smithsonian Institute, 1973.

Ledderose, Lothar. "A King of Hell", in *Suzuki Kei Sensei kanreki kinen: Chūgoku kaiga shi ronshū*, Tokyo: Yoshikawa kōbunkan, 1981, Pl.1—4, pp.33-42.

刘国展、李桂英:《天津市艺术博物馆藏敦煌遗书目录——附传世本写经》,《敦煌研究》1987年第2期,第74—95页。

刘铭恕:《斯坦因劫经录》,载《敦煌遗书总目索引》,北京:商务印书馆,1962年。

罗世平:《地藏十王图的遗存及其信仰》,《唐研究》第四卷,1998年,第373—414页,1998年。

马德:《敦煌绢画题记辑录》,《敦煌学辑刊》1996年第1期(总第29期),第136—147页。

马小鹤:《〈地藏十王图〉(MG 17662)与摩尼教〈冥王圣帧〉》,《艺术史研究》第十五辑,广州:中山大学出版社,第161—176页,2013年。

Mair, Victor H. *Painting and Performance: Chinese Picture Recitation and Its Indian Genesis*, Honolulu: Hawaii University Press, 1988.

孟列夫、钱伯城:《俄藏敦煌文献》,上海古籍出版社,1992年。

奈良国立博物馆:《聖地寧波:日本仏教1300年の源流——すべてはここからやって来た》,奈良:奈良国立博物馆,2009年。

粘良图:《晋江草庵研究》,厦门:厦门大学出版社,2008年。

泉武夫:《景教聖像の可能性——棲雲寺藏傳虛空藏畫像について》,载《國華》(1330),

2006年，第7—17页。

任继愈：《国家图书馆藏敦煌遗书》，北京：北京图书馆出版社，2005—2008年。

荣恩奇：《敦煌县博物馆藏敦煌遗书目录》，载北京大学中国中古史研究中心编《敦煌吐鲁番文献研究论集》第三辑，北京：北京大学出版社，1986年，第541—584页。

荣新江：《归义军史研究——唐宋时代敦煌历史考察》，上海：上海古籍出版社，1996年。

荣新江：《敦煌本逸真赞拾遗》，《敦煌学》第二十五辑，2004年，第461—463页。

上海古籍出版社、天津市艺术博物馆：《天津市艺术博物馆藏敦煌文献》，上海：上海古籍出版社，1996年。

施萍亭：《一件完整的社会风俗史资料——敦煌随笔之三》，《敦煌研究》1987年第2期，第34—37页。

舒学（白化文）：《敦煌汉文遗书中雕版印刷资料综述》，载《敦煌语言文学研究》，北京：北京大学出版社，1988年。

松元荣一：《燉煌畫の研究：圖像篇》，东京：东方文化学院东京研究所，1937年。

Teiser, Stephen F. *The scripture on the ten kings and the making of purgatory in medieval Chinese Buddhism*, Honolulu: University of Hawaii Press, 1994.

藤枝晃：《敦煌历日谱》，《东方学报》第45册，1973年，第377—441页。

秃氏佑祥、小川贯弌：《十王生七經讚圖卷の構造》，载西域文化研究会编《中央アジア佛教美術》(5)，Kyōto: Hōzokan, 1962年，第255—296页。

Vandier-Nicolas, Nicole et al. *Bannières et peintures de Touen-Houang conservées au Musée Guimet*, édité avec le concours de l'Académie des inscriptions et belleslettres du Centre national de la recherche scientifique et de l'Institut des hautes études chinoises; sous la direction de Louis Hambis. (*Mission Paul Pelliot*; 14－15) Paris: Impr. nationale, 1974—.

Waley, Arthur. *A catalogue of paintings recovered from Tun-huang by Sir Aurel Stein, K.C.I.E., preserved in the Sub-department of Oriental Prints and Drawings in the British Museum, and in the Museum of Central Asian Antiquities*, Delhi, London: Printed by order of the Trustees of the British Museum and of the government of India, 1931.

王惠民：《敦煌写本〈水月观音经〉研究》，《敦煌研究》1992年第3期，第31、93—98、130页。

王媛媛：《再论日本大和文华馆藏摩尼教绢画》，《唐研究》第十八卷，2012年，第375—400页。

王重民:《伯希和劫经录》,载《敦煌遗书总目索引》,北京:商务印书馆,1962年。

Whitfield, Roderick. *The art of Central Asia: the Stein collection in the British Museum*, Roderick Whitfield;[photography, Bin Takahashi]. Tokyo: Kodansha International, in cooperation with the Trustees of the British Museum; New York: Distributed in the U.S.A. by Kodansha International/USA, through Harper and Row, 1982.

萧登福:《敦煌俗文学论丛》,台北:台湾商务印书馆,1988年。

谢和耐等:*Catalogue des manuscrits chinois de Touen-houang, fonds Pelliot chinois*, Paris: Bibliothèque nationale, 1970—<2001>。

许国霖:《敦煌石室写经题记》,收入许氏《敦煌石室写经题记与敦煌杂录》,上海:商务印书馆,1937年。

杨继东:"Stephen Teiser, The scripture on the ten kings and the making of purgatory in medieval Chinese Buddhism",《唐研究》第三卷,1997年,第483—486页。

Yoshida, Yutaka(吉田丰). "A newly recognized Manichaean painting: Manichaean Daēnā from Japan", in sous la direction de Mohammad Ali Amir-Moezzi et al. *Pensée grecque et sagesse d'orient: hommage à Michel Tardieu*, Turnhout: Brepols, 2009, pp.697—714.

张总:《〈阎罗王授记经〉缀补研考》,《敦煌吐鲁番研究》第五卷,2001年,第81—116页。

张总:《地藏信仰研究》,北京:宗教文化出版社,2003年。

张总:《十王地藏信仰图像源流演变》,载康豹、刘淑芬主编《信仰、实践与文化调适》("中央研究院"第四届国际汉学会议论文集),台北:"中央研究院",2013年。

中村不折(Nakamura, Fusetsu):《禹域出土墨宝书法源流考》,东京:西东书房,昭和二年(1927);中村不折:《禹域出土墨宝书法源流考》,李德范译,北京:中华书局,2003年。

中野徹:《久保惣記念美術館:东洋古美術展》,载《古美術》(62),三彩社,1982年。

中国当代研究资源和地方研究资源
——2016 年北美东亚图书馆协会高级研讨班内容综述

◎ 柳 瀛[①]

摘　要：

本文是一篇综述,概括介绍 2016 年 7 月北美东亚图书馆协会中文资源委员会与上海图书馆、上海华东师范大学及其他研究机构联合举办的"中国当代和地方研究资源高级研讨班"的内容。综述围绕研讨会的五个主要议题进行评介：一、当代文献史料；二、手稿文献；三、当代族谱；四、当代地方志；五、中国知青研究资源专题。

关键词：

研究资料；当代中国研究；手稿；族谱；地方志；知青资料

A Summary of the 2016 SCSL Workshop on Chinese Contemporary
and Local Research Resources

◎　Ying Liu

Abstract：

The article is a summary of the content of 2016 SCSL (Society for Chinese Studies Librarians) Workshop on Chinese Contemporary and Local Research Resources. The workshop was organized by the CEAL (Council of East Asian Libraries) Chinese Resources Committee and the Shanghai Library, the East China Normal University and other research institutes in July, 2016. The article

---

①　柳瀛,加拿大维多利亚大学东亚研究馆员。

provides a brief introduction on five themes of the workshop: a. Contemporary resources on the PRC History; b. Manuscripts and relevant documents; c. Contemporary genealogical records; d. Contemporary local chronicles; e. Resources of the Chinese Educated Youth (zhi shi qin nian).

Keywords:

Research resources; Contemporary Chinese studies; Manuscripts; Genealogical records; Local chronicles; Resources of the Educated Youths (Zhi Qin)

2016年7月4日到6日,笔者与其他26位来自北美、欧洲,以及新加坡的图书馆界同行汇聚于上海参加了北美东亚图书馆协会中文资源委员会举办的"中国当代和地方研究资源高级研讨班"。因为大家普遍感觉受益颇多,所以中文资源委员会决定由笔者就研讨会内容作一综述,以飨其他此次未能参加研讨会的各位同人。

为方便学术探讨,综述的内容将围绕研讨会的五个主要议题进行评介,并不完全按照研讨会日程安排来记录。如果读者对于综述的内容感兴趣或希望了解更多,请与北美东亚图书馆协会中文资源委员会[①]联系。

中国当代研究资源专题:华东师范大学当代文献史料中心

华东师大的沈志华教授首先作了题为《中国周边国家档案收藏情况介绍》的报告。沈教授和他领导的团队对于冷战时期中国周边国家的多国档案做了大量的收集、整理和研究工作。其收集范围广泛,不仅包括前苏联、美国、英国、日本等与中国相关档案资源丰富的国家,还包括越南、柬埔寨、缅甸、蒙古、印度、韩国和朝鲜,甚至南亚、西亚等国的档案都有所收集。他对档案材料所反映的历史事件及其历史价值,更是如数家珍。他们为收集档案史料一次次奔赴海外,上下求索的精神令人感动。沈教授及其团队出版的《俄罗斯解密档案选编:中苏关系(1945—1991)》[②]含有大量从未公开发布过的内容,值得图书馆员

---

① 北美东亚图书馆协会中文资源委员会:https://sites.google.com/site/scslweb/.
② 沈志华:《俄罗斯解密档案选编:中苏关系(1945—1991)》,上海:东方出版中心,2015年.

关注。

韩刚教授的报告"中国当代史民间资料的搜集和整理"反映了华东师大当代文献史料中心的另一项主要工作：收集1949年以来非官方机构收藏的生成于民间，或者产生于官方但散落在民间的文献资料。这些资料有七万多件，包括：基层单位、乡村档案、地方党政机构资料、个人档案、私人资料、内刊、小报、通讯、文件及与民国相关的材料。

华东师大当代文献史料中心已经将部分资料电子化并制作了数据库以便于研究使用，还有大量资料在整理的过程中。之后杨奎松教授的报告着重于这些民间史料的研究利用问题，这也是我们图书馆员关心的问题。这些资料无疑有巨大的史学和社会学研究价值，但供研究使用时研究者主要面临两个问题：一是资料可靠性如何辨别的问题；二是涉及个人的内容如何既兼顾个人、家属的隐私保护又体现资料的学术价值。这就要求当代文献史料中心对于它保存的不同类型的资料制定不同的引用标准，指导研究者正确地使用这些资料。对于希望使用这些资料的教授和博士生，需要向华东师大当代文献史料中心申请，通知所研究的课题，联系后到华东师大图书馆来使用。杨教授的近作[①]正是运用了部分民间资料所做的研究，可供大家参考。

中国地方研究资源专题一：手稿文献

上海图书馆历史文献中心的黄显功教授向我们作了"手稿文献的收藏与研究"的报告。上海图书馆着力于手稿收藏始于20世纪30年代，手稿馆成立于1996年。黄教授首先提出了手稿的定义，即作者的一种创作行为的结果。所以它与手迹不同，手迹是所有书写形成的产物。手稿形式表现为多种形态，比如初稿（又称底稿）、修改稿和定稿。其中修改稿少有完整形式的保存，但非常具有研究价值。最近鲁迅手稿研究成为国家课题，其中鲁迅的手稿的大部分是定稿。黄教授展示了多件名人手稿，有著作稿，如日记、书信、笔记；创作稿；增

---

① 杨奎松：《"边缘人"纪事：几个"问题"小人物的悲剧故事》，广州：广东人民出版社，2016年。

订稿和样书修订稿等。目前上海图书馆藏有七万多件名人日记,两万多件书信,并且存有大量的古人尺牍。尺牍是最具社会性的文本创作。无论是手稿还是尺牍,在传统文献学研究中都有重要的地位。黄教授指出国内目前对手稿的研究尚未形成理论。

上海图书馆今年对其所藏的五千多封近代书信进行了整理出版,我们同行也许有兴趣关注。对于手稿收集的展望,黄教授提出上海图书馆将对当代人的手稿进行有目标地征集。另外,随着人们书写方式和载体的变化,国外已经将计算机硬盘当作一种载体来收藏,因为它可记录稿本修改的过程,相关信息可以通过技术手段还原出来。

中国地方研究资源专题二:当代族谱

上海师范大学钱杭教授就中国当代族谱的收集和研究作了报告。报告的内容概述如下:中国谱牒史以汉语谱牒为主要分析对象,动态性地把握这一具有连续性特点的民间文献的形成、发展、演变转换的过程及其规律。"历史性"和"连续性"是族谱研究的关键。国内外中国谱牒史研究多以1949年为下限,对新中国建立以后各阶段问世的新编谱牒研究较少,未能体现谱牒史的连续性特点,资料搜集更是片面局部。钱教授也指出近年来对于新编谱牒的研究有所进展:如厦门大学陈支平教授主持了对南方少数民族家谱(含部分新谱)的研究,中国民族图书馆王华北教授主持了对北方少数民族家谱(含部分新谱)的研究,美国哈佛大学费正清研究中心宋怡明教授也提出了全面评估20世纪中国新、旧谱差异的计划,都说明一部完整的中国谱牒史再也不能轻视和忽视新谱的存在了。

在谱牒收集领域,上海图书馆编撰的《中国家谱总目》[①]著录新谱一万三千种,占现存谱牒总量的近四分之一。而钱教授的课题目标也是广泛收集现有新谱,鉴定影印珍贵文本,建立专题目录和综合数据库,撰写多卷本"中国新编谱

---

① 王鹤鸣:《中国家谱总目》十卷,上海:上海古籍出版社,2008年。

牒研究"。新谱搜集将在现有各种目录的基础上，通过新方志、互联网、田野考察等渠道补充未著录新谱，建立时段为1950～2015年，下设大陆、港澳、台湾三个子目的综合目录。目录的体例以国家颁布的《古籍著录规则》为基础，结合新谱实际，选录各省级区域新谱的年代、姓氏、谱名、谱种、谱籍、卷册、藏地、版次、地域分布等信息。目录的检索系统将委托信息科技公司制作。而新编谱牒选辑将以卷帙完整、规模适中（以1－2册的新谱为主）、年份清晰、品相良好为标准，以省为单位，全文影印存世较少的1950～2015年间所出新谱，计划暂定15卷，每卷册数不一，五年出齐。每册容量为500幅（每幅2图），每谱配版次、区域、背景、谱学特征说明。目前已选定山西省卷3册，山东省卷3册，浙江省卷9册。选辑将由复旦大学出版社出版。数据库制作将与编辑选辑同步，将择优扫描2500种新谱。

在新谱研究方面，地理分布上新谱与旧谱繁盛地区之间的渊源关系是一个重要课题。另外在时间上，新谱研究主要分以下阶段：中华人民共和国成立时期（1949—1952）；社会主义改造时期（1952—1956）；社会主义建设探索时期（1956—1966）；"文化大革命"时期（1966—1976）；中国特色社会主义开拓时期（1976—1989）；全面开放时期（1989—1999）、城市化－互联网时期（2000—至今）。其他重要的研究课题有：宗族形态的历史演变与新谱的过渡、转型过程，港澳台及海外华人的新谱，城市化与互联网时期的宗族与新谱，"后宗族"形态与新谱价值选择等。

中国地方研究资源专题三：当代地方志

国家地方志指导小组办公室的张英聘博士作了题为"中国当代地方志编纂"的报告。她首先介绍了当代地方志发展的四个阶段。

一、1956年至1966年的初步探索：1956年成立中国地方志小组。1958年，该小组提出《关于新修地方志的几点意见》，这是中华人民共和国成立以来，关于地方志编纂原则的第一个带有纲领性的文件。这个时期的志书内容较为简略，或有浓重的宣传色彩，或引用了许多浮夸的数字资料。

二、1966年至1976年的停滞：新方志编纂工作受到一些事件的冲击。但仍有《漠河县志》《呼马县志》等志书出版。

三、1979年至20世纪末、21世纪初的"首轮修志"：至20世纪90年代末，有的到21世纪初，全国规划出版5900多部新方志，已出版5800多部。

四、20世纪末21世纪初至今仍在进行的"二轮修志"：二轮修志主体是在首轮修志基础上进行续修或重修，个别地区为增修，新成立的市区、开发区等创修。工作重点在山西和浙江两省。

就种类和数量而言，传统方志名称繁多，从秦汉起，就有图经、记、志、乘、传、略、书、典、文献等不同名称，宋元方志定型后，多以"志"为名。当代地方志与传统方志相比，综合性志书主要有省、市（包括地区、盟、州）、县（包括区、县级市、自治州）、乡镇村志；专志主要按照行业划分，包括行业志、专业志、部门志（含厂矿志、学校志等）；相比较而言，划分更为明晰。截至2015年10月底，行业志、部门志、专业志、乡镇村志、街道社区志、山水名胜古迹志，不完全统计有三万多种。

张博士进一步探讨了当代地方志的研究价值。她认为与传统方志相比，当代所编纂的地方志书详明地记述了各个地区的发展变化，涵盖了当代中国各个方面的资料，远超历史上各个时期编纂的地方志书。有些志书是很有价值的学术专篇，比如《唐蕃古道志》。她引用顾颉刚等学者的观点，论述方志在记述当地地理、政治、经济、社会、文献、文化等方面的价值，同时也指出当代方志的一些问题，比如引用旧史资料时的抄袭痕迹，行政化、政治化色彩浓厚，体例不严谨，文字千篇一律，资料缺失等。

中国知青研究资源专题

关于知青研究资料的研讨很是热闹，既有学界的研究报告，也有老知青作者们的创作感想。参会的图书馆同行也有诸多发言和提问。复旦大学金光耀教授就地方志资料与知青研究作了报告。他主编的《中国新方志知识青年上山下乡史料辑录》①是将每部方志中与知青相关内容抽取编撰而成。他介绍了关于中国知青史的书写,分为文学书写(知青文学创作,其高潮在20世纪80年代),史学书写(高潮在20世纪80年代中期到1998年),民间书写(各种回忆录)。史学书写主要是1998年出版的《中国知青史:初澜》②和《中国知青史:大潮》③这两部通史类著作。然而1998年至今,并没有出现专题史的研究,其原因是相关史料开发整理的落后。

与知青相关的史料主要有四类:一、档案文件;二、地方志、年鉴等官方出版物;三、当年的报刊报道;四、知青的日记、书信和回忆录等。

与知青相关的内容多出现于各省的劳动志中,还有轻工业志、商业志、教育志、交通志、法律志等。由于方志流通不畅,研究者难以收集查找,《中国新方志知识青年上山下乡史料辑录》就是为了解决资料搜集困难的问题。

金教授在解释方志对知青史研究的作用时举了一系列例子,比如知青婚姻状况的地区间差异、知青非正常死亡的数据,以及迫害女知青的刑事案件等。

上海社会科学院历史研究所方良教授与历史研究所所长黄仁伟教授的共同发言,以黑龙江逊克县上海知青的集体回忆录作为一个微观例子,探讨了老知青回顾整理口述历史的过程和应注意的事项。上海社会科学院金大陆教授就他编撰《上海知青在江西档案资料选编》的工作做了报告。他希望此书的编撰可以为上海知青在各地的研究系列提供一个可复制的模式。《知青回眸引龙河》④的作者沈国明先生讲述了130多位老知青集体创作回忆录的经过。复旦大学的林升宝博士介绍了上海当时为了适应知青运动推出的《青年自学丛书》及这套书的社会影响。之后上海历史文化研究会副会长方国平就记述亡故知

---

① 金光耀、金大陆:《中国新方志知识青年上山下乡史料辑录》七卷,上海:上海人民出版社,2014年。
② 定宜庄:《中国知青史:初澜 1953—1968年》,北京:中国社会科学出版社,1998年。
③ 刘小萌:《中国知青史:大潮 1966—1980年》,北京:中国社会科学出版社,1998年。
④ 沈国明:《知青回眸引龙河》,上海:上海人民出版社,2014年。

青事迹的两部书①,谈了创作过程。陆亚平先生对于《上海知青网十年文集》②的编撰谈了体会。上海师范大学的杨剑龙教授介绍了知青题材小说③的创作情况。

参会的图书馆员对于知青研究提出了一些独到的见解,比如怎样将第一手资料与第二手资料结合起来,知青到农村后的思想变化有思想史的研究价值,研究知青也不能忽略当地民众对于知青运动的看法和接受状况等。就知青研究史料而言,上海市知识青年历史文化研究会(http://shzqyjh.cn/)所属的上海知青研究资料中心是一个很好的资源库,我们可以向有兴趣的研究者推荐。

结语

这篇综述主要基于笔者个人的笔记和理解,笔者对其内容负责。如果有所漏误,请不吝指正。从综述丰富的内容中可见此次研讨会成员很有收获,我们希望在此对于大力支持此次研讨会的上海图书馆界同人及各大学、研究所和其他社会团体的教授专家们表示由衷的感谢。

---

① 方国平:《生命记忆》,北京:作家出版社,2014年;张志尧、方国平:《在河对岸的远方》,北京:光明日报出版社,2014年。

② 楼曙光、陆亚平、宁志超:《青春逝水:上海知青网十年文集》,北京:中国文联出版社,2013年。

③ 杨剑龙:《金牛河》,合肥:安徽文艺出版社,2008年。

数字学术在布朗
——北美大学图书馆的研究服务新趋向[①]

◎王 立[②]

摘 要：

近年来北美很多大学建立了数字人文学术中心，显示了在全球化信息时代的最新技术与人文科学相结合的新趋向。本文以布朗大学数字学术中心为典型实例，试通过对其发展的历程、组织建制、技术设施、运行机制、服务范围、研究手段、现状及成果等方面的简要考察，从历史文化与信息技术结合的角度对北美大学图书馆的数字学术发展、知识创新和研究服务与随之而来的新挑战、新机遇、新趋向进行初步的探讨和思考。

关键词：

数字人文学术；布朗大学；知识创新；研究服务；新趋向；全球信息时代

Digital Scholarship at Brown: New Trends in Research Services
in North American University Libraries

◎ Li Wang

Abstract：

In recent years there have been an increasing number of digital scholarship centers established in North American universities. These centers manifest the new trend of incorporating the latest

---

① 本文曾在 2014 年中文数字出版与数字图书馆国际研讨会上获"最佳论文奖"。这次发表根据更新的资讯做了内容补充及文字修订。

② 王立，美国布朗大学东亚图书馆馆长、高级研究馆员，宗教学博士。

technologies with especially humanistic research in our global information age. This paper uses Brown University as a case study, by investigating the history, organization, infrastructure, facilities, operational mechanism, research tools, current status, and achievements of digital humanities scholarship at Brown. In the Brown University Library, the Center for Digital Scholarship combines information technology with mainly humanities to explore and reflect on the growth of digital scholarship, knowledge creation, and research services in North American academic libraries, along with the new challenges, new opportunities, and new trends that accompany them.

Keywords:

Digital scholarship; Brown University; Knowledge creation; Research services; New trends; Global information age

一、数字人文与数字学术

随着近几十年来全球性的数字化信息科技和图书馆网络资讯的迅猛发展,数字学术(Digital Scholarship)在北美和其他地区的很多研究大学中方兴未艾,势头正旺。很多大专院校建立了数字学术(研究)中心(Digital Scholarship Center),尽管名称可能不尽一致,但其实质相同,都是以数字信息技术为主要手段的多媒体网络展示和获取的多学科研究中心。如美国弗吉尼亚大学(University of Virginia)、内布拉斯加大学(University of Nebraska)、布朗大学(Brown University)、哥伦比亚大学(Columbia University)、北卡罗莱纳州立大学(NCSU)、爱默蕾大学(Emory University)、加拿大卡尔加里大学(University of Calgary)、麦克马斯特大学(McMaster University)等,都建立了类似的研究中心。这无疑已成为研究图书馆发展的一个新趋向①。

从某种意义上讲,数字学术(研究)中心可以看作是近年来兴起的数字人文学科(研究)中心(Digital Humanities Center)的延伸和扩展②。数字人文(Digital Humanities,DH)是近年来大学研究图书馆发展的一个热点③。一方面,数字人文与数字学术有着不解之缘,数字人文学科是数字学术中的重点研究对象;另一方面,两者之间又有所不同。有研究指出,两者的相同之处在于都需要借助于高科技手段,都需要学科专业知识和信息技术专长,同时都需要解决如何申请资助的问题。两者的不同点主要在于数字人文学科中心多是由人文学科教学系/所建立的,着重于人文科学领域某学科,研究范围较窄,使用者常仅限于有关研究人员;而数字学术中心多由信息技术部门和图书馆协作,面向全校师生及其他研究者,常进行跨学科综合研究等④。据统计,至2011年11月,全球共有约100个数字人文学科中心,约一半在美国,而这其中又有约一半设在图书馆,另有约四分之一和图书馆有某种程度的关系⑤。目前有些地方也有两种中心并存的情况,各自在其研究领域中开展项目。如布朗大学既有意大

---

① Joan K. Lippincott, "Trends in Digital Scholarship Centers" (Dec. 10, 2013); Harriette Hemmasi, "Patrick Ma Digital Scholarship Lab: New Vision, New Realities" (Dec. 10, 2013); Vivian Lewis, "DS Centers: Spaces, Programs and Competencies," http://www.cni.org/topics/digital-humanities/f13-lippincott-trends/ (2014年6月9日,以下除专门注明者外,均同此。)又见 Joan Giesecke and Harriette Hemmasi, "Center of Digital Scholarship and Library leadership: Two Case Studies" (Dec. 14, 2010), http://www.cni.org/topics/digital-humanities/centers-for-digital-scholarship-and-library-leadership/

② Diane M. Zorich, *A Survey of Digital Humanities Centers in the United States*, the Council on Library and Information Resources (CLIR) (2008), http://www.clir.org/pubs/reports/pub143; ACRL Research Planning and Review Committee, *Environmental Scan* 2013, Association of College and Research Libraries, American Library Association (Chicago April 2013), pp. 4—5. http://www.ala.org/acrl/sites/ala.org.acrl/files/content/publications/whitepapers/EnvironmentalScan13.pdf

③ 参见 Li Haipeng, "Digital humanities and libraries: Partnership and Collabration" (Oct. 24, 2013), http://library.hkbu.edu.hk/digital-humanities/DH-Li.pdf

④ Lippincott,同上。

⑤ Chris Alen Sula, "Digital Humanities and Libraries: A Conceptual Model," *Journal of Library Administration* 53 (1), 2013: 18; Tim Bryson, et al, *SPEC Kit* 326: *Digital Humanities* (November 2011), http://publications.arl.org/Digital-Humanities-SPEC-Kit-326/.

利研究系创建于 2004 年的虚拟人文实验室(The Virtual Humanities Lab at Brown University，VHL)①，又有图书馆新建的数字学术中心(Center for Digital Scholarship，CDS)，两者在很多方面密切合作，共享资源和技术。然而无论如何，大学图书馆在数字学术研究发展中扮演越来越重要的角色应是一种更普遍的发展趋势②。

本文以布朗大学数字学术中心为典型实例，试通过对其发展的历程、组织建制、技术设施、运行机制、服务范围、研究手段、现状及成果等方面的简要考察，从历史文化与信息技术结合的角度对北美大学图书馆的数字学术发展、知识创新和研究服务与随之而来的新挑战、新机遇、新趋向进行初步的探讨和思考。

二、布朗大学的人文艺术环境

美国布朗大学是八大常春藤名校之一。现有学生总数 9073 人，其中本科生 6320 人，研究生 2230 人，医学专科生 523 人。2015 年有 2580 名本科新生入学，录取率仅 8.5%，竞争激烈。全职教师有 731 人③，在人文科学、社会科学、生命科学、物理科学和工程学等领域开展教学和研究。布朗大学的规模虽然不算太大，但设施完备、技术先进，治学严谨，学风纯正、富于创新精神，是一所"小而精"的学院式研究型大学。布朗特别注重本科生教育，学生素质较高，几乎所有学科在美国大学中都属一流水平。教师中有五位诺贝尔奖得主，还有两位校友荣获诺贝尔奖，在学术界拥有很高的国际声誉。总的说来，布朗大学文、理、工、医科并重，人文学科尤为出色，体现了深湛的学术传统。

布朗大学始建于 1764 年，是美国历史最悠久的大学之一。布朗所在的"海洋州"(Ocean State)罗得岛首府普罗维顿斯市(Providence，Rhode Island)以悠久的历史、多彩的文化艺术而著名。布朗大学周边环境优美，人文资源丰富，

---

① http://www.brown.edu/Departments/Italian_Studies/vhl_new/.
② 参见 Jennifer Schaffner and Ricky Erway, "Does Every Research Library Need a Digital Humanities Center?" OCLC Research (2014), http://oclc.org/research/publications/library/2014/oclcresearch-digital-humanities-center-2014-overview.html.
③ 见"Facts About Brown", https://www.brown.edu/about/facts.(2016 年 8 月 10 日)。

如毗邻布朗校园的罗得岛设计学院（Rhode Island School of Design，RISD）是全美顶尖艺术设计学院之一，两校学生可以互相选修课程，并合作设置有双学位。布朗距哈佛、耶鲁、麻省理工学院（MIT）等名校也只有一两个小时的车程，相互之间交流频繁方便。处在这样深厚浓郁的历史文化氛围中，建校250多年来布朗的教学科研也独具特色，被认为是常春藤盟校中极富个性、善于创新、又最具人文艺术气质的一所大学。布朗校长克里斯蒂娜·帕克森（Christina Paxson）在2016年春访问中国时特别强调了在全球化时代，布朗作为一所"参与式大学"（engaged university），人文博雅教育的传统对于培养学术开放和创造力的重要作用。

布朗大学图书馆的图书资料学术资源也很丰富，是美国新英格兰地区最大的大学图书馆之一。图书馆系统分布于7所建筑设施中，现有680多万件印刷品馆藏，其中约490万册图书、55000种期刊（其中99％可在线获取），以及大量其他形式的文献资料。每年各图书馆的访问量合计达100万人次以上。近年来电子资源愈来愈多，约70％的馆藏建设经费用于采购电子文献，学术资源结构大大改变。现有120万种电子书，350个以上参考数据库，去年有190万全文文档被浏览下载，490万人次访问图书馆的网站。通过与其他常春藤盟校的联盟（consortium）协议，布朗图书馆读者采用"直接借阅"（Borrow Direct）的方式可以在本馆于2—5天内获取其他各馆的非限定馆藏，比传统的"馆际借阅"（Interlibrary Loan）快捷方便得多。这样实际上使本馆馆藏资源扩大了十几倍。布朗还加入HathiTrust数字图书馆资源的共建与共享举措，成为持续性会员[1]。HathiTrust是最重要的学术研究图书馆的数字图书馆合作联盟，成立于2008年，目前有80多个成员馆，超过1000万册数字化图书，有近三分之一的数据可公开使用（public domain）[2]。

布朗的东亚图书馆近年来发展也很可观，现有18万多册中、日、韩文馆藏，其中82％以上是中文图书，包括240多部7500册明清版善本和其他古籍文献。设计别致的由三面墙中式书柜组合成的古籍善本书房是海外独一无二的。

---

[1] http://blogs.brown.edu/libnews/brown-university-library-joins-hathitrust-partnership/.

[2] http://www.hathitrust.org.

还有各种不同类型的文献包括电子书、数据库等(图1)。布朗的约翰·海图书馆(John Hay Library)专门收集特色馆藏、手稿和其他专门的档案材料,如林肯档案特藏、军事特藏、美国作家和诗人的手稿等,有很多珍贵的人文历史资料。在布朗大学校园内还有一个独立运作的约翰·卡特·布朗图书馆(John Carter Brown Library),有5万多册特藏图书、16000册参考书和其他各种文献,其中大部分涉及欧洲国家自1492年至1825年在美洲新大陆的扩张、殖民及其影响①,被公认为世界上这方面藏品最丰富、最具研究价值的图书馆之一,对研究美洲历史的学者极为有用。

图1 2012年是中国农历龙年,也是布朗大学的"中国年"(The Year of China),图书馆出版了中、英文两种版本的介绍布朗中文馆藏的宣传册

三、布朗数字学术的发展历程

布朗的数字人文学术缘于其深厚的人文底蕴。早在20世纪60年代,布朗师生就开展了计算机应用于人文学科的尝试,堪称数字人文学术研究的先行

---

① http://www.brown.edu/academics/libraries/john-carter-brown/.

者。其发展大致经历了三个阶段①。

1. 超文本(Hypertext)时期

1967年布朗大学的亨利·库塞拉(Henry Kucera)和纳尔逊·弗朗西斯(W. Nelson Francis)创建的布朗语料库(Brown Corpus)成为第一个机读语料库,在语言学研究上一直具有重要价值。1967年布朗大学的安德里斯·范达姆(Andries van Dam)研制成功首个超文本编辑系统(Hypertext Editing System,HES)。1968年他的研究团队又推出了文件检索与编辑系统(File Retrieval and Editing System,FRESS)。这是超文本作为非线性信息管理技术的概念最早的实际应用。范达姆教授(Prof. van Dam)曾任布朗负责研究的副校长,为计算机信息科学技术的发展做出了突出贡献。布朗于1985年建立的信息与学术研究所(The Institute for Research in Information and Scholarship,IRIS)在诺曼·梅罗维茨(Norman Meyrowitz)和乔治·兰道(George Landow)的领导下,开发了媒介(Intermedia)超文本系统,曾用来建立教学系统,并在一些课程中应用②。

2. 标注语言(Markup)与早期数字人文(Early Digital Humanities)

这一阶段的早期数字人文的代表作当属女性作家项目(Women Writers Project,WWP)。该长期项目是布朗大学英语系率先于1988年启动的,目的在于收集和数字化早期的英文女性作家的稀见作品,特别是较少为人知的文本。该项目为国际上数百所研究机构的教学研究提供了资源和服务,得到了各方面的支持赞助。1994年由布朗的一个学术技术组(Scholarly Technology Group)提供技术支持。2009年并入布朗图书馆数字学术中心(Center for Digital Scholarship)。2013年11月项目随其负责人员迁至东北大学(Northeastern

---

① 参见 Andy Ashton,"Digital Scholarship at Brown," PPT presentation,2014;Harriette Hemmasi,2010。

② George P. Landow,"Hypertext at Brown",http://www.cyberartsweb.org/cpace/ht/HTatBrown/BrownHT.html。

University),在其图书馆的数字学术组(Digital Scholarship Group)支持下继续进行①。

著名作家罗伯特·库弗(Robert Coover)于1989—1992年在布朗率先开设了超文本小说写作坊(Hypertext Fiction Workshop),对采用超文本进行小说创作做了积极的探索。后来自2002年开始,库弗教授还在布朗创立了幻真虚拟现实(Immersive Virtual Reality)的"洞穴写作"(Cave Writing)工作坊,应用高科技、跨学科和多媒体对电子文学创作开展进一步实验研究②。

3.制度化整合(Institutionalization and Convergence)

进入21世纪以来,布朗的数字学术逐步走上制度化的道路。2001年图书馆设立了第一个数字图书馆员职位,以协调同年建立的数字化新方案中心(Center for Digital Initiatives)。2006年布朗成立了计算机与可视化中心(Center for Computation and Visualization)。2008年数字化举措中心与前述女性作家项目都并入新成立的数字学术中心(CDS)。这样布朗大学图书馆数字学术中心进一步制度化整合了有关研究服务。

数字学术中心(CDS)是布朗图书馆用来支持布朗及其他社区数字学术的一个跨部门组合。它通过生成或强化使用数字技术或参与其特效的学术、教育活动。(图2)数字学术中心通过以下手段来进行这些活动:

(1)建设基础设施、界面、工具和系统以支持布朗的数字资讯与学术活动;
(2)与布朗学术成员一道,为其发展新的数字项目及申请项目资金;
(3)参与关于工具与技术的研究和实验发展,推广对数字学术和学术交流的认识;
(4)作为技术专长的核心部门服务于数字学术,传播研究成果,推进各种活动③。

---

① http://www.wwp.brown.edu/about/index.html.
② http://www.brown.edu/academics/literary-arts/faculty/robert-coover/robert-coover.
③ http://library.brown.edu/cds/.

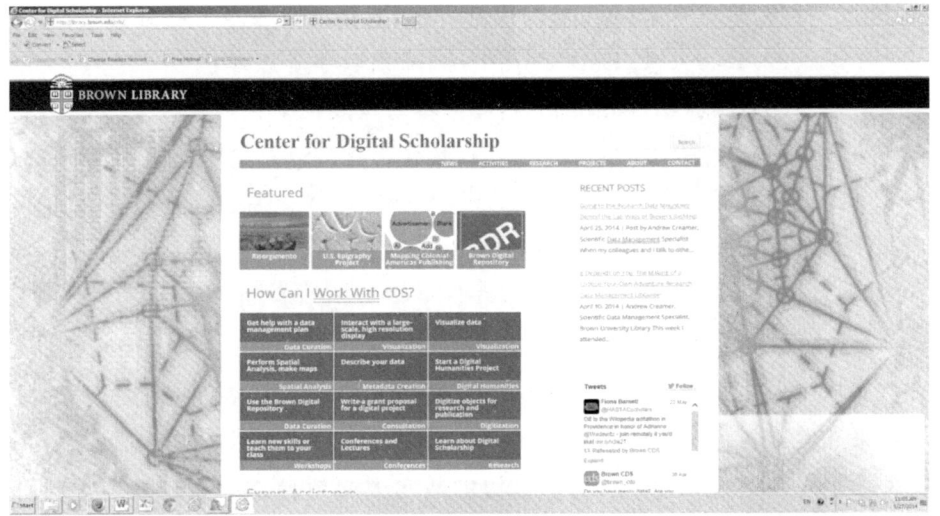

图2 布朗大学图书馆数字学术中心主页(http://library.brown.edu/cds/)

数字学术专业团队现由图书馆两位副馆长负责协调,主要由两个部门的人员组成:一部分是数字学术研究服务专业馆员,包括数字人文科学馆员(Digital Humanities Librarian)、资深数字人文科学馆员(Senior Digital Humanities Librarian)、社会科学数据馆员(Social Sciences Data Librarian)、科学数据管理专员(Scientific Data Management Specialist)等[原来还有电子科研图书馆员(e-Science Librarian)];另一部分是信息技术部门数字生产项目和支持服务团队,包括数据可视化协调员(Data Visualization Coordinator)、布朗数字资源库管理员(Digital Repository Manager)、图像与元数据服务管理员(Manager, Imaging and Metadata Services),以及系统管理人员和程序员等。研究者可以得到数字学术中心提供的以下方面的研究服务:

(1)数据策管(Data Curation):通过数据管理计划得到帮助;
(2)可视化演示(Visualization):利用高清晰度大屏幕进行互动演示;
(3)数据可视化处理(Visualization):将数据进行可视化处理;
(4)空间分析(Spatial Analysis):进行空间分析,制作地图;

(5)元数据创建(Metadata Creation):编制元数据以描述数据;
(6)数字人文(Digital Humanities):建立数字人文项目;
(7)数据策管(Data Curation):布朗数字资源库;
(8)咨询(Consultation):指导撰写拨款议案;
(9)数字制作(Digitization):数字化资料以研究和发表;
(10)工作坊(Workshops):学习新技术并进而课堂传授;
(11)会议(Conferences):组织会议和讲演;
(12)研究(Research):学习数字学术的方法、手段和技术。

数字人文研究项目需要根据专业的研究特点使用各种信息技术手段。近年来开发出各种不同类型新工具尤其是公开资源的软件,按功能可分为一二十种类型。布朗数字学术研究馆员协助数字人文项目使用和教学的常用研究工具可略举几例:

(1)文本编码:TEI (Text Encoding Initiative);
(2)语义分析:Google Ngram、Linked Data;
(3)空间分析和地图制作:ArcGIS (Geographic Information Systems)、Quantum GIS (QGIS)、GeoDa、Google Maps、Google Earth、Fusion Tables、Omeka Neatline、Geoserver;
(4)时间表:Timelines JS;
(5)网络分析:Gephi;
(6)可视化处理:D3.js Visualization Library 等。

如数字人文科学前任馆员琼·鲍尔(Jean Bauer)和詹姆斯·伊根教授(Prof. James Egan)合作用 D3 可视化处理制作了"美洲殖民地出版物分布图项目"(*Mapping Colonial America's Publishing Project*)[①]。鲍尔正在完成

---

① http://cds.library.brown.edu/projects/mapping-genres.

的博士论文《早期美国对外服务数据库》(*The Early American Foreign Service Database*)①也是用 D3 写作的。

四、布朗数字学术中心(CDS)的现状及成果

1. 基础服务设施:

2012 年 10 月布朗数字学术实验室(The Patrick Ma Digital Scholarship Lab)在小约翰·洛克菲勒图书馆建成。这是由布朗校友香港的 Patrick Ma 先生捐助的。实验室正面 7 X 16 英尺(2.13 X 4.88 米)墙上装有 12 块 140 厘米(55 英寸)组合的大型高清发光二极管(LED)显示屏,便于展示研究宏观如地球、宇宙,微观如生物细胞、神经组织等等各种图片、录像等。并可采用不同的屏幕组合同时展示、对照观察各种细节,非常直观方便。实验室还配备有两个移动式 127 厘米(50 英寸)触摸显示屏,14 个录像接口,活动桌椅可任意组合布置,共有 45 个座位。既可作为教室和演示厅,又具备举行视频会议等多项功能②。这一数字可视化设施的建成为布朗师生应用复杂的数字资料进行多媒体互动教学研究提供了极有利的条件。(图 3、图 4)

自实验室开放以来,除了许多专业的师生用作课堂教学研究外,还举办了一系列有关数字学术研究的专题报告③。来自布朗各学科的多位教授和其他特邀学者演示交流了他们的科研成果。曾在 1971 年成功登月的"阿波罗 15 号"(Apollo 15)指令长大卫·斯科特(Commander David R. Scott)是 2011 年获布朗荣誉博士学位的科学家,地质系访问教授,他也分享了他的登月体会和研究④(图 5)。

---

① http://eafsd.org/explore.
② http://library.brown.edu/dsl/.
③ "Digital Scholarship Lab Showcase," http://www.youtube.com/playlist? list = PLTiEffrOcz_7MwEs7L79ocdSIVhuLXM22.
④ http://www.youtube.com/watch? v = vdiRYfDQYEk&list = PLTiEffrOcz_7MwEs7L79ocdSIVhuLXM22&index=10.

图3 布朗图书馆数字学术实验室布局效果图,与其毗邻的是早先建的赫克(Hecker)电子教室①

图4 布朗数字学术实验室大型高清发光二极管(LED)显示屏

---

① http://blogs.brown.edu/libnews/brown-university-library-opens-the-patrick-ma-digital-scholarship-lab/.

图 5　大卫·斯科特在布朗数字学术实验室讲述他的登月体验①

2.布朗数字资源库(Brown Digital Repository)

近年来北美很多大学都建立了数字资源库(Digital Repository,又译作数字仓储、数字知识库等)。这种数字资源系统采用云存储服务,既是一个数字保存仓储,又是一个高效能获取平台,为本校教师和研究者提供各种功能的服务。数字图书馆员通过为研究者建库、扫描、编码、元数据、可视化、导航、索引、传递等技术密集型的数字化工作方式,建立起本校独特的资源系统并提供不同层级的开放获取。布朗的数字资源库采用技术上较成熟的 Fedora 软件,用于为使用者上传、分享和使用各种文章、研究数据、电子学位论文、教学资料和其他文献资料。Fedora 平台还有自动升级处理过时的文档格式等功能。该数字资源库的网站特别为布朗学术界提供各专题的检索搜寻②。为使所有使用者的数字资源能永久性的安全保存,在异地存有双备份资料。数字资源库还提供数据

---

①　http://www.youtube.com/watch?v=vdiRYfDQYEk&list=PLTiEffrOcz_7MwEs7L79ocdSIVhuLXM22&index=10.

②　https://repository.library.brown.edu/studio/.

策管(Data Curation or Digital Curation,又译作数据监护、数据保管等)和保存等服务。

布朗数字资源库建立以来,收集存储了24万多件数字文档资料,包括数据、文字、图片、音像资料和其他资源,制做了百余个布朗独特的多媒体数字研究项目。例如 Opening the Archives: Documenting U.S.-Brazil Relations, 1960s－80s[公开档案:美国、巴西关系文件记录(1960年代—1980年代)]由布朗大学和巴西巴拉那马林加州立大学(Universidade Estadual de Maringá, Paraná, Brazil)合作数字化和索引了约一万件解密的美国国务院1963—1973年间关于巴西的文件,并在网站上提供公开获取[①]。(图6)

图6　*Opening the Archives: Documenting U.S.-Brazil Relations*, 1960s－80s 题图

2003年完成的数字项目"佩里在日本:图说历史"(*Perry in Japan: A Visual History*)记述了1853—1854年间,美国海军准将马修·佩里(Commodore Matthew Perry)率领的多艘美国战舰两次来到日本,迫使日本打开门户对外交流的"黑船事件"。主要采用的文献包括约翰·海图书馆收藏的一款东亚传统卷轴画,内容包括多幅画作,创作时间大概从1854年至1906年,卷末有旅日华人书画家"黍园老人"王治本于1906年春撰写的"跋",因此极有可能是他的作品。还有罗得岛州纽波特保藏学会长期借给海军战争学院博物馆的卷轴画,美国佩里探险队的专职画家威廉·海因(William Heine)发表于1855年的系列版画作,以及当时的宣传招贴画等等,都生动描绘了当时的场景,极具研究价值。这一数字项目不仅包括图片和人物传记,还有研究文章,由布朗和日本东京大学的师生从不同的观点论述对这一历史事件的看法。这些文献由布朗大学美洲文明系苏珊·斯马里安(Susan Smulyan)教授用于2003

---

① https://repository.library.brown.edu/studio/collections/id_644/.

年春开设的课程,她分享了该课程的教学大纲和参考书目等资料。这样,不仅展示了珍贵的历史文献,还提供了生动直观的多媒体教学资料库(图7)。

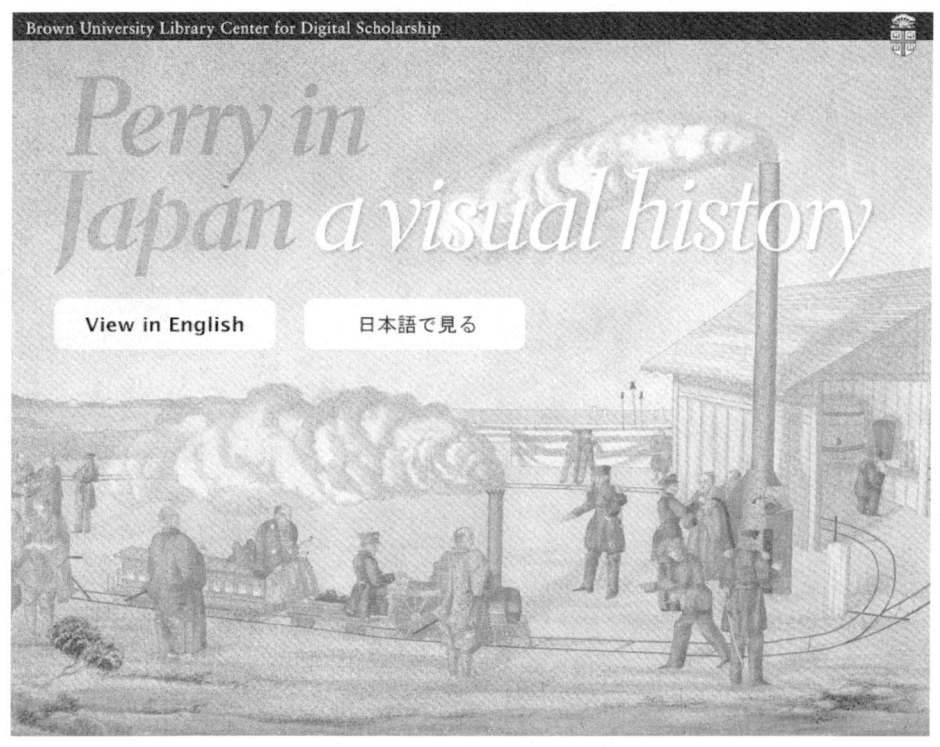

图7 佩里在日本:图说历史(Perry in Japan: A Visual History)首页[①]

3.数字学术课程

布朗数字学术中心不仅对师生的数字化项目提供各种支持,还开设工作坊并与教师联合开课教学。如苏珊·斯马里安教授(Susan Smulyan)于2010年春季为布朗研究生开设的数字学术课程:数字学术(Digital Scholarship),有12位研究生创作了他们的数字学术研究课题项目[②]。(图8)

---

① http://library.brown.edu/cds/perry/.

② "Digital Scholarship at Brown University," http://browndigitalscholarship.wordpress.com/.

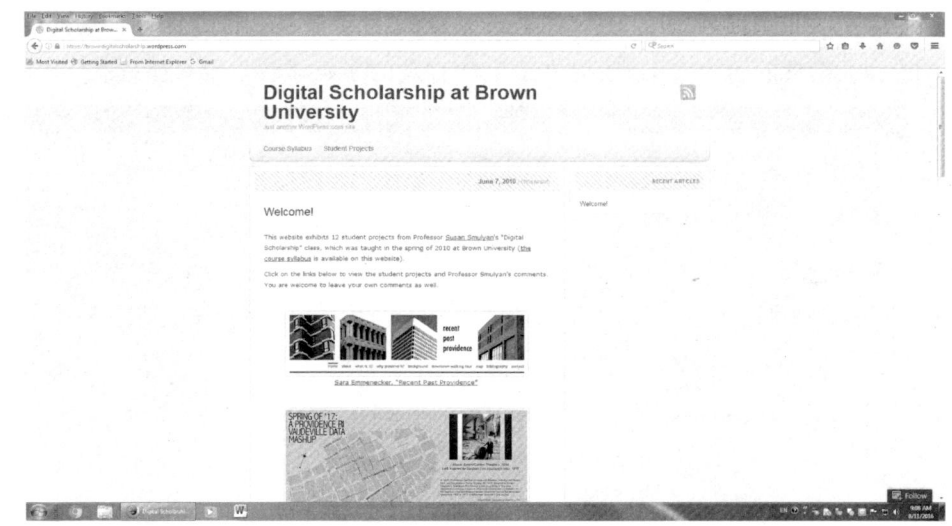

图 8　布朗数字学术课程网页

4.布朗数字学术项目举例

在众多的布朗数字学术项目中,新近完成的"加里波第与意大利统一运动档案"(The Garibaldi & the Risorgimento Archive)独树一帜。朱塞佩·加里波第(Giuseppe Garibaldi,1807—1882)是19世纪意大利复兴统一运动的杰出代表人物。档案文献的核心部分是1860年创作的巨幅全景画(Panorama)。这幅1.45米(4.75英尺)宽,79.25米(260英尺)长的双面绘制的历史画卷是现存唯一的19世纪欧洲大型通俗艺术作品。画中描绘了加里波第的身世和英雄事迹,以及复兴运动的场景。一系列图画气势宏大、色彩鲜明、场景生动、人物传神,再现了惊心动魄的历史事件,极具历史和艺术价值。

布朗大学图书馆于2005年获得此珍贵画卷,但因其篇幅巨大,且纸质年久脆弱,根本无法展示,遂于2007年开始将其数字化。该项目由意大利研究系马西莫·里瓦教授(Massimo Riva)主持协调,在布朗大学有关部门、图书馆,以及美国学术团体理事会(American Council for Learned Societies,ACLS)等各方面的支持赞助下,克服种种困难,历时五年,终于完成这一历史巨作的新技术展示。很多国际学者参与了研究工作,使档案质量具有很高水准。项目还汇集了布朗其他有关的特藏文献,汇编成一个多功能数字资源库。网页采用多媒体演示,英、意双语音解说,通过多种形式为研究和教学提供便利[①]。(图9、图10)

图9　图书馆员和技术人员正在对加里波第全景画进行数字化扫描处理

图10　加里波第与意大利统一运动档案(*The Garibaldi* & *the Risorgimento Archive*)

① http://library.brown.edu/cds/garibaldi/.

五、数字学术近期规划及展望

据了解,布朗大学图书馆在其数字学术发展实践的基础上,在各方面都有新的规划。首先,继续完善基础服务设施。为了适应数字学术中心发展的需要,布朗图书馆已于2016年2月建成数字工作室(Sidney E. Frank Digital Studio)。该数字工作室面积约418平方米(4000平方英尺),采用开放式空间设计,全透明玻璃墙面间隔,使人感到新颖明快。毗连新建的数字学术实验室,设有馆员办公室、咨询室、研讨班教室、打印室、隔音音像录制工作间、合作项目空间、个人或小组电脑工作站等。工作室装备有3D扫描仪、3D打印机、大型绘图仪打印机等设备。其主要功能包括:制作数字产品,课堂教学,合作项目,研讨班和工作坊,咨询服务等。而且,在图书馆的核心区域呈现数字学术设施的存在,对于应对21世纪的图书馆空间危机,也是一个很好的尝试和示范。(图11)

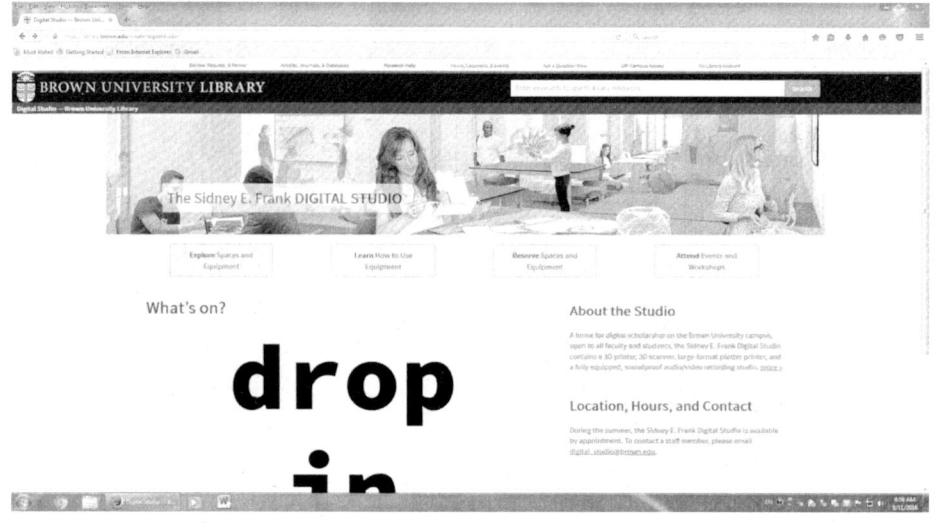

图11 布朗图书馆数字工作室①

---

① https://library.brown.edu/create/digitalstudio/.

其次,进一步发展布朗数字资源库。为此特别重视支持 Fedora 软件的维护和升级。布朗大学图书馆馆长哈丽雅特·赫玛西(Harriette Hemmasi)说明了去年做出的支持 Fedora Futures 的决定。她指出:"我们已经投入使用 Fedora 作为布朗数字资源库的基础软件,因此对其发展和维护有强烈兴趣。现在越来越意识到无论现在和将来,资源库都面临着许多挑战和机遇。同时我们需要一种与时俱进、适应性强的平台来支持不断增长变化的期望。因此,赞助参与这一举措,对于在图书馆中使用共同的开放资源的软件工具方面,促进更密切的协作和成果以及增强服务都是有意义的。"开发 Fedora 项目的 DuraSpace 公司期望寻求更多的支持赞助,用三年时间完成 Fedora 4 的升级①。布朗大学历史、美国研究、英语等专业的教授胡其瑜(Evelyn Hu-DeHart)、卡洛琳·弗兰克(Caroline Frank)、罗伯特·李(Robert Lee)和吉姆·伊根(Jim Egan)等,在近三年来主办的关于 16 至 19 世纪东亚和美洲互动关系的国际论坛的基础上②,计划开发一个数字资源库项目:"亚太打造美洲"(Asia-Pacific in the Making of the Americas)。这对于进一步发掘利用布朗特色馆藏,促进亚太地区与美洲关系研究的深入,都具有特别重要的意义。

再次,加强对数据管理、知识创新的投入。近两年来数据策管(Data curation)对于数字学术研究,尤其是在自然科学领域,成为新的挑战和机遇。自从美国科学基金会(National Science Foundation,NSF)2010 年提出对数据管理分享研究资料的要求,即研究者的拨款议案必须包括两页的数据管理计划以传播和分享自己的研究资料以来③,数据策管被看作学术图书馆近年来的十大趋势之一。提供研究数据服务(Research Data Services,RDS)和参与知识

---

① "Brown University Libraries Join the Fedora Futures Project as Platinum Sponsor"(2013—07—02),http://www.duraspace.org/brown-university-libraries-join-fedora-futures-project-platinum-sponsor.

② http://www.brown.edu/Conference/Asia-Pacific/.

③ ACRL Research Planning and Review Committee,"2012 Top Ten Trends in Academic Libraries: A Review of the Trends and Issues Affecting Academic Libraries in Higher Education,"*College & Research Libraries News* 73,no. 6(June 2012):p. 312;又见 Patricia Hswe and Ann Holt,"NSF Data Sharing Policy," Association of Research Libraries (ARL),http://www.arl.org/focus-areas/e-research/data-access-management-and-sharing/nsf-data-sharing-policy#.U4s6t5jjirR.

创建过程已为图书馆的一种新驱动、新任务。正如美国大学与研究图书馆协会（Association of College & Research Libraries，ACRL）的白皮书指出的："随着科学变得越来越具协作性、强化数据和计算性，学术研究人员正面临一系列数据管理需求。这些需求与资助方要求数据管理计划两相结合，对大学的研究数据服务而言，是既有需求又势在必行。对校园中的研究数据服务活动，学术图书馆可能是一个理想的中心，为学术图书馆成为本机构知识创造周期中更积极的参与者提供了一个独特的机遇。"①前面提到的布朗图书馆新设的科学数据管理专员（Scientific Data Management Specialist）可以说是应运而生，并发挥了很关键的作用。如何更好地在知识创新和再利用的模式中发挥其他馆员和团队的作用，也是进一步实践的新课题。（图12）

图12　布朗大学图书馆通讯（*The Newsletter of Brown University Library*）2012年关于数据管理的专集首页（局部）

---

① Carol Tenopir，Ben Birch，and Suzie Allard. *Current Practices and Plans for the Future：ACRL White Paper*（Knoxville：Center for Information and Communication Studies (CICS) at the University of Tennessee，2012），p. 3，http://www.ala.org/acrl/sites/ala.org.acrl/files/content/publications/whitepapers/Tenopir_Birch_Allard.pdf.

综上所述，布朗大学在过去几十年来应用最新信息技术与学术研究发展相结合方面的实践，已取得很多值得称道的成功。通过对其数字学术发展的历程和各方面成果的简要阐述，从中或许可以发现一些布朗的品牌特征：其一是承诺科研与教学密切结合的使命。布朗多年以来在美国大学中所拥有高竞争力和低录取率，是与其对本科生教育的极为重视分不开的。我们看到，很多数字学术项目都是和教学紧密结合的，提供了获取和拓展知识的新模式、新媒体、新方法，对于多方位开启学生智慧和创造性，跻身于学科前沿有着不可忽视的重要作用。其二是对于知识创造不拘一格的风格。布朗有着深厚的人文学科的传统，数字学术在布朗不仅是科技与学术结合长期磨合的结晶，而且带有其独特的鲜明印记。这就是自主创新，独树一帜。技术、设施、资源都要为学科课题服务，而且量力而行，一步一个脚印。其三是打造精品，面向未来的远见。很多项目都是各方面联手合作、低调实干、精雕细刻的高精产物，体现了深湛的学术视界和艺术品位。这对于知识的积累和持久创新，以及保持布朗的学术声誉都是至关重要的。

布朗数字学术中心的呈现可以视为北美大学研究图书馆新趋向的一个缩影。不难发现，北美大学图书馆数字学术发展、知识创新和研究服务的新挑战、新机遇，必然带来新的思考和行动。现在，数字学术、研究数据管理和服务已经成为21世纪新知识创造中的重要环节，大学研究图书馆任重而道远。当然，数字学术作为新方法，也必然会有争议和遇到困难。比如数字项目一般费用较高，很多图书馆难以独立承担或发展规模受到限制，因此经费来源是首先要筹划的议项。还有如何把数字学术与传统研究更好地结合也是需要思考的课题。应用数字技术、研究数据服务对图书馆员的专业知识结构的更新也提出更高的要求。大学图书馆应具有危机意识，把握机遇，理解和及时转换角色以利于在全球化、大数据信息时代自身的生存和成长。

因此，我们应当总结数字学术的最佳实践和流程，探讨其有效机制；加强和研究者以及对外联系合作，建立互补的研究伙伴关系；改进资金分配模式，不断应用新技术，以支持推进新的研究项目。可以相信，在与国际图书馆界资讯界的共同努力下，数字学术在布朗将会随着时代趋势的要求，继续打造知识创新、主动合作的研究服务环境,进一步提升图书馆的学术影响力,为全球信息化教育学术事业继续做出贡献。

后记

在撰写本文过程中,笔者有机会采访咨询了布朗大学图书馆的多位专家同事,得到他们的热情支持和帮助,以各种方式提供资讯、见解和建议,深感受益匪浅。特此表示衷心的感谢。

In my preparation for this paper, I had chances to interview and consult with several expert colleagues in Brown University Library, from whom I learned greatly. I am very grateful for all their help. I would like to especially thank the support of Harriette Hemmasi, University Librarian, as well as Ned Quist, Andy Ashton, Jean Bauer, Bruce Boucek, Elli Mylonas, Dan O'Mahony, Patric Rashleigh, Joseph Rhoads, and Benjamin Taylor, for their kindly providing information, ideas, and suggestions for this research.

中国研究图书馆员学会章程

一、宗旨

中国研究图书馆员学会(以下简称"学会")是一个在美国注册的非盈利、非政治的学术组织。其宗旨在于为海内外的中国研究图书馆员提供一个开展学术活动、交流专业经验、共享信息资源、促进合作的平台，借此推动以文献资源研究为主的中国研究的发展。

二、成员

1. 学会由中国研究图书馆员或非中国研究图书馆员但有兴趣从事中国文献资源研究者志愿加入组成。

2. 学会成员缴纳一次性入会费180美元，无年费。

3. 学会会员享有参加学会活动、决定会务、选举和担任职务的权利。所有会员地位平等，机会均等。

三、组织结构

1. 学会由执委会和下属五个委员会组成。执委会含主席和六名执委。主席负责全面工作，执委分任执行长和委员会主任。

2. 执委会候选人可自荐或推荐，经会员投票当选，任期两年。得票最多的当选执委为主席，主席不能连任。执委连任最多不超过两届。

3. 当选主席委派当选执委分任执行长，总务委员会、学术委员会、专业委员会、信息委员会和学刊委员会主任。委员会主任邀请学会会员任各委员会委员。委员会人数不限。

4. 执行长协助主席处理全面工作，总务委员会负责财务、会员入会、选举、年会等事务，学术委员会负责各项学术活动，专业委员会负责专业交流与合作，信息委员会负责网站、会员通讯和数据库建设，学刊委员会负责学刊编辑和出版。

　　5.学会力求发挥所有会员的积极性。在本人同意的前提下，学会将邀请所有会员加入不同的委员会。

　　6.学会设立顾问委员会。顾问人选由执委会决定，任期两年，可以连任。

四、学会活动

　　1.学会每年举办一次年会。年会由总务委员会和年会举办地的会员共同组织。年会内容包括工作总结、未来规划、会务讨论和联谊活动。

　　2.学会的学术活动由学术委员会负责，主要为合作研究项目和举办学术会议。研究项目由会员个人提议，学术委员会立项配合。学术会议可由学会单独组织，亦可与其他团体共同举办。

　　3.专业委员会协调学会的各项专业活动，包括学会会员的业务交流、组团出访、对外讲学等活动。

　　4.信息委员负责设立与维护学会网站、发行会员通讯、编辑会员名录，并建立和更新数据库。

　　5.学会的会刊为《天禄论丛》，由学刊委员会负责。

　　6.学会将积极展开与其他学术团体的交流与合作。

五、章程修订

　　本章程的修订需经三分之二以上的会员表决通过。

2010 年 3 月 23 日于美国宾州费城

Constitution of the Society for Chinese Studies Librarians

Ⅰ. **Mission**

The Society for Chinese Studies Librarians (the SCSL thereafter), registered in the United States, is a non-profit, non-political academic organization aimed at promoting scholarly activities, professional exchange, information sharing, and project cooperation among Chinese studies librarians, so as to make contributions to China studies in general and to Chinese resources study in particular.

Ⅱ. **Membership**

1. The SCSL members are Chinese studies librarians who join the organization of their own free will. The SCSL also accepts applicants who are not Chinese studies librarians, yet possess a strong interest in conducting research on materials related to China studies.

2. The SCSL members pay a one-time entry fee of $180 to be officially affiliated with the organization. No annual membership fee is required.

3. The members enjoy the privileges of participating in SCSL activities, playing a role in decision—making, voting in important matters, and serving as officials of the organization. All members are entitled to equal rights and equal opportunity in the organization.

Ⅲ. **Organizational Structure**

1. The SCSL is composed of a board of directors and five working

committees under the board of directors. The board of directors is made up of the president and 6 board directors. The president is in charge of general SCSL affairs. The 6 board directors assume the positions of Executive Director and chairs of 5 working committees respectively.

2. The SCSL members can self-nominate or nominate others for candidacy for the board directorship. The election of the board directors is decided by a vote of all of the members. The tenure of the board directors is two years. The elected board director who receives the most votes will serve as the SCSL president. The SCSL president can serve only one term; the board directors can serve for a total of no more than two consecutive terms.

3. The president-elect assigns the board directors-elect to be the general secretary or to chair a working committee. There are a total of 5 working committees, i. e. the committee for general affairs, the committee for scholarly activities, the committee for professional activities, the committee for information exchange, and the committee for the SCSL journal. The committee chairs will in turn invite the SCSL members to join the working committees. There is no limit for the size of each committee.

4. The Executive Director assists the president for general SCSL affairs. The committee for general affairs is responsible for the SCSL finances, new member admissions, elections, and annual membership meetings. The committee for scholarly activities is responsible for academic events. The committee for professional activities is responsible for professional cooperation and outreach. The committee for information exchange is responsible for the SCSL website, newsletters, and database construction. The committee for the SCSL journal is responsible for the publication of the society journal.

5. The SCSL encourages the full participation of all members. On the premise of personal agreement, the SCSL will invite all members to join one of the five committees.

6. The SCSL sets up an Advisory Committee with its members decided by the board of directors. The term for an advisor is two years, and could be reappointed as the board sees appropriate.

Ⅳ. **Activities**

1. The SCSL holds a membership meeting once a year. The annual meetings are jointly organized by the committee for general affairs and the local members of the cities where the annual meetings will be held. The agenda of the annual membership meeting includes work reports, future plan reviews, general affair discussions, and member networking.

2. The committee for scholarly activities is responsible for organizing the SCSL academic activities, including cooperative research projects and academic conferences. Research projects may be initiated by individual members, and approved and coordinated by the committee for scholarly activities. Academic conferences may be held independently by the SCSL or in cooperation with other organizations.

3. The committee for professional activities coordinates professional activities among the SCSL members, including but not limited to professional exchanges, overseas visits, lectures and workshops.

4. The committee for information exchange is responsible for setting up and maintaining the SCSL website, publishing newsletters, compiling the SCSL member directory, and constructing and updating databases.

5. The *Tianlu Luncong* is the academic journal officially published by the SCSL. The committee for the SCSL journal is responsible for its publication.

6. The SCSL actively seeks cooperation and partnership with other academic organizations.

Ⅴ. **Revision of the Constitution**

Any revisions to the constitution must be voted and approved by two thirds of the SCSL members.

March 23, 2010, Philadelphia, PA, United State of America